闽东周宁县贡川方言研究

陈贵秀 著

中国纺织出版社有限公司

内 容 提 要

贡川村隶属福建省周宁县礼门乡，贡川方言属于典型的闽东方言。本书在四次田野调查基础上，展示了福建省周宁县礼门乡贡川村方言音系，归纳其语流音变情况、文白异读表、同音字汇和韵母今读表，总结了贡川话的音韵特点，介绍了贡川方言基本词汇，并附有两条口头文化示例。本书为学界提供了一份较为准确、翔实的语言学材料，有助于学界更全面地了解闽东方言的面貌。

图书在版编目（CIP）数据

　　闽东周宁县贡川方言研究 / 陈贵秀著 . -- 北京：中国纺织出版社有限公司，2023.10
　　ISBN 978-7-5229-1083-3

　　Ⅰ.①闽… Ⅱ.①陈… Ⅲ.①闽语–方言研究–周宁县 Ⅳ.① H177

　　中国国家版本馆 CIP 数据核字（2023）第 189903 号

责任编辑：段子君　　责任校对：高　涵　　责任印制：储志伟

中国纺织出版社有限公司出版发行
地址：北京市朝阳区百子湾东里A407号楼　邮政编码：100124
销售电话：010—67004422　传真：010—87155801
http://www.c-textilep.com
中国纺织出版社天猫旗舰店
官方微博 http://weibo.com/2119887771
北京虎彩文化传播有限公司印刷　各地新华书店经销
2023年10月第1版第1次印刷
开本：710×1000　1/16　印张：14
字数：203千字　定价：99.90元

凡购本书，如有缺页、倒页、脱页，由本社图书营销中心调换

前　言

周宁县隶属于福建省宁德市，位于福建省东北山区。贡川村位于周宁县西南部，隶属于礼门乡。贡川方言属于典型的闽东方言。按《中国语言地图集》的划分，贡川方言应属于闽东方言北片。闽东方言是闽语的一支，近年来被许多学者关注，这方面的研究也已经取得了一系列重要的成果。闽东方言研究成果主要集中于以福州话为代表的侯官片，对福宁片方言的研究相对比较薄弱，可供查阅的书籍和文献不多，专门研究讨论周宁各地方言的文献更少。相较于闽东方言南片，北片交通相对闭塞，内部差异大，更具研究价值。

由于地理、历史等原因，周宁方言在闽东方言中拥有较多个性，诸多文章特别指出周宁方言与闽东其他地区方言的不同特点：如北部山区的周宁话保留整套鼻音塞音韵尾；周宁方言擦音声母 [s][θ] 有别、韵母丰富等。据了解，尚未有学者全面调查过周宁贡川方言。贡川村地处闽东内陆山区，受外来影响小，特点鲜明；方言现象复杂，本身便具有很高的研究价值，对它的研究有助于学界更全面地了解闽东方言的面貌。

笔者在 2010 至 2012 年对贡川方言进行了集中田野调查。本书所用材料主要为笔者田野调查所得的第一手材料。本书在四次田野调查基础上，展示了福建省周宁县礼门乡贡川村方言音系，归纳了其语流音变情况、文白异读表、同音字汇和韵母今读表，总结了贡川话的音韵特点，介绍了贡川方言基本词汇，并附有两条口头文化示例。

本书旨在展现周宁贡川方言的语言面貌，对其语音情况进行细致描写，探索其语音特征和规律，针对一些特殊的语音现象进行较为深入的探讨，为方言学界提供一份较为准确、翔实的方言语料。

　　本书难免存在不足之处，诚恳希望读者批评指正。

陈贵秀

2023 年 5 月

凡　例

国际音标元音

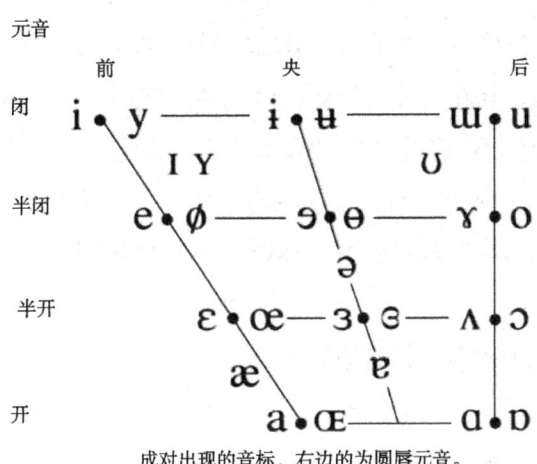

成对出现的音标，右边的为圆唇元音。

国际音标辅音

辅音（肺部气流）　　　　　中文版©2007　中国语言学会语音学分会

	双唇	唇齿	齿	龈	龈后	卷舌	硬腭	软腭	小舌	咽	喉
爆发音	p b			t d		ʈ ɖ	c ɟ	k ɡ	q ɢ		ʔ
鼻音	m	ɱ		n		ɳ	ɲ	ŋ	ɴ		
颤音	ʙ			r					ʀ		
拍音或闪音		ⱱ		ɾ		ɽ					
擦音	ɸ β	f v	θ ð	s z	ʃ ʒ	ʂ ʐ	ç ʝ	x ɣ	χ ʁ	ħ ʕ	h ɦ
边擦音				ɬ ɮ							
近音		ʋ		ɹ		ɻ	j	ɰ			
边近音				l		ɭ	ʎ	ʟ			

成对出现的音标，右边的为浊辅音。阴影区域表示不可能产生的音。

①本书用国际音标标注方言读音，声母为国际音标辅音；韵母为元音（+辅音），用五度标记法记本调和变调。例如："通_{去声}"[tʰœŋ³⁵]，[tʰ]为声母，相当于汉语拼音方案的 t，[ʰ]该上标为送气符号；[œŋ]为韵母，其结构为元音[œ]+辅音[ŋ]；声调调值为[35]，是去声调。国际音标用[ ]括起。

②例字或词语若需注释或标注音韵地位时用小六号字，例如：天星 tʰin⁴⁴（s-）niŋ⁴⁴ _{星星} | 浮_{奉母}[pʰEu¹¹]。

③例子与例子之间用单竖线 | 隔开。

④周宁方言有丰富的声母类化、韵母变化和连读变调现象。记音时用圆括号（ ）和 "-" 标示原声母和原韵尾。若例子较长，则首字完整标示变化情况，中间和末尾不标注。例如：天星_{星星}[tʰin⁴⁴（s-）niŋ⁴⁴]。例子中"星"的声母原为[s]，在语流中变读为[n]，用圆括号括出原声母后加"-"表示其为声母变化。"喙舌_{舌头}"[tsʰi³⁵⁻⁴⁴（s-）ik（-t）¹]在语流中"舌"字声母丢失后，入声尾[t]变读为[k]；[t]前加"-"表示其为韵母变化。

⑤声调用阿拉伯数字标注在该字的右上角，轻声不表示。音节在语流中发生变调时，声调的连读变调用"-"连接，"-"前为本调，"-"后为变调。例如"喙舌_{舌头}"[tsʰi³⁵⁻⁴⁴（s-）ik（-t）¹]的"喙"原为去声[35]调，语流中变为[44]。有的音节只有变调，没有原调。

⑥例字右上角标"="表示该字音本字未知，用同音字代替。例如："槽⁼"[sɔ¹¹]_{鸭子用嘴寻找食物}。本字未知无同音字代替的音节用"□"表示，后注国际音标。

⑦同音字汇中的释义、举例在字后用括号"（ ）"表示，在释义中，"~"用于代替词语或短语中的本字。词汇部分的圆括号除通常用法外，在条目及其注音里表示其中的成分可有可无。

⑧同音字汇中的又读或文白异读等一字多音现象在字的下角用阿拉伯数字表示，一般用"1"表示最常用的白读音，"2"次之，依此类推，如"生₁、生₂"。古音韵地位不同而今读音相同的两个字不作标注。

⑨用">"表示声母类化等音变后的读音。

⑩例字或词下加下划线表示合音词，如："天<u>这夥蜀下</u>变得"_{突然变天，随后风雨}

~交加~ [tʰin⁴⁴tsɔ⁻⁵⁵sia⁻⁴⁴pin³⁵nik⁰]。

⑪在例子中用"~"代替本条目。被代替的条目不论有几个字，都只用一个"~"。

⑫词汇表中词条的一般格式为："方言字 音标 标注 普通话解释"。方言字与普通话相同时省略普通话解释。一个条目对应多种方言说法时，最常用说法排在最前，其他说法缩进一个字符表示。

⑬单字音能区分不同的入声尾和鼻音韵尾，词汇和语流中基本不分，入声基本为[-k]，鼻音尾混为[-ŋ]。词汇记音本文以发音人实际发音为准，与同音字汇记录有出入。

⑭词语中一个字有两种读音时，用"~"连接两个读音，常用音在"~"前，不常用音在后。

目 录

第一章 绪论 ········· 001

第一节 周宁县及贡川村概况 ········· 001
第二节 研究意义及目的 ········· 003
第三节 材料来源 ········· 004
第四节 闽东方言音韵研究综述 ········· 005

第二章 贡川方言音系 ········· 009

第一节 声韵调 ········· 009
第二节 语流音变 ········· 017
第三节 音韵特点 ········· 022
第四节 文白异读 ········· 042
第五节 同音字汇 ········· 050

第三章 贡川方言词汇表 ········· 093

第一节 天文 ········· 093
第二节 地理 ········· 095
第三节 时令季节 ········· 098

第四节　农业 …… 102
第五节　植物 …… 105
第六节　动物 …… 113
第七节　房舍 …… 119
第八节　器具用品 …… 122
第九节　称谓 …… 128
第十节　亲属 …… 135
第十一节　身体 …… 138
第十二节　疾病医疗 …… 143
第十三节　服装穿戴 …… 145
第十四节　饮食 …… 151
第十五节　红白喜事 …… 158
第十六节　交际 …… 168
第十七节　文化教育 …… 176
第十八节　动作 …… 186
第十九节　方位 …… 189
第二十节　代词 …… 191
第二十一节　形容词 …… 192
第二十二节　副词、介词 …… 197
第二十三节　附加成分 …… 199
第二十四节　量词 …… 199

第四章　贡川方言口头文化示例 …… 203

第一节　《病囝传》 …… 203
第二节　《盘诗五首》 …… 206

参考文献 …… 209
后记 …… 213

第一章 绪论

第一节 周宁县及贡川村概况

一、周宁县及贡川村地理历史概况

周宁县位于福建省东北山区,地处鹫峰山脉东麓,县城海拔880多米,居全省之冠,素有"高山明珠"之称。地理坐标为北纬26°53′~27°19′,东经119°06′~119°29′。贡川村位于周宁县西南部,隶属于礼门乡,海拔约900米,离城关约27千米。礼门一带是周宁县主要林区,盛产木材。这里溪涧众多,中有贡川溪穿过,东有洋中溪,西有叉溪。附近是著名地质景观滴水岩、九龙石窟和后垄大峡谷。

周宁县唐起属长溪县。五代闽龙启元年属宁德县。明嘉靖三十五年(1556)建东洋行城。清雍正十三年(1735)设县丞驻治。1935年设周墩特种区。1945年设周宁县,取宁德县之"宁"字,周墩特种区的"周"字为县名。1949年6月28日以后,先后隶属福安专区(地区)、宁德地区和今之宁德市[1]。2010年6月,户籍人口20.23万人,其中四分之一为非农业人口(数据来自周宁县第六次全国人口普查领导小组办公室和周宁县统计局2011年6月发布的《周宁县2010年第六次全国人口普查主要数据公报》)。周宁县辖6个镇、3个乡:狮城镇、咸村镇、浦源镇、李墩镇、纯池镇、七步镇、泗桥乡、礼门乡、玛坑乡。境内汉族占99%,少数民族主要是畲族。

---

[1] 周宁县地方志编撰委员会.周宁县志[M].北京:中国科学技术出版社,1993.

贡川村原名"水竹坂",村民多陈姓。有关贡川村的历史移民情况,尚未找到相关的文字资料,本书主要依据当地学者的考证和民间族谱资料。据周宁县著名学者、《解读司徒陈》一书作者陈丙东考证,其开山祖名陈霸汉,与陈朝高祖皇帝陈霸先是从兄弟,隋任司徒,为李唐取得江南地盘和稳定唐政权立过汗马功劳,故历代予以追封武烈神帝,其后裔从常州迁江西临川。明嘉靖年间,景十七公之子尧五、尧十、岳六移民入闽,从事白银开采发家致富,渐渐繁衍成周宁一支大姓家族,并被誉为"第一秀才村"。前人给村子起名时,取江西简称"赣"字的"贡"(寓意:源自赣水),并配上"川"字。

二、周宁县及贡川方言概况

贡川陈姓由江西临川迁入闽东,由于移民规模相对较小,力量薄弱,在与周围居民的交往中,渐渐为周围强势方言所同化。现在的贡川方言中几乎找不到江西话的痕迹,处处表现出闽东方言的特点。据陈丙东老人回忆,"过去我们每逢七月祭祖,一篇祭文要按江西话宣读,大约是我爷爷(祖父)时代,也就是说,我们司徒派入闽三百多年内还偶尔能听到乡音,而后,渐渐被同化在闽东方言中去了"。

本书研究的贡川方言属于典型的闽东方言。按《中国语言地图集》的划分,贡川方言应属于闽东方言北片。《中国语言地图集》依据声母与韵母的关系将不区分"松音"和"紧音"的方言小区划为北片(福宁片),将区分"松音"和"紧音"的划为南片(侯官片)。南片以福州话为代表,北片以福安话或蕉城话为代表。事实上,宁德、福安以及周宁各地均区分松紧音,笔者称为变韵。

周宁县山川阻隔、地形起伏,自然村落呈点状分布于地势较为平坦的山谷、山涧和平地上,规模小、但数量众多,人与人交往有较多地理上的障碍。礼门全乡辖有17个行政村,82个自然村,各村落之间方言口音均不同。根据《周宁县志·方言卷》记载,周宁县内共有3种主要方言口音:狮城音、咸村音和玛坑音。城关狮城镇作为周宁县政治、经济、文化中心,人口流动大,方言变化发展快。相较而言,在崇山峻岭阻隔下的咸村和玛坑方言保存得更为古雅。例如,咸村、玛坑至今仍保留着中古 [-p]、[-t]、[-k] 三套入声尾,城关则只有[-t]尾和[-k]尾,而且只有为数不多的老人能分辨[-t]尾和[-k]尾字。本书研究的贡川方言与狮城音相近,但语音上有其独特性和系统性,属于独立于狮城音之外的另一种口音。

第二节 研究意义及目的

闽语被称为古汉语的"活化石",在语音、词汇以及语法方面大量保留了古代汉语的面貌,和古音类对应较整齐。闽东方言是闽语重要的一支,近年来,学者关注较多,已经取得了一系列重要的成果。闽东方言研究成果主要集中于以福州话为代表的侯官片,对福宁片方言的研究相对比较薄弱,可供查阅的书籍和文献不多,专门研究讨论周宁各地方言的文献甚少。相较于南片,北片交通相对闭塞,内部差异大,更具有研究价值。由于地理、历史等原因,周宁方言在闽东方言中具有较多个性,诸多文章特别点出周宁话与闽东其他地区方言的不同特点,如袁家骅《汉语方言概要》一书论述闽东方言时,提及北部山区的周宁话保留整套鼻音塞音韵尾;许多硕士、博士论文也指出周宁方言声母[s][θ]有别、变韵丰富等。据笔者了解,尚未有学者调查过周宁贡川方言。贡川村地处闽东内陆山区,受外来影响小,特点鲜明;方言现象复杂,本身具有很高的研究价值,对它的研究有助于学界更全面地了解闽东方言面貌。

本书研究的主要目的是展现周宁贡川方言的语言面貌,对其语音情况进行细致描写,探索其语音特征和规律,针对一些特殊的语音现象进行较为深入的探讨;同时为方言学界提供一份翔实的方言语料。

第三节 材料来源

一、田野调查材料

本书所用材料主要为笔者田野调查所得的第一手材料。笔者于2010年12月26日着手调查周宁贡川方言字音,记音工作得到了发音人陈思健一家的大力协助。2010年12月27至28日,日本爱媛大学秋谷裕幸先生来到周宁,调查工作得到他的悉心指导。2011年2月11日做了补充调查，并进行了第一次核对。2011年8月随赵日新老师进行第二次字音和词汇核对，主要发音人陈思健由于健康原因住院休养，因此，另外邀请了陈贵平老师为主要发音人进行协助，并最终确定方言音系。贡川方言调查结束后，出于方言对比的需要，笔者还调查了城关话音系。2023年1月进行了部分材料的核对和补充。

下面对发音合作人的信息进行简单介绍。

（一）贡川方言发音合作人

陈思健，男，1939年5月生，周宁贡川人。普通师范肄业，曾担任小学教师。当前负责修编贡川村陈姓赣闽联谱。父母均为周宁贡川本地人。说普通话和当地方言。

陈贵平，男，1952年生，周宁贡川人。小学高级教师。1960年就读于贡川小学，1966—1968年在周宁农村师范学习，1976年从宁德师范学校毕业后在礼门小学任教至今。父母均为周宁贡川本地人。说普通话和当地方言。

陈康新，男，1956年4月生，周宁贡川人。小学高级教师，现任周宁县英才实验学校教导处主任。1976—1978年在贡川小学任教，1980—1989年调入礼门小学，1989年至今在周宁城关任教。父母均上过私塾，父亲为贡川本地人，母亲为李敦楼坪人。说普通话和当地方言。

（二）城关话发音合作人

吴亦雄，男，1927年10月生，周宁城关南庄人，退休教师。11岁进入初晴书院（后改为小学，为今实验小学前身）。新中国成立后到福安师范培训，毕业后在城关小学任教。1980年退休。父母均为周宁城关南庄人。说普通话和当地方言。

吴亦类，男，1943年12月生，周宁城关南庄人。小学高级教师，已退休。1952年就读于周宁城关中心小学，1958年进入周宁一中，高二肄业，1965年赴浦源学区任教，2011年11月退休。2006—2009年参与周宁县吴氏统谱的编撰。父亲为周宁城关南庄人，母亲为周宁七步人。说普通话和当地方言。

萧陈文，男，1955年5月11日生，周宁城关人。小学高级教师。1980年毕业于宁德师范学校，任教玛坑乡中心小学。1982年工作于浦源二小。1990

年回狮城学区任教至今。父亲为城关南坂村人，母亲为城关南庄村人。说普通话和当地方言。

二、文献材料

本书还参考了诸多方言学书籍及文献。主要参考的著作和文章有：

梁玉璋.福州方言的语流音变[J].语言研究，1986（2）：85-97.

林寒生.闽东方言词汇语法研究[M].昆明：云南大学出版社，2002.

戴黎刚.闽东福安话的变韵[J].中国语文，2008（3）：216-227.

秋谷裕幸.闽东区福宁片四县市方言音韵研究[M].福州：福建人民出版社，2010.

其他文献材料详见"参考文献"部分。

第四节 闽东方言音韵研究综述

以下主要介绍与周宁方言研究相关的著作及文章。

《闽音研究》（陶燠民，1930）是汉语方言调查早期代表作之一。该著作使用严式国际音标描写了福州话语音系统，并描述了发音部位、发音方法。

梁玉璋（1983）《福安方言概述》一文整理了福安话声韵调系统，举例说明了福安话词汇语法特点，是较早对福安话进行描写的文章。福安话通行于福安、宁德、周宁、寿宁、福鼎、霞浦、柘荣等县，是闽东方言区仅次于福州话的一种重要方言，对周宁方言研究有较大的参考意义。

张振兴（1985）《闽语的分区（稿）》一文是对《中国语言地图集》闽语图的说明，分述了各区特点，指出闽东方言划分为侯官片与福宁片的主要依据是声调和韵母的关系，有"松音"和"紧音"之分的为侯官片，无区分的归为福宁片。

寿宁县位于周宁县北部，寿宁话与周宁话同属于福宁方言片，两地方言相近，可自由交流。林寒生（1987）《寿宁方言的语音特点》描述了寿宁县方言的语音特点，并与福州话进行比较，得出寿宁话声母比福州话古老的结论；韵母方面，提出寿宁话没有"松音"和"紧音"的区别。

陈章太、李如龙（1991）《闽语研究》是福建方言研究集大成之作，本书在早期福建方言调查研究基础上，首次展现了闽东、闽北、闽中、闽南、莆仙五个方言小片语音、词汇、语法的大量材料，同时在语音、词汇、语法三方面讨论了闽语区的内部一致性和差异性。对周宁话语音及词汇研究主要在《论闽方言的一致性》和《论闽方言内部的主要差异》两篇中论及。

《周宁县志·方言卷》（由周宁县地方志编撰委员会编写，1993）对周宁城关话的面貌进行了较全面的描写，并附有同音字表。

冯爱珍（1993）《福清方言研究》一书对福清方言的语音、词汇、语法作了记录与描写。词汇部分列举了福清方言富有特色的词语三千多条，注音释义周详，并按意义分类。

沙平（1999）《福建省宁德方言同音字汇》一文描写了宁德城区老派方言的声韵调系统，展示了宁德方言的同音字表，并与福州方言进行了比较，认为宁德方言归于与福安、寿宁等方言相近的福宁片内更合适。

林寒生（2002）《闽东方言词汇语法研究》着眼于整个闽东方言区，挑选了十个有代表性的方言点，从词汇、语法两个方面加以比较对照，考察了该方言区的词汇和语法两方面的主要特点，丰富了人们对闽东方言的了解。该书在考本字方面对前人的研究进行了总结和提升，对于周宁贡川方言本字考证工作有重要的参考意义。

叶太青（2003）《屏南代溪话音系》讨论屏南县东南部代溪话的语音系统。文章一方面对代溪话的声韵调系统进行了详细的描写，另一方面通过代溪话音系与《广韵》音系的比较，从历时角度考察了代溪话语音发展的历史脉络和内部规律；又从共时的角度就代溪话的"韵变"和福州话的"变韵"作了粗略的比较，并归纳出代溪话韵变的几种类型及其重要特征。文章对代溪话音系及其特点的描写和分析，丰富了人们对闽语的认识，特别是加深了对闽东方言的了解。

钟邦逢（2003）《闽东方言北片音韵研究》首次对周宁方言音韵进行较为深入的描写及解释。文章通过对闽东方言北片七点的音韵的历时和共时研究，确定了该小片在汉语音韵研究中重要的历史地位。

叶太青（2007）《闽东北片方言语音研究》一文论述了闽东方言北片声韵

调的演变情况，通过描写、对比、计量等手段说明其嬗变过程和过渡特色。

秋谷裕幸（2010）《闽东区福宁片四县市方言音韵研究》一书考察了宁德市下辖的福鼎市白琳镇、霞浦县长春镇、寿宁县斜滩镇和柘荣县富溪镇的闽语闽东区福宁片语音面貌，为学界提供了丰富的音韵材料。全书细致严谨、材料翔实，凝聚了作者多年的研究成果，反映了最新的方言现状。

袁碧霞（2010）《闽东方言韵母的历史层次》一文运用历史层次分析法全面考察和分析了闽东十八个县市的方言韵母层次，解释由闽东原始方言到今各方言的音变，并作了总结。文章提到了周宁话不同于其他县市的一些特点，对本文的文白异读、音韵特点分析等部分的写作具有较大的参考价值。

秋谷裕幸（2012）《闽东区古田方言研究》以福建省宁德市古田县大桥镇和杉洋镇的闽东方言作为对象，调查研究古田方言，较为系统地描写、研究了这两地方言的语音、词汇、语法特点，为学界提供了这两个闽东区方言的新材料，进而讨论其合理的方言区划归属及其在闽东区方言史上的位置。

第二章 贡川方言音系

第一节 声韵调

一、声母

贡川方言共有16个声母,包括零声母在内。

p 包肥必瓠	pʰ 派曝蜂浮	m 目望韵		
t 丁猪陶愁	tʰ 桃铁抽柱	n 嫩肉让		l 卵来
ts 酒烛钱少铡	tsʰ 千刺鼠视		s 师索蛇词十	
k 歌京厚~脚强	kʰ 康气渴环荆	ŋ 鱼五耳	x 云痕黑粉佛	
∅ 冤釉椅热羊				
ʔ 熅幼以旱影				

说明:

(1)[p]组声母不拼撮口呼韵母。

(2)声母[n]在齐撮类韵母前发音部位较靠前,实际音值为[ȵ]。例如"让"[nyuŋ³⁵]实际读[ȵyuŋ³⁵]。[n]与[ȵ]不构成对立,本书不单列[ȵ]。

(3)声母[x]后接元音开头为[a、ɔ、œ]等开口较大的后、高元音时,发音近于[h];当与开头为[i、y、e、E、u、o、ø]等前、低元音相拼时,发音近于[x]。[h][x]两者互补,统一用[x]表示。

(4)声母[ts]、[tsʰ]、[s]在细音前不颚化,新派略有颚化。

(5)古心、邪、生、船、禅母字在贡川方言中主要演变为[s],[s]不是单纯的舌尖音[s],而是介于舌尖音[s]与齿间音[θ]之间,有时发音十分接近

[θ]。[s]与[θ]无音位对立，统一用[s]表示。

（6）大部分日、云、以、微母字开头带有摩擦韵头[j、w、ɥ]，如"热"[jik¹]|"旺"[wuŋ²¹³]|"样"[ɥyuŋ²¹³]。大部分字摩擦不重，本文将其归为韵母介音，声母处理为零声母。

（7）古影、匣母字今读大部分开头带有不明显的喉塞音，喉塞音与零声母有音位对立，如"煴"[ʔun⁴⁴]-"冤"[un⁴⁴]|"以"[ʔi⁴²]-"椅"[i⁴²]|"幼"[ʔiu³⁵]-"耀"[iu²¹³]，本文单列为一类。喉塞声母多现于阴平[44]和阴去调[35]中，且多见于口语常用字。闽东绝大部分地区方言的零声母与喉塞音是不对立的。贡川方言中的喉塞色彩正处于消失过程中，偶见的与零声母对立现象应该是消失过程中个别字读音零乱造成的。这种对立在交际中没有突出的区别意义。

（8）还有两个只出现在连续音变中的声母[β、ʒ]，声母表中不列。关于语流中声母类化的现象后文将详细描述。

二、韵母

贡川方言共有98个韵母，包括自成音节的[n]在内。用"/"来表示韵母的变韵关系，"/"前为本韵，"/"后为变韵，本韵与变韵计为一个韵母。有些变韵只有部分分化，本韵和变韵之间存在音位对立，本书将它们视为不同的韵母。

贡川方言的韵母结构十分复杂，某一种排列法不能既体现韵母格局的规整性，又表现韵母间的变韵关系，因此，本书根据不同的原则，列出两种韵母表。

（一）传统的韵母排列法

所有韵母按开、齐、合撮四呼分为四类，先排阴声韵，再排阳声韵和入声韵。传统的韵母排列方式主要是为了体现韵母格局的规整性。

a 铰_前茶马炸罢　　i 鸡池美翅艺　　u 菇禾堵次悟　　y 吹茄鼠脆裕

　　　　　　　　　　　ia □_{母亲}

ɔ 何岛饿　　　　　　　　　　　　　　uɔ 花魔寡破瓦

o 高躲错		uɔu 雾	
œ 驴黍助 / ø 梳鑢		øu □好的	
ɛ 鞋洗蟹 / e 溪替	iɛ 车马~爷写寄蚁		
ai 梯孩屎介赖		uai 乖危拐鳜坏	
au 包刘九臭豆	iau 妖扭柳票掉		
ɒi 盔雷~锥罪胭坐			
ɔu 胡五			
ou 赌汝你			
ɛi 其二			
ɛu 条某锄~地	iu 腰朝救树白凑赵		
ei 姐泌			
eu 瓯橱酒吊住白	ieu 邮右		
œy 如拽具			
øy 催委水帅拒			
oi 堆肥队		ui 追陪贵胃	
	in 轻连寝印院	un 春完困远~近	yn 凶然献件
an 三南伞晏汗		uɔn 端凡管判万	
ɔn 浑暖恨			
on 村轮睏份		uon 文运命~	
œn 垦			
øn 银捆近			
ɛn 填犬慢	iɛn 仙炎团瘾鳝		
en 针陈紧店认	ien 人孕		
	iŋ 丁□纠缠庆	uŋ 光狂统壅旺	yuŋ 姜良让像
aŋ 攀瞑井棒郑	iaŋ 惊名~字饼疼淀	uɒŋ 横广	
ɔŋ 瓢影~子碰			yɔŋ 枪尝养瘴匠
oŋ 缸农捧壮凤	ioŋ 荣咏		
œŋ 虫猛硬			
øŋ 双重~复等~待杏			yøŋ 用
ɛŋ 行~为桶赠			
eŋ 灯形挺静盛			
	it 急漆穴灭	ut 不蕨出月术	yt 决歇缺~点
	ik 洁膝袭觅	uk 腹烛粟曝绿	yk 箬贮乞舴
	iʔ □呵~：挠痒痒	uʔ 剥沃缚局	yʔ 结石药
		ut 谷睩啜	
		uk 国督狱	

at 塔杀纳盒
ak 澈撒搦麦
aʔ 帛   uaʔ 曰阅   yuk 菊竹欲
ɔt 骨窟核夺   uɔt 法扩末跋
ok 角牛~确鹤铎   ɔuʔ □折断   yok 劣婥辱虐
ɔʔ 各毛镯择
ot 琢律
ok 作掘录
oʔ 桌独
œok 落丢失浊六
øuk 壳逐肉
ɛt 拔捏十
ɛk 孽
ɛʔ □烂涂~：烂泥巴
ɛt 塞瞌   iɛt 夹□惊，跳翼
ɛk 色克泽   iɛk 揭拆~开额
et 八力   iɛʔ 摘臂食白
ek 结打~直   iɛk □把东西拍扁□拍水~：打水漂
n 唔不

（二）体现变韵关系的韵母排列法

变韵丰富是贡川方言韵母突出的特点。传统的韵母排列方式打破了本韵与变韵之间的渊源关系。按变韵关系归类的排列方法可以较好地表现贡川方言的变韵体系，展现韵母之间的演变关系。用大括号将具有变韵关系的韵母列为一类。

⎧ i 鸡池美翅艺   ⎧ u 菇禾堵次悟   ⎧ y 吹茄鼠脆裕
⎨ ei 姐泌   ⎨ ou 赌汝你   ⎩ œy 如拽具
⎩ ɛi 其二   ⎩ ɔu 胡五

a 铰剪茶马炸罢   ia □母亲
ɔ 何岛饿
o 高躲错   uɔ 花魔寡破瓦
œ 驴黍助 / ø 梳鐩   uɔu 雾
                       øu 与好的
ɛ 鞋洗蟹 / e 溪替   iɛ 车马~爷写寄蚁

第二章 贡川方言音系

ai 梯孩屎介赖 　　　　　　　　uai 乖危拐鳜坏
au 包刘九臭豆 　　iau 妖扭柳票掉
⎧ ɒi 盔雷~锤罪朏坐 　　　　　　⎧ ui 追陪贵胃
⎩ øy 催委水帅拒 　　　　　　　⎩ oi 堆肥队
⎧ ɛu 鱼条某锄~地
⎨ eu 瓯橱酒吊住白 　　ieu 邮右
⎩ iu 腰朝救树白凑赵

　　　　　　　　　　　　　　　⎧ yn 凶然献件
　　　　　　　　　　　　　　　⎨ œn 垦
　　　　　　　　　　　　　　　⎩ øn 银捆近

an 三南伞晏汗 　　　　　　　　uɔn 端凡管判万
⎧ ɔn 浑暖恨
⎨ on 村轮睏份 　　　　　　　　uon 文运命~
⎩ un 春完困远~近
⎧ ɛn 填犬慢 　　　iɛn 仙炎团瘾鳝
⎨ en 针陈紧店面脸认 　　ien 人孕
⎩ in 轻连寝印院

　　　　　　　　　　　　　　　⎧ yŋ 姜良让像
　　　　　　　　　　　　　　　⎩ yøŋ 用

aŋ 攀瞑井棒郑 　　iaŋ 惊名~字饼疼淀 　uɒŋ 横广
⎧ ɔŋ 瓢影~子碰 　　　　　　　　　　　yɔŋ 枪尝养獐匠
⎨ oŋ 缸农捧壮凤 　　ioŋ 荣咏
⎩ uŋ 光狂统壅旺
⎧ œŋ 虫猛硬
⎩ øŋ 双重~复等~待杏
⎧ ɛŋ 行~为桶赠
⎨ eŋ 灯形挺静盛
⎩ iŋ 丁□纠缠庆

　　　　　　　　　　　　　　　yt 决歇缺~点
　　　　　　　　　　　　　　　yk 箬贮乞给
　　　　　　iʔ □呵~：挠痒痒 　yʔ 结石药
at 塔杀纳盒
ak 澈撒搦麦
aʔ 帛 　　　　　　　　　　　　uaʔ 日阅

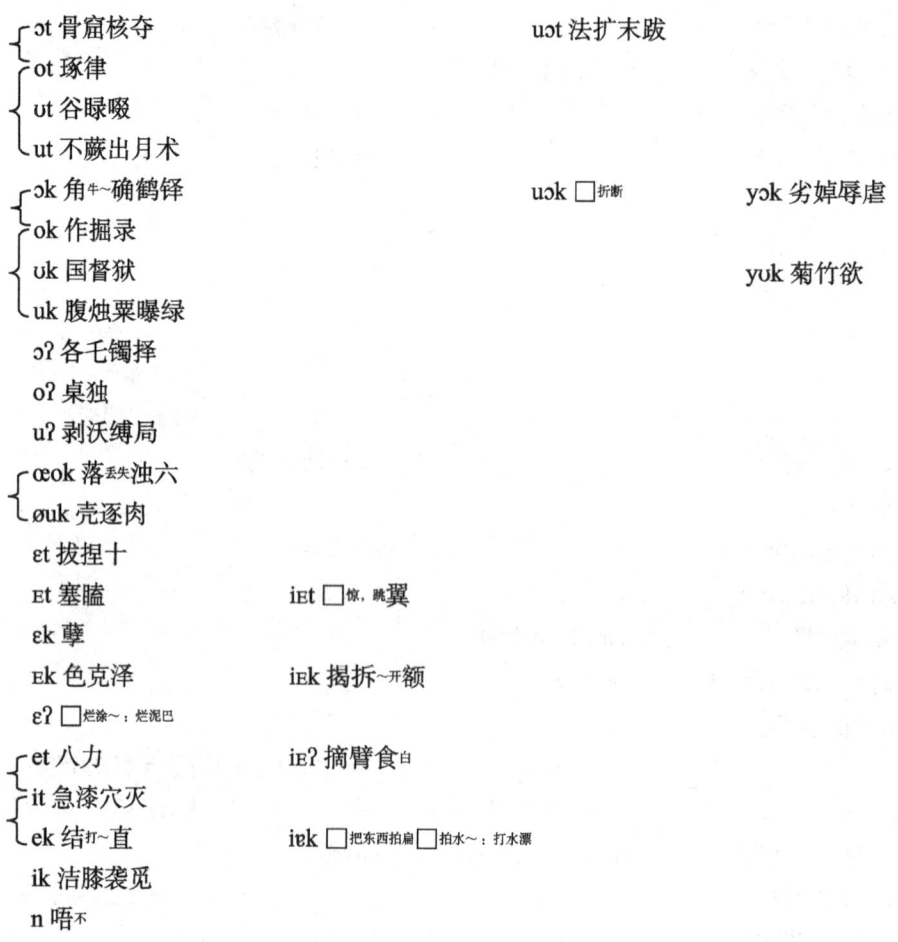

说明：

（1）贡川方言有明显的变韵现象，比城关话丰富，且有多重层次。韵母在调值高低、长短的作用下发生了高化、低化或复化等变化。本韵和变韵在不同调值条件下音值有不同程度的差异。有些变韵的音值渐渐固化，已独立成韵。

（2）本书将介音 [j、w、ɥ] 处理为韵头 [i、u、y]，韵母数量因此增加。这样处理是为了与传统闽语声母的"十五音系统"保持一致，以便进行音韵分析及方言间比较；同时从介音的实际发音时长来看，介音也更适合归入韵母。由于介音处理为了韵头，一些韵母因此分化为两类，因此增加的韵母有：遇摄虞韵的 [uɔu]（原为 [ɔu]）、流摄尤韵的 [ieu]（原为 [eu]）、深摄侵韵和臻摄真韵的 [ien]（原为 [en]）、臻摄文韵的 [uon]（原为 [on]）、通摄的 [ioŋ]（原为

[oŋ]）——这类出现 [i]、[u] 介音的韵母都是古云母、以母、日母或微母字，而其他声母后则无 [i]、[u] 介音。

（3）贡川方言中有 [a、ɔ、o、ɛ/e、œ/ø、i、u、y] 八个单韵母，它们与阳声尾 [-n、-ŋ]、入声尾 [-ʔ、-k、-t] 以及单韵母之间的相互组合，使得韵母情况十分复杂。

（4）韵母 [io]、[uit] 分别只有一个字："□~ [uai³⁵ io⁰]：表惊讶" 和 "号~~ [au¹¹ uit⁵ uit⁵]：哇哇大哭"，为语气词和拟声词，因此不列入韵母表。

（5）[ɒi] 韵母字在周围方言中一般记作 [ɔi]，但贡川方言该韵母舌位比 [ɔ] 略低，因此记作 [ɒi]。同时，该韵母是变韵，后独立成韵，只存在于低、长调中，实际音值较长，为 [ɒɛi]。

（6）当声调为上声 [42] 时，[u、o] 韵母读为 [ou]。

（7）[ɛ] 韵母的实际音值为 [eɛ]。

（8）[ei] 韵母中的 [e] 略为靠后，近似于 [ə]。

（9）[ui] 韵母实际音值为 [ʋi]。

（10）[aŋ] 韵母中的 [a] 实际舌位略靠后。

（11）[iaŋ]、[ioŋ]、[oŋ]、[yɔŋ] 韵母略带鼻音色彩，实际发音为 [iã]、[iõŋ]、[õŋ]、[yɔ̃ŋ]。

（12）[uɒ] 韵母中的 [u] 不如标准的 [u] 高，实际发音近于 [oɒ]。[uɒ] 韵母拼 [x] 和零声母时韵尾带尾音，类似于 [ɒoɒ]。

（13）[uɔn]、[uɒŋ] 韵母中的 [u] 比较低，实际发音为 [oɒn]、[oɒŋ]，仅在零声母时为 [uɔn]、[uɒŋ]。[oɒn] 韵母拼唇音时舌位更低，实际为 [ɔɒn]。[o-] 类韵母记作 [u-] 是为了与中古开合口保持一致。

（14）[iɛ] 韵母陈思健发音类似于 [iɐɛ]。

（15）[yɔŋ] 韵母中的 [y] 不够圆唇，有时接近于 [iɔŋ]。

（16）[yʊk] 实际发音为 [yɵk]。

（17）[aʔ]、[uaʔ] 辖字很少，是文读和书面语才用到的韵母。

（18）单独成韵的 [n] 依后字声母的不同而有三个变体 [m、n、ŋ]。在 [m] 声母前受声母影响变为 [m]，例如，买唔买 [mɛ⁴² m mɛ⁴²]（买不买）。在舌尖声母前为 [n]，例如，□唔□ [tʰɔ̝ʔ¹ n nɔʔ¹]（要不要）。在舌根声母和零声母前

为 [ŋ]，例如，去唔无 [kʰy³⁵ ŋ ŋu³⁵]（去不去）。

（19）贡川方言入声尾有三套：[-ʔ、-k、-t]，它们均有不同程度的弱化，成阻特征不明显。标准塞尾 [-t] 是舌叶紧贴上齿龈完全阻塞口腔气流而产生的，成阻于上齿龈；而贡川方言的 [-t] 尾是通过舌根抬起靠近软腭阻止口腔气流，随后舌尖轻微触碰上齿颚，本质上成阻于软腭，与 [-k、-ʔ] 尾音色相近，因此 [-ʔ、-k、-t] 尾字很难听辨。[-ʔ] 是 [-k] 进一步弱化产生的喉塞音，发音时舌根靠近咽壁以阻止气流，成阻部位在咽壁，主要元音的音长较长，且阻塞不完全。入声尾进一步发展，[-t] 可能渐渐失去舌尖色彩变为 [-k]；[-k] 逐渐弱化为 [-ʔ]；而 [-ʔ] 将脱落，使原入声韵变为阴声韵。虽然目前入声尾正在弱化中，但其特征仍较稳定。

（20）当前在普通话强势渗透和周围方言的影响下，贡川方言中个别非口语常用字的读音不稳定，发音因人有别、因时而异，产生了大量的自由变读。例如"电"字有两种读音 [tin²¹³] 和 [tiɛn²¹³]；"层"字有两种读音 [tsʰɛŋ¹¹] 和 [tsʰeŋ¹¹]；"邓"字有三种读音 [tœŋ²¹³]、[tɛŋ⁴⁴] 和 [tɛŋ²¹³]。

三、声调

贡川方言单字声调有 7 个，轻声不在内，如表 2-1 所示。

表2-1 贡川方言声调表

阴平	阳平	上声	阴去	阳去	阴入	阳入
多恩宽窟咨	熬才除寒棉	饱犬每养舞	做囥柜问仗	院郑自妇厚	北册割色鸭	白毒盒日目
44	11	42	35	213	5	1

（1）贡川方言的阴平为高平调，但略带降势。

（2）阳平为低平调，开头部分略高。调值偏向于 [21]，但未达到 [21]，记作 [11]。

（3）阳去是个低降升调，并且是个长调，记作 [213]。在实际发音中有时接近低升调 [13]。

（4）阴入调值最高，标记为 [5]。阴去 [35] 的 [5] 不到阴入 [5] 的高度。

（5）阳入实际音值比 [1] 高。

第二节　语流音变

一、声母类化

在语流中，声母区别意义的作用不那么重要。由于交际便利性和发音连贯性的要求，两字或多字连读时，后字声母受前字韵尾的影响发生发音部位顺同化，声母类化后发音更为省力、简易。声母类化是发音模糊的表现，类化的过程中，后字声母弱化为同部位的边音、鼻音或浊擦音，成阻特征不明显，发音器官的肌肉处于较放松的状态。发生类化的前后字绝大多数形成同一语义体。这种现象同样存在于普通话及其他汉语方言中。比如，老北京人有时把"现在"说为"现耐"[ɕiɛn⁵³ (ts-)nai⁵¹]，只是声母弱化现象在闽东方言中表现更为突出，并且形成了一套类化规律。声母类化是合音的第一步，类化进一步发展，前后两字将合为一个音节，如表 2-2 所示。

表2-2　贡川方言声母类化规律表

后字声母	类化声母及例词	
	在阴声韵、入声韵之后	在阳声韵之后
[p pʰ]	变 [β]：楼房 [lɛu¹¹(p-) βoŋ¹¹] 鱼鳔 [ny¹¹(pʰ-) βau²¹³]	变 [ŋ]：暝晡 [maŋ¹¹(p-) ŋu⁴⁴] 变 [m]：棉被 [min¹¹(pʰ-) muoi²¹³]
[t tʰ]	变 [l]：过道 [ku³⁵(t-) lɔ²¹³] 热天 [ʑit¹(tʰ-) lin⁴⁴]	变 [n]：风台 [xuŋ⁴⁴(t-) nai¹¹⁻⁴⁴] 床头 [tsʰoŋ¹¹(tʰ-) nau¹¹]
[s]	变 [l]：流星 [liu¹¹(s-) liŋ⁴⁴]	变 [n]：天星 [tʰin⁴⁴(s-) niŋ⁴⁴]
[ts tsʰ]	变 [ʒ]：开水 [kʰai⁴⁴ (ts-) ʒøy⁴²] 柴草 [tsʰai¹¹ (tsʰ-) ʒau⁴²] 变 [l]：荔枝 [lɛ²¹³⁻⁴⁴(ts-)li⁵⁴]	变 [n]：饭甑 [pun²¹³⁻⁴⁴ (ts-) nin³⁵] 烟囱 [in⁴⁴ (tsʰ-) nøn⁴⁴]

续表

后字声母	类化声母及例词	
	在阴声韵、入声韵之后	在阳声韵之后
[k kʰ]	变 [ŋ]: 指甲 [tsE⁴²⁻⁴⁴(k-) ŋat⁵] 番柿 [xuɔn⁴⁴(kʰ-) ŋEi²¹³] 变 [∅]: 白鸽 [pak¹(k-) ak⁵] 鼻空 [pʰi³⁵(kʰ-) øŋ⁴⁴]	变 [ŋ]: 钳囝 [kʰin¹¹(k-) ŋiEn⁴²] 天气 [tʰin⁴⁴(kʰ-) ŋi³⁵]
[x]	变 [∅]: 石灰 [tsʰyk¹(x-) ui⁴⁴]	变 [n]: 烟花 [in⁴⁴(x-) nuɔ⁴⁴] 变 [ŋ]: 汤壶 [tʰoŋ⁴⁴(x-) ŋou¹¹⁻⁴⁴]
[m n l ŋ]	不变: 雪毛 [sut⁵ mɔ¹¹] 做年 [tso³⁵ nin¹¹] 肥料 [poi¹¹ lEu²¹³] 怀疑 [xuai¹¹ ŋEi¹¹]	不变: 清明 [tsʰin⁴⁴ men¹¹⁻⁴⁴] 明年 [maŋ¹¹ nin¹¹] 盐卵 [sin³⁵ lɔn²¹³] 黄牛 [uŋ¹¹ ŋou¹¹]

（1）连读时后字声母可类化，也可不类化，以上描写的是在类化时的音值。

（2）入声字在声母类化中首先丢失塞音尾，其后变化与阴声韵尾相同。

（3）声母类化有不同的程度，它与说话人的语速和发音清晰度有关。声母类化程度上的差异不影响交际。例如，"喙舌（舌头）"后字"舌"的发音从清晰到含混可分为三个阶段：①与单字音相同：[tsʰy³⁵ sit¹]。②后字声母 [s] 变 [l]：[tsʰi³⁵⁻⁴(s-) lit¹]。③后字声母 [s] 丢失：[tsʰi³⁵⁻⁴⁴(s-) ik(-t)¹]。

（4）阴声韵、入声韵作前字时，两字组后字声母均可脱落。例如，开水 [kʰai⁴⁴(ts-) ʒøy⁴²] → [kʰai⁴⁴(ts-) øy⁴²]；楼房 [lEu¹¹(p-) βoŋ¹¹] → [lEu¹¹ oŋ¹¹]。

（5）声母类化以及变调会使本不同音的词变成同音词，例如，"山楂" [san⁴⁴ (ts-)na⁴⁴] 和 "衫柴（杉树）" [san⁴⁴ (tsʰ-)na¹¹⁻⁴⁴]｜"大堂哥" [tuɔ²¹³⁻⁴⁴ (tʰ-)lɔŋ¹¹⁻⁴⁴ (k-)ŋo⁴⁴] 和 "大蛋糕" [tuɔ²¹³⁻⁴⁴ lɔŋ²¹³⁻⁴⁴ (k-)ŋo⁴⁴]。

（6）读新词语时，声母不脱落，例如"西瓜" [se⁴⁴ kuɔ⁴⁴]。

（7）[s] 与同部位塞擦音 [ts、tsʰ] 的类化方向不一致，反而与塞音 [t、tʰ] 的类化情况相似，这主要是因为 [s] 的发音部位与 [ts、tsʰ] 并不完全相同，而是近于齿间的 [θ]。正因为 [s] 更接近于 [θ]，它在阴声韵之后有时阻塞程度比较明显，甚至变为塞音 [t]，例如，"厨师" [tou¹¹(s-) tu⁴⁴]，"苦畲"（苦菜)" [kʰu⁴²(s-)tiɛ⁴⁴]。

(8) [ts、tsʰ] 在阴声韵、入声韵后读为 [l] 的现象并不多见。

(9) [p、pʰ] 在阳声韵后的读音分两种情况,若前字韵尾为 [n],则后字声母变为 [m];若前字韵尾为 [ŋ],则后字声母也变为 [ŋ]。

(10) [x] 在阳声韵后的读音也分两种情况,若前字韵尾为 [n],则后字声母变为 [n];若前字韵尾为 [ŋ],则后字声母也变为 [ŋ]。

二、连读变调

贡川方言的连读变调较为简单。与声母类化的条件和原因相同,当前后两字不构成一个语义结合体时,一般不变调。在一个语义结合体内,连读中前字与后字的声调顺同化、低调向高调、折调向平调靠拢,使得前后两字声调趋同。刘俐李(2004)将汉语方言的语音连调模式分为原生式、互换式、类化式、包络式和调协式五种。贡川方言双字组连读变调属于类化式,其特征是不同单字调因某些属性相同或相似而读同一种调类。贡川方言连读变调主要表现为前字声调的高平化,前字为阳平 [11]、上声 [42]、阴去 [35]、阳去 [213] 和阴入 [5] 时,读若阴平的 [44]。只有低调升为高调,高调不降为低调;平调也不变为升调或者降调。两字节连读变调大致规律如表 2-3、表 2-4 所示(用"/"表示两种并列的变调形式)。

表2-3 贡川方言连读变调规律表

前字	后字						
	阴平 44	阳平 11	上声 42	阴去 35	阳去 213	阴入 5	阳入 1
阴平 44	44+44	44+11/ 44+44	44+42	44+35	44+213	44+5	44+1/ 44+4
阳平 11	11+44	11+11	11+42	11+35	11+213	11+5	11+1
上声 42	44+44/ 42+44	44+44/ 42+11	44+42/ 42+42	44+35/ 42+35	44+213/ 42+213	44+5/ 42+5	44+4/ 42+1
阴去 35	44+44	35+11/ 44+11	35+42/ 44+42	44+35/	35+312/ 44+213	35+5/ 44+5	44+1/ 35+1

续表

前字	后字						
	阴平 44	阳平 11	上声 42	阴去 35	阳去 213	阴入 5	阳入 1
阳去 213	44+44/ 213+44	213+11/ 44+11	44+42/ 213+42	44+35/ 213+35	44+213/ 213+213	44+5/ 213+5	44+1/ 213+1/
阴入 5	44+44/ 5+44	5+11/ 44+11	5+42	5+35/ 44+35	5+213	5+5/ 44+5	5+1/ 5+3 4+1/
阳入 1	1+44	1+11	1+42	1+35	1+213	1+5/ 44+5	1+1

表2-4　贡川方言连读变调例词表

前字	后字						
	阴平 44	阳平 11	上声 42	阴去 35	阳去 213	阴入 5	阳入 1
阴平 44	瑜尘 衣裳	清明 乌云	烧火 拖把	天气 甘蔗	新妇 生卵	鸡角 亲戚	桑箸 生日
阳平 11	寒天 茶杯	锄头 皮鞋	苹果 朋友	明旦 奇怪	城市 名字	头发 菩萨	肥肉 同学
上声 42	火车 玛坑 饼干 手机	鼠狼 以前 酒壶 祖婆	小暑 马轼 土匪 犬团	扁担 酒瓮	尾后 火箸	粉笔 美国	老实 满月 乞食 九盒
阴去 35	菜刀 唱歌	带鱼 晾台 傍暝 四点	清水 树尾	蕹菜 算账	过道 做雨	做雪 栋角 四只	芥末 计划 半日
阳去 213	电灯 豆浆 荔枝	饭匙 箸笼 两头	病哑 老妈 两本	有露 大概 两岁	豆腐 味道 两万	外国 办法 两尺	大学 二十 两粒
阴入 5	桌布 结冰 七天	铁钳 骨头 七条	厕所 壁虎 七点	福建 织布 七寸	质量 速度 七步	竹刻 拍铁 七只	作业 确实 七粒
阳入 1	立春 读书	核桃 食暝	白米 肉饼	白鹭 力气	学校 六万	日蚀 及格	学习 十六

音值说明：

（1）前字为低调值的阳平 [11] 和阳入 [1] 时，前后字均不变调。

（2）但凡前后字变调为 [44+44] 的，后字声调均略带降尾，实际调值近似于 [44+43]。

（3）"阴平+阳平 [44+11]" 连读时后字高化为 "[44+44]"，与 "阴平+阴平 [44+44]" 相同。比如上文提到的"山楂"[san⁴⁴ (ts-)na⁴⁴] 和 "衫柴"[san⁴⁴ (tsʰ-)na¹¹⁻⁴⁴] 二词，连读后变得完全同音了。同时，我们通过 Praat 软件生成 Pitch 曲线，可以看出连读后 "阴平+阳平 [44+11]" 与 "阴平+阴平 [44+44]" 相对音高曲线是大致相同的，开头略高、结尾略降。

① "阴平 [44]+阴平 [44]" 连读变调 pitch 曲线图，如图 2-1 和图 2-2 所示。

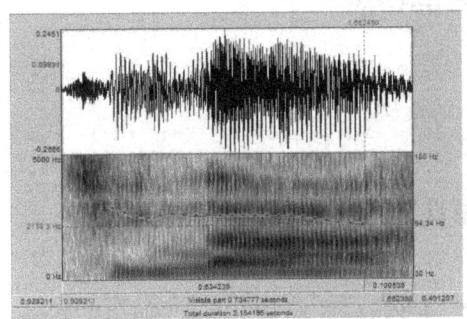
图2-1　香菇

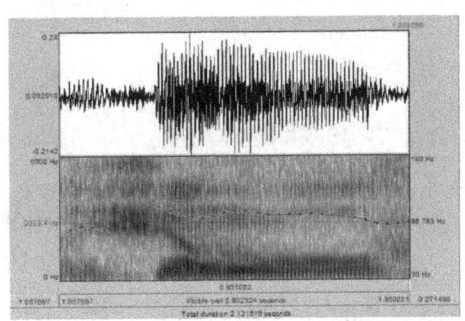
图2-22　亲家

② "阴平+阳平 [44+11]" 连读变调 pitch 曲线图，如图 2-3 和图 2-4 所示。

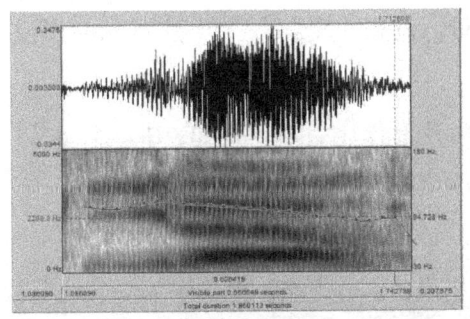
图2-3　猜谜

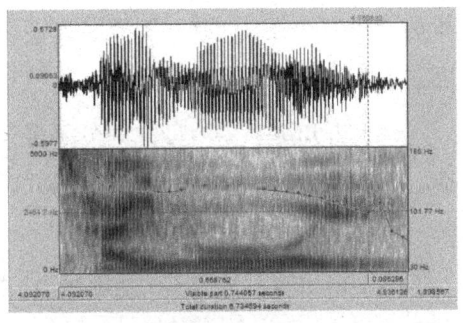
图2-4　鸡笼

上声 [42]、去声 [35]、阳去 [213] 和阴入 [5] 作前字且变为平调时，均变为 [44]，其实际音值不如 [44] 高，为 [33]。

（4）当两字结构为数量、主谓和动宾结构时，调值不发生改变。例如，"阳去+阴入 [213]+[1]" 的组合中，"两盒" [laŋ²¹³ aʔ¹] 与 "大盒" [tuɔ²¹³⁻⁴⁴ aʔ¹] 变调方式不同。"加油" 有两种变化形式 "[44+11]""[44+43]"。当调值为 [44+11] 时，意为"加油站为交通工具添加燃料"，是动宾结构；当调值为 [44+43] 时，则意为"支持、鼓气"，是有固定含义的口语常用词。

（5）贡川方言及城关话阴声韵有时读得很短，有紧喉色彩，近似于入声。例如，"过德缺德" [ku³⁵tɛk⁵] 读成 [kuk⁵tɛk⁵]，"雨水节气名" [y⁴²tsøy⁴²] 读为 [yk⁵tsøy⁴²]。这种现象较为普遍，变调表中不记录。

第三节　音韵特点

一、声母的特点

（1）贡川方言没有唇齿音擦音、卷舌音和全浊声母。

（2）古次清声母除了敷母大多数读为 [x] 以外，多读作送气音，例如，偏滂母 [pʰiɛn⁴⁴] | 柿敷母 [pʰui³⁵] | 戳彻母 [tsʰok⁵] | 吹昌母 [tsʰy⁴⁴] | 吵初母 [tsʰa⁴²] | 七清母 [tsʰik⁵]。少数全清声母也读若次清的送气音，例如，波帮母 [pʰo⁴⁴] | 否非母 [pʰɛu⁴²] | 妒端母 [tʰok⁵] | 冢知母 [tʰuŋ⁴²] | 酌章母 [tsʰyok⁵] | 纂精母 [tsʰuɔn³⁵] | 锅见母 [kʰu⁴⁴]。

（3）古非组字今声母少部分口语常用字读为重唇的 [p]、[pʰ]、[m]，例如，斧非母 [pu⁴²] | 峰敷母 [pʰuŋ⁴⁴] | 浮奉母（~肿）[pʰɛu¹¹] | 味微母 [mɛi²¹³]。大部分非敷奉母字今读为 [x]、微母字为零声母，例如，废非母 [xi³⁵] | 翻非母 [xuɔn⁴⁴] | 佛奉母 [xot¹] | 雾微母 [uɔu²¹³]。

（4）古知组字今声母大部分字今读为舌上音 [t]、[tʰ]。例如，中知母 [tuŋ⁴⁴] | 彻彻母 [tʰit⁵] | 锤澄母 [tʰoi⁴¹]。少部分非口语常用字受普通话影响读 [ts]、[tsʰ]。例如，缀知母 [tsui³⁵] | 痴彻母 [tsʰi⁴⁴]。

（5）贡川方言泥母 [n] 和来母 [l] 不相混，区分严格。泥母字如男 [nan¹¹] | 尿 [niu²¹³] | 奶 [nɛ⁴²] | 搦 [nak¹]。来母字如箩 [lai¹¹] | 理 [li⁴²] | 恋 [luɔn²¹³] | 凉

[lyuŋ¹¹] | 裂 [let¹]。极个别来母字混入泥母：笠_来母_(～斗：斗笠)[net¹] | 郎_来母_(郎爸，父亲，背称)[nuŋ¹¹]，都是口语中的常用字。

（6）贡川方言中只有一套塞擦音声母。古精庄章组字在今贡川方言里合流为 [ts]、[tsʰ]、[s]。精组字如灾_精母_[tsai⁴⁴] | 七_清母_[tsʰik⁵] | 罪_从母_[tsɒi²¹³] | 索_心母_[sɔʔ⁵] | 详_邪母_[syuŋ³⁵]。庄组字如榨_庄母_[tsa³⁵] | 叉_初母_[tsʰa⁴⁴] | 事_崇母_[sou²¹³] | 所_生母_[sɛ⁴²]。章组字如支_章母_[tsi⁴⁴] | 车_昌母_[tsʰiɛ⁴⁴] | 神_船母_[sen¹¹] | 扇_书母_[sin³⁵] | 熟_禅母_[søuk¹]。

（7）古心、邪、生、书、禅母字绝大部分今声母演变为擦音 [s]，例如，雪_心母_[sut⁵] | 岫_邪母_[siu³⁵] | 山_生母_[san⁴⁴] | 赊_书母_[siɛ⁴⁴] | 上_禅母_[syuŋ²¹³]。但有部分读为塞擦音 [ts]、[tsʰ]，例如，尸_心母_[tsʰi⁴⁴] | 习_邪母_[tset¹] | 匠_生母_[tsʰyɔŋ²¹³] | 书_书母_[tsy⁴⁴] | 市_禅母_[tsʰɛi²¹³]。另外，禅母还有一些字读为舌根塞音 [kʰ]，例如，勺_禅母_[kʰɔk⁵] | 拾（～起）_禅母_[kʰat⁵]。

（8）古见、溪、群母字今读均为 [k]、[kʰ]，绝大部分字不论洪细都不颚化。例如，京_见开三_[kin⁴⁴] | 庆_溪开四_[kʰin³⁵] | 强_群开三_[kyɔŋ¹¹]。极少数非常用字读为 [ts]，如灸_见开三_[tsiu³⁵]。因此贡川方言尖团音区分十分严格，经_开四_[kin⁴⁴] ≠ 精_精开三_[tsin⁴⁴]。

（9）古疑母字大部分今读 [ŋ] 声母，如鱼 [ŋɛu¹¹] | 五 [ŋɔu²¹³]。一些字的 [ŋ] 声母有弱化。少数声母脱落为零声母，如瓦 [uɔ²¹³]。"牛（～马不如）、拟" 两字读为 [n] 声母是受普通话影响非口语常用字。

（10）古并、奉、定、澄、从、崇、群等全浊声母字清化为相对的送气和不送气音，其中大部分不送气，例如，拔_并母_[pet¹] | 房_奉母_[poŋ¹¹] | 同_定母_[toŋ¹¹] | 池_澄母_[ti¹¹] | 钱_从母_[tsin¹¹] | 状_崇母_[tsɔŋ²¹³] | 近_群母_[køn²¹³]；少部分送气，如评_并母_[pʰaŋ¹¹] | 浮（～起）_奉母_[pʰou¹¹] | 潭_定母_[tʰan¹¹] | 持_澄母_[tʰɛi¹¹] | 匠_从母_[tsʰyɔŋ²¹³] | 柴_崇母_[tsʰa¹¹] | 倦_群母_[kʰun³⁵]。有些全浊声母字同时具有送气和不送气两种读法。一类字的送气音和不送气音有辨义作用，例如，"涂（泥土，名词）"_定母_ [tʰou¹¹] 和"涂（～抹，动词）"_定母_[tou³⁵] | "毒（有～，名词）_定母_" [toʔ¹] 和"毒（下～，动词）_定母_" [tʰœok¹] | "床（蒸～）_崇母_" [tsɔŋ¹¹] 和"床（～铺）_崇母_" [tsʰɔŋ¹¹]。还有一些字的送气与不送气音没有区别意义，在词语中作后字不送气，前字送气，如"钳（铁～）_群母_" [kin¹¹] 和"钳（～团）_群母_" [kʰin¹¹]。

（11）一部分古匣母字今读为 [k]、[kʰ] 声母，例如，寒 [kan¹¹] | 猴 [kau¹¹] | 县 [kɛn²¹³] | 簧 [kʰuŋ¹¹] | 绘 [kʰui³⁵] | 环 [kʰuɔn¹¹]。个别字读为唇音的 [p]、[pʰ]，如：瓠 [pou¹¹] | 惑 [pʰøuk¹] | 划（～船）[pʰuɔt¹]。另一部分匣母字演变为带紧喉色彩的喉塞声母，如旱 [ʔan²¹³] | 鞋 [ʔɛ¹¹] | 盒 [ʔak¹]。"匣母归零"是匣母字演变的两条途径之一，其一是清化为同部位的 [k]、[kʰ]，读若群母；其二便是浊声母脱落归零。今大部分的匣母字读若晓母的 [x]，是后起层次。例字如禾 [xu¹¹] | 形 [xeŋ¹¹] | 穴 [xit¹]。

（12）古日母字在贡川方言中的分化主要有两条路线，近一半的日母字读为 [n]，例如，二 [nɛi²¹³] | 软 [nøn³⁵] | 肉 [nøuk¹]；"耳"字为 [ŋ] 声母，读为 [ŋɛi²¹³]。另一半日母字为零声母，如儿 [ɛi¹¹] | 热 [ik¹] | 然 [yn¹¹]。

（13）古云母字大部分为今零声母，如为 [uoi²¹³]；小部分常用字读为擦音 [x] 声母，如熊 [xeŋ¹¹] | 云 [xon¹¹] | 雨 [xu²¹³] | 远 [xuŋ²¹³] | 园（菜～）[xun¹¹] | 晕 [xon¹¹]。云母极个别字读为唇音，以 [m] 为主：永云 [meŋ⁴²] | 韵云 [mon²¹³] | 越（～南）云 [pok¹]。

（14）古以母字大部分今为零声母，如杨 [yuŋ¹¹]；小部分读为擦音 [s] 声母。例如，翼 [siɛt¹] | 檐、盐（名词）[sin¹¹] | 盐（动词）[sin³⁵] | 痒 [syuŋ²¹³]。以母极个别字读为唇音 [m]：唯以 [mei¹¹] | 遗（～腹子）以 [mei¹¹] | 役以 [mek¹] | 疫以 [mek¹]。

二、韵母的音韵特点

（1）与绝大多数闽东方言一样，贡川方言开齐合撮四呼俱全，开口呼尤其发达。

（2）贡川方言没有鼻化韵。阳声韵有 [n]、[ŋ] 两尾，前后鼻尾性质稳定，大部分字不相混，区别性较强。少部分字由于主要元音在与鼻尾配合时，前元音优先选择前鼻尾，后元音倾向于选择后鼻尾，因而造成部分相混。在 [i]、[e]、[y] 类前、高元音之后的鼻韵尾 [ŋ] 更容易变为 [n] 韵尾，如"轻梗青开三、凳曾登开一"原是后鼻音 [iŋ] 韵母字，混入 [in]，与"谦咸添开四、镇臻真开三"同音；在 [a]、[ɔ] 类低元音之后的鼻韵尾 [n] 更容易变为 [ŋ] 韵尾，如"闽臻真开三、攀山删开二"原是前鼻音 [an] 韵母字，混入 [aŋ] 韵，与"暝梗青开四、甏梗耕开二"同音。下文作古韵今读分析时也列出了不少前后鼻音韵母混淆的例字。

（3）贡川方言绝大多数入声字保留了入声尾，古 [-p]、[-k]、[-t] 尾在今贡川方言中演变为 [-t]、[-k]、[-ʔ] 三尾。古 [-p] 尾字今多读 [-t]。其他字在贡川方言中大部分混淆，很难找到演变规律。

（4）古一等字绝大部分今为洪音，个别字读为细音。读为细音的有：根（树～）臻痕开–[kyn⁴⁴] ｜ 鹅（鸡鸭～）果歌开–[ŋiɛ¹¹] ｜ 疼效豪开–[tʰiaŋ³⁵] ｜ 凳曾凳开–[tin³⁵] ｜ 獭山曷开–[tʰit⁵] ｜ 戴（～帽子）蟹哈开–[ti³⁵]。其中，个别字读为细音是因为发生变韵，韵母高化，如"戴" [ti³⁵] 由 [te³⁵] 高化而来。

（5）古见系牙喉音开口二等字今为洪音。例如，家见开二[ka⁴⁴] ｜ 腔溪开二[kʰyɔŋ⁴⁴] ｜ 芽疑开二[ŋa¹¹] ｜ 孝（～顺）晓开二[xau³⁵] ｜ 匣匣开二[ʔat¹]。

（6）有些古三等字今读为相对应的一等字韵母，读为洪音。以下几组字的韵母相同：斧遇虞合三–补遇模合–[pu⁴²] ｜ 腐（木头腐烂）遇虞合三[pou²¹³]–五遇模合–[ŋou²¹³] ｜ 流流尤开三–楼流尤开–[lau¹¹] ｜ 权山仙合三[kon¹¹]–酸山桓合–[son⁴⁴] ｜ 群臻文合三[kon¹¹]–轮臻谆合–[lon¹¹] ｜ 肠宕阳开三–堂宕唐开–[toŋ¹¹] ｜ 凌曾登开三[leŋ¹¹]–层曾登开–[tseŋ¹¹] ｜ 曲通屋合三[kʰuk⁵]–谷通屋合–[kʊt⁵] ｜ 六通屋合三–鹿通屋合–[lœk¹]。（由于入声字的演变比较杂乱，且特征不明显，这里没有严格区分入声尾。）

（7）古四等韵大部分为细音，但青、锡、齐、帖、先、屑、萧等韵部分字今读为洪音。例如，梯齐韵[tʰai⁴⁴] ｜ 泥齐韵[nɛ¹¹] ｜ 暝青韵[maŋ¹¹] ｜ 青青韵[tsʰaŋ⁴⁴] ｜ 笛锡韵[tek¹] ｜ 千先韵[tsʰen⁴⁴] ｜ 垫先韵[ten²¹³] ｜ 血屑韵[xɛt⁵] ｜ 截屑韵[tset¹] ｜ 帖帖韵[tʰɛt⁵] ｜ 店添韵[ten³⁵] ｜ 料萧韵[lɛu²¹³]。

（8）古合口四等韵大部分没有 [y] 介音。例如，圭蟹合四[kui⁴⁴] ｜ 萤梗合四[ʔeŋ¹¹] ｜ 犬山合四[kʰɛn⁴²] ｜ 桂蟹合四[ki³⁵] ｜ 县山合四[kɛn²¹³] ｜ 血山合四[xɛt⁵] ｜ 穴山合四[xit¹]。今撮口呼主要来自合口三等字。

（9）古果摄开口一等歌、合口一等戈韵大部分字今合并为 [ɔ]，效摄开口一等豪韵大多数字与果摄歌戈韵同读为 [ɔ]，声调为阴平 [44] 和阳平 [35] 时音值为 [o]。

果摄　哥歌开–[ko⁴⁴] ｜ 锣歌开–[lɔ¹¹] ｜ 左歌开–[tsɔ⁴²] ｜ 个歌开–[ko³⁵] ｜ 贺歌开–[xɔ²¹³] ｜ 玻戈合–[pʰo⁴⁴] ｜ 婆戈合–[po¹¹] ｜ 锁戈合–[sɔ⁴²] ｜ 糯戈合–[no³⁵]

效摄　　　　高豪开一[ko⁴⁴] | 劳豪开一[lɔ¹¹] | 宝豪开一[pɔ⁴²] | 靠豪开一[kʰo³⁵] | 傲豪开一[ŋɔ²¹³]

（10）假摄麻韵大部分字今读 [a]。少数歌韵的非口语常用字直接吸收了普通话音，读为 [a]。蟹摄佳韵个别字与麻韵读音相同。少部分效摄二等肴韵字和个别一等豪韵、三等宵韵字的白读音也为 [a]。

果摄歌韵　　哪（～吒）[na¹¹] | 那（～英）[na³⁵] | 他 [tʰa⁴⁴] | 阿 [a¹¹] | 萝（～卜）[la¹¹]

假摄麻韵　　巴假麻开二[pa⁴⁴] | 牙假麻开二[ŋa¹¹] | 马假麻开二[ma⁴²] | 嫁假麻开二[ka³⁵]

蟹摄佳韵　　佳蟹佳开二[ka⁴⁴] | 柴蟹佳开二[pa¹¹] | 罢蟹佳开二[pa³⁵]

效摄　　　　早效豪开一[tsa⁴²] | 铰效肴开二[ka⁴⁴] | 焦（干）效宵开三[ta⁴⁴]

（11）古遇摄合口三等鱼虞两韵今读既有别，又相混。鱼虞两韵的区别表现为：虞韵字舌位比鱼韵高。虞韵今读 [u] 类韵母较多，包括 [u] 的变韵 [ou]、[ɔu] 和韵母 [eu]/[iu]，如数 [su³⁵] | 汝白[nou⁴²] | 厨 [tɔu¹¹] | 鬚白[siu⁴⁴] | 柱白[tʰeu⁴⁴]；而鱼韵不读作 [u] 或以 [u] 开头的韵母。今韵母 [œ]/[ø] 均来自鱼韵，如驴 [lœ¹¹] | 梳 [sø⁴⁴]，但"除、蛆、楚看不清"三字分别读 [tɛu¹¹]、[tsʰu⁴⁴]、[tsʰu⁴²]，"楚"还有另有一白读音 [tsʰœ⁴²]；鱼韵还有一字"庐鱼韵"读为 [lou¹¹]。

另外，鱼虞两韵相混为 [ɛu] 和 [œy]/[y]。

[ɛu]　　　　鱼鱼-愚虞[ŋɛu¹¹] | 炬～火:点火鱼[kɛu²¹³]-虑虞[lɛu²¹³]

[œy]/[y]　　巨鱼-具虞[kœy²¹³] | 猪鱼-蛛虞[ty⁴⁴]

（12）古蟹摄辖九韵，开合口一二三四均有分布，今读音十分复杂。蟹摄字的开口字体现了古一等到四等开口度情况：一等 [ai]、[ɒi]、[oi] ＞二等 [ai]、[uai]、[ɛ]/[e] ＞三四等 [ɛ]/[e]、[ɛi]/[i]。且三四等字只有少部分读细音。普通话的"肺、废、桂、惠、慧、携"等字在今贡川方言里读为开口最小的 [i]。

（13）在贡川方言中半数以上的止摄字今读为洪音，其中 [ɛi]/[ei] 是高元音 [i] 裂化而成的。止摄部分字合流并混入蟹摄读为 [ai]，如蜘支[ai⁴²] | 屎脂[sai⁴²] | 治系之[tʰai¹¹]；止摄各韵部分字合流读为 [ɛi]/[ei]/[i] 和 [ui]。止摄各韵之间有区别，也有相混。区别表现为：

止摄字中，部分开口三等的之韵读为 [ɔu]，如词₍之₎[sɔu¹¹] | 事₍之₎[sɔu²¹³]，只有"瓷、自₍脂₎[tsɔu¹¹]"来自脂韵。

开口三等的支韵部分字读为 [iɛ]，如纸₍支₎[tsiɛ⁴²] | 倚₍支₎[kʰiɛ²¹³]，与假摄麻韵合流。

开口三等之韵不读 [oi]、[øy]、[ui]。合口三等微韵不读 [ai]、[u]、[y]。

（14）部分遇摄合口一等模虞韵、部分止摄开口三等之韵与流摄三等尤韵字合为 [ɔu]：

遇摄模虞韵　　壶₍遇模合一₎[xɔu¹¹] | 卤₍遇模合一₎[lɔu⁴²] | 度₍遇模合一₎[tɔu²¹³] | 厨₍遇虞合三₎[tɔu¹¹] | 父₍虞韵₎[xɔu²¹³]

止摄之韵　　　词₍止之开三₎[sɔu¹¹] | 事₍止之开三₎[sɔu²¹³] | 滋₍止之开三₎[tsɔu¹¹]

流摄尤韵　　　牛（～肉）₍流尤开三₎[ŋɔu¹¹] | 舅（阿～）₍流尤开三₎[kɔu²¹³] | 妇（新～）₍流尤开三₎[pɔu²¹³] | 浮（～起来）₍流尤开三₎[pʰɔu¹¹]

（15）咸深摄舒声字 [-m] 尾消失，混入 [-n] 尾。深摄 [-m] 尾消失得比咸摄快，咸摄个别字在当地地名以及语流中有 [m] 尾残留，如南庄（地名）[nam¹¹(ts-)mɔŋ⁴⁴] | 咸村（地名）[ʔam¹¹(tsʰ-)mon⁴⁴] | 金匏（南瓜）[kim⁴⁴(p-)mɔu⁴⁴] | 新妇（新娘）[sim⁴⁴(p-)mɔu²¹³]；而深摄字只有"任"在"任务"一词中有曾经读 [m] 尾的痕迹：[iem²¹³⁻⁴⁴ mɔu²¹³]，并且我们不能确定 [m] 来自"任"字韵尾还是"务"字声母。

（16）入声 [-p] 尾消失，与 [-t]、[-k] 尾相混。在109个咸深摄促声字中，87个今读收 [-t] 尾，如甲₍狎韵₎[kat⁵] | 答₍合韵₎[tat¹] | 插₍洽韵₎[tsʰat⁵] | 粒₍盍韵₎[lat¹] | 迭₍帖韵₎[tʰɛt¹] | 贴₍帖韵₎[tʰɛt⁵] | 劫₍业韵₎[kit⁵] | 法₍狎韵₎[xuɔt⁵]。其余的22字为 [-k] 尾，如喝₍合韵₎[xak⁵] | 蜇₍缉韵₎[tek¹]。

（17）今 [in] 韵母古摄来源较多，主要来自阳声韵的三四等字。除咸摄严、盐、添韵字以外，还有山摄先仙元韵、曾摄蒸韵、臻摄真韵、深摄侵韵、梗摄清庚韵的部分字，如盐₍咸盐三₎[oin¹¹] | 院₍山仙合三₎[in²¹³] | 心₍深侵开三₎[ɕin⁴⁴] | 信₍臻真开三₎[xin³⁵] | 征₍曾蒸开三₎[tin⁴⁴] | 兵₍梗庚开三₎[pin⁴⁴]。

（18）山摄仙、元两韵与臻摄合口一等魂韵、合口三等文韵、谆韵合流为 [un]：

臻摄　　　　温臻魂合一[un⁴⁴] | 问臻文合三[mun³⁵] | 春臻谆合三[tsʰun⁴⁴]

山摄　　　　潘（猪食）山桓合一[pʰun⁴⁴] | 关（～门）山删合二[kun⁴⁴] | 饭（早饭）山元合三[pun²¹³] | 穿山仙合三[tsʰun⁴⁴]

（19）宕摄一等唐韵与三等阳韵大部分字读音相混。不相混的部分中，唐韵主要读作[ɔŋ]/[oŋ]，阳韵开口字主要读作[yɔŋ]、[yuŋ]，如强宕阳开三[kyɔŋ¹¹] | 阳宕阳开三[yuŋ¹¹]，唐韵不论开合口不读作细音的[yɔŋ]、[yuŋ]。两韵相混情况如下：

开口字　　　　[aŋ]　　　　桁宕唐开一[ʔaŋ¹¹] | 两（～个）宕阳开三[laŋ²¹³]

见系、庄组　　[ɔŋ]/[oŋ]　　旁宕唐开一[pɔŋ¹¹] | 肠宕阳开三[tɔŋ¹¹] | 岗宕唐开一[kɔŋ³⁵] | 壮宕阳开三[tsɔŋ³⁵] | 纺宕阳合三[xɔŋ¹¹]

合口字　　　　[uɒŋ]　　　　广宕唐合一[kuɒŋ⁴²] | 往宕阳合三[uɒŋ⁴²]

合口字　　　　[uŋ]　　　　芳宕唐合一[xuŋ⁴⁴] | 枋宕阳合三[puŋ⁴⁴]

（20）江摄江韵与宕摄字（已见上文）相混，主要读为[ɔŋ]/[oŋ]，部分读作[œŋ]/[øŋ]。

[ɔŋ]/[oŋ]　　邦江韵[pɔŋ⁴⁴] | 降（投～）江韵[xɔŋ¹¹] | 讲江韵[kɔŋ⁴²] | 降（下～）江韵[kɔŋ³⁵] | 虹江韵[kɔŋ²¹³]

[œŋ]/[øŋ]　　双江韵[søŋ⁴⁴] | 港江韵[kœŋ⁴²] | 巷江韵[xøŋ³⁵]

（21）曾摄开口一等登韵、梗摄青清韵大部分字演变为今[eŋ]韵母，臻摄也有少部分字读为后鼻音的[eŋ]。

曾摄　　　　灯曾登开一[teŋ⁴⁴] | 戥曾等开一[teŋ⁴²] | 澄（水浑，～一～）曾登开一[teŋ²¹³]

梗摄　　　　令梗清开三[leŋ²¹³] | 宁梗青开四[neŋ¹¹] | 明梗庚开三[meŋ¹¹]

臻摄　　　　榛臻真开三[tseŋ⁴⁴] | 邻臻真开三[leŋ¹¹] | 肾臻真开三[seŋ²¹³] | 櫬臻侵开三[tseŋ⁴⁴] | 淫臻侵开三[ʔeŋ¹¹] | 品臻侵开三[pʰeŋ⁴²] | 谨臻殷开三[keŋ⁴²] | 劲臻殷开三[keŋ²¹³]

（22）贡川方言今梗摄舒声二、三、四等每一等都有洪音和细音。二等字极少读细音，三等字读洪音的数量也大于四等字，仍体现出各等开口度的差异。大部分的梗摄庚韵、部分开口三等清韵与少数开口四等青韵开口二等耕韵

今读为 [aŋ]，山摄有个别字混入 [aŋ] 韵母。

梗摄　　坑梗庚开二[kʰaŋ⁴⁴] | 柄梗庚开三[paŋ³⁵] | 晴（阳光）梗清开三[saŋ¹¹] | 醒（睡~）梗青开四[tsʰaŋ⁴²] | 争梗耕开二[tsaŋ⁴⁴]

山摄　　产（~妇）山山开二[saŋ⁴²] | 盏山山开二[tsaŋ⁴²] | 攀山删开二[pʰaŋ⁴⁴] | 杆山寒开一[kaŋ⁴²]

（23）通摄合口一等与合口三等字相混为 [oŋ]/[uŋ]、[œŋ]/[øŋ]，如鬆冬合一[suŋ⁴⁴]- 风东合三[xuŋ⁴⁴] | 农冬合一[noŋ¹¹]- 龙钟合三[loŋ¹¹] | 冬冬合一[toŋ⁴⁴]- 工东合三[køŋ⁴⁴]，一等韵不读作细音 [ioŋ] 和 [yuŋ]，读细音的只有三等字，如弓东合三[kyuŋ⁴⁴] | 绒东合三[ioŋ¹¹]。

以上主要说明了贡川方言韵母中阳声尾及入声尾的演变、等、开合口、分韵现象等方面的音韵特点，同时归纳了主要韵摄的混读情况。由于贡川方言韵母读音错综复杂，因此将各摄各韵之今读情况排列成表，以求较清晰地展现贡川方言韵母读音以及中古韵在今贡川方言中的分化和演变，如表2-5所示（符号"、"表示前后两音并存）。

表2-5　贡川方言古今韵母对照表

摄	韵	今音	例字
果摄 （114字）	歌部分	a	阿[a¹¹]	萝（~卜）[la¹¹]	哪（~吒）[na¹¹]	那（~英）[na³⁵]	他[tʰa⁴⁴]
	歌大部分 戈大部分	ɔ/o	哥歌开一[ko⁴⁴]	锣歌开一[lɔ¹¹]	左歌开一[tsɔ⁴²]	个歌开一[ko³⁵]	贺歌开一[xɔ²¹³]	玻戈合一[pʰo⁴⁴]	婆戈合一[po¹¹]	锁戈合一[sɔ⁴²]	糯戈合一[no³⁵]
	歌部分 戈部分	uɔ	拖歌开一[tʰuɔ⁴⁴]	箩（~筐）歌开一[luɔ¹¹]	大（~夫）歌开一[tuɔ²¹³]	菠戈合一[puɔ⁴⁴]	或[pʰuɔ⁴⁴]	魔戈合一[muɔ¹¹]	破戈合一[pʰuɔ³⁵]
	戈部分	ʋi	朘[lʋi¹¹]	螺[lʋi¹¹]	坐（~下）[sʋi²¹³]
	戈见系	u	科[kʰu⁴⁴]	禾[xu¹¹]	果[ku⁴²]	货[xu³⁵]	卧[ŋu²¹³]
	戈见组个别	øy	火[xøy⁴²]	裹（~粽：包粽子）[køy⁴²]	剉[tsʰøy³⁵]
	其他		跛戈合一[pai⁴²]	鹅歌开一[ŋiɛ¹¹]	蛾歌开一[ŋiɛ¹¹]	我歌开一[ua⁴²]	茄戈开三[ky¹¹]	瘸戈开三[kʰeu¹¹]

续表

摄	韵	今音	例字
假摄 （133字）	麻开二	a	巴 [pa^{44}] ｜ 牙 [ŋa^{11}] ｜ 马 [ma^{42}] ｜ 嫁 [ka^{35}]
	麻开三	iɛ	车 [tsʰiɛ^{44}] ｜ 蛇 [siɛ^{11}] ｜ 扯 [tʰiɛ^{42}] ｜ 射 [siɛ^{213}]
	麻合二	uɔ	花 [xuɔ^{44}] ｜ 华 [xuɔ^{11}] ｜ 寡 [kuɔ^{42}] ｜ 瓦 [uɔ^{213}]
	其他		姐_麻开三_ [tsei^{42}] ｜ 些_麻开三_ [si^{44}] ｜ 蔗_麻开三_ [tse^{35}]
遇摄 （342字）	虞_部分_	u	夫_虞韵_ [xu^{44}] ｜ 芙_虞韵_ [xu^{11}] ｜ 武_虞韵_ [u^{42}] ｜ 蛀_虞韵_ [tsu^{35}] ｜ 雨（做～）_虞韵_ [xu^{213}]
		u类入声	仆_虞韵_ [pʰuk^{5}] ｜ 赴_虞韵_ [xuk^{5}] ｜ 拄_虞韵_ [tuk^{5}]、[tʰuk^{5}] ｜ 戌_虞韵_ [sut^{5}]
		iu	枸_虞韵_ [kiu^{35}] ｜ 鬚（喙～：胡子）_虞韵_ [siu^{44}] ｜ 珠（目～：眼睛）_虞韵_ [tsiu^{44}] ｜ 树_虞韵_ [tsʰiu^{35}]
	鱼_部分_	œ/ø	梳_鱼韵_ [sø^{44}] ｜ 驴_鱼韵_ [lœ^{11}] ｜ 础_鱼韵_ [tsʰœ^{42}] ｜ 鑢_鱼韵_ [lø^{35}] ｜ 助_鱼韵_ [tsœ^{213}]
	虞_部分_ 鱼_部分_	ɛu/eu	除_鱼韵_ [tɛu^{11}] ｜ 聚_虞韵_ [tsɛu^{213}] ｜ 屡_虞韵_ [leu^{42}] ｜ 恕_鱼韵_ [seu^{35}]
	虞_大部分_ 鱼_大部分_	y	蛛_虞韵_ [y^{44}] ｜ 渠_鱼韵_ [ky^{11}] ｜ 女_鱼韵_ [ny^{42}] ｜ 锯_鱼韵_ [ky^{35}] ｜ 裕_虞韵_ [y^{213}]
	虞_小部分_ 鱼_小部分_	œy	如_鱼韵_ [œy^{11}] ｜ 具_虞韵_ [kœy^{213}]
	虞_部分_ 模_大部分_	u/ou /ɔu	姑_模韵_ [ku^{44}] ｜ 厝_模韵_ [tsʰu^{35}] ｜ 路_模韵_ [lu^{213}] ｜ 夫_虞韵_ [xu^{44}] ｜ 注_虞韵_ [tsu^{35}] 牯_模韵_ [kou^{42}] ｜ 赌_模韵_ [tou^{42}] 图_模韵_ [tɔu^{11}] ｜ 厨_虞韵_ [tɔu^{11}] ｜ 户_模韵_ [xɔu^{213}] ｜ 五_虞韵_ [ŋɔu^{213}]
	模_个别_	o	错 [tsʰo^{35}] ｜ 做 [tso^{35}]
	其他		无（～事：没关系）_模韵_ [ma^{11}] ｜ 无（没有）_模韵_ [mo^{11}] ｜ 许（那）_鱼韵_ [xa^{35}] ｜ 所_鱼韵_ [sɛ^{42}] ｜ 斧_虞韵_ [puɔ^{42}]
蟹摄 （361字）	佳开二_个别_	a	佳_佳开二_ [ka^{44}] ｜ 柴_佳开二_ [pa^{11}] ｜ 罢_佳开二_ [pa^{35}]
	咍_大部分_ 泰开一_大部分_ 夬_大部分_ 皆开二_大部分_ 佳_个别_	ai	猜_咍开一_ [tsʰai^{44}] ｜ 败_夬开二_ [pai^{213}] ｜ 盖_泰开一_ [kai^{35}] ｜ 阶_皆开二_ [kai^{44}] ｜ 埋_皆开二_ [mai^{11}] ｜ 筛_佳开二_ [tʰai^{44}]

续表

摄	韵	今音	例字
蟹摄 （361字）	咍部分 灰部分	ɒi	坮咍开—[tʰɒi¹¹]｜袋咍开—[tɒi²¹³]｜罪灰合—[tsɒi²¹³]｜内灰合—[nɒi²¹³]
	佳开二半数 齐开四部分 祭个别	ɛ/e	街佳开二[kɛ⁴⁴]｜蟹佳开二[xɛ²¹³]｜替齐开四[tʰe³⁵]｜妻齐开四[tsʰe⁴⁴]｜励祭开三[lɛ²¹³]
	佳开二部分 齐开四个别	ɛi	姨佳开二[ʔɛi¹¹]｜迟佳开二[tɛi¹¹]｜谜齐开四[mɛi¹¹]
	齐开四大部分 废个别 祭开三大部分 夬个别 佳开二个别	i	鸡齐开四[ki⁴⁴]｜剃齐开四[tʰi³⁵]｜制祭开三[tsi³⁵]｜艺祭开三[ŋi²¹³]｜记佳开二[ki³⁵]｜肺废合三[xi³⁵]
	灰部分 废合三个别 祭合三个别	oi	堆灰合—[toi⁴⁴]｜背（～诵）灰合—[poi²¹³]｜吠废合—[poi²¹³]｜锐祭合三[loi²¹³]
	灰部分 泰合一个别	øy	推灰合—[tʰøy⁴⁴]｜碎灰合—[tsʰøy³⁵]｜每灰合—[møy⁴²]｜最泰合—[tsøy³⁵]
	灰部分 泰合一个别 祭合三个别 废合三个别 齐合四	ui	杯灰合—[pui⁴⁴]｜回灰合—[xui¹¹]｜贝泰合—[pui³⁵]｜卫祭合三[ui²¹³]｜岁祭合三[xui³⁵]｜柿废合三[pui³⁵]
	皆合二部分 夬合二部分 佳合二个别	uai	怪皆合二[kuai³⁵]｜槐（～柴）皆合二[xuai⁴⁴]｜拐佳合二[kuai⁴²]｜筷夬合二[kʰuai³⁵]
	佳合二部分	uɔ	卦佳合二[kuɔ³⁵]｜画佳合二[uɔ²¹³]
	祭合三个别	y	赘祭合三[tsy³⁵]｜脆祭合三[tsʰy³⁵]｜喙祭合三[tsʰy³⁵]
	其他		外泰合—[ŋiɛ²¹³]｜艾泰合三[ŋiɛ²¹³]｜枚（一朵）灰合—[mu¹¹]
止摄 （379字）	之部分 脂个别	ɔu	事之韵[sɔu²¹³]｜词之韵[sɔu¹¹]｜自脂韵[tsɔu²¹³]
	支部分	iɛ	蚁支韵[ŋiɛ²¹³]｜纸支韵[tsiɛ⁴²]｜寄支韵[kiɛ³⁵]

续表

摄	韵	今音	例字
止摄 （379字）	之部分 支部分 脂部分	ai	使（～用）之韵[sai¹¹]｜矮支韵[ʔai⁴²]｜狮脂韵[sai⁴⁴]
		ɛ	厘之韵[lɛ¹¹]｜荔支韵[lɛ²¹³]｜尼脂韵[nɛ¹¹]
		u	史之韵[su⁴²]｜思支韵[su⁴⁴]｜咨脂韵[tsu⁴⁴]
	之大部分 支大部分 脂大部分 微大部分	i/ei/ɛi	翡微韵[pʰi⁴²]｜池支韵[ti¹¹]｜记之韵[ki³⁵]｜翅脂韵[tsʰi³⁵]｜骑支韵[kʰɛi¹¹]｜里之韵[lei⁴²]｜指脂韵[tsei⁴²]｜备脂韵[pɛi²¹³]
	之部分 支部分 脂部分 微部分	oi	衰脂韵[soi⁴⁴]｜肥微韵[poi¹¹]｜柜微韵[koi²¹³]｜瑞支韵[soi²¹³]
		øy	委支韵[ʔøy¹¹]｜尾微韵[møy⁴²]｜帅脂韵[søy³⁵]
		ui	辉微韵[xui⁴⁴]｜霉脂韵[mui¹¹]｜被（～子）支韵[pʰui²¹³]
	之小部分 支小部分 脂小部分 微小部分	y	吹支韵[tsʰy⁴⁴]｜之之韵[tsy⁴⁴]｜锥脂韵[ty⁴⁴]
效摄 （294字）	豪大部分	ɔ/o	高豪开一[ko⁴⁴]｜劳豪开一[lɔ¹¹]｜宝豪开一[po⁴²]｜靠豪开一[kʰo³⁵]｜傲豪开一[ŋɔ²¹³]
	豪部分 肴大部分	au	号（哭，大叫）豪开一[ʔau¹¹]｜酵肴开二[xau³⁵]
	宵部分 萧小半数	iau	舀宵开三[iau⁴²]｜晓萧开四[xiau⁴²]
	宵大部分 萧小半数	iu	照宵开三[tsiu³⁵]｜钓萧开四[tiu³⁵]
	萧部分 豪个别	ɛu/eu	条萧开四[tɛu¹¹]｜雕萧开四[teu⁴⁴]｜凹豪开一[eu⁴⁴]
	其他		笊肴开二[tsiɛ³⁵]｜抓肴开二[tsuɔ⁴⁴]｜窖肴开二[kʰu³⁵]
流摄 （208字）	侯部分 尤部分	au	楼侯开一[lau¹¹]｜流尤开三[lau¹¹]
	尤部分	ɔu	有（～无）尤开三[ɔu²¹³]｜舅尤开三[kɔu²¹³]｜牛（一群～）尤开三[ŋɔu¹¹]｜浮（～起）尤开三[pʰɔu¹¹]

续表

摄	韵	今音	例字
流摄 (208字)	侯部分 尤部分	ɛu/eu、ɛu	愁尤开三[tɛu¹¹] | 绸尤开三[tʰeu¹¹] | 口侯开[kʰɛu⁴²] | 手尤开三[tsʰeu⁴²] | 奏侯开[tseu³⁵] | 皱尤开三[tseu³⁵] | 茂侯开一[mɛu²¹³] | 骤尤开三[tsɛu²¹³] | 就尤开三[tseu²¹³]
	尤部分	iau	柳尤开三[liau⁴²]
	尤部分	ieu	油尤开三[ieu¹¹] | 丑尤开三[tʰiau⁴²] | 右尤开三[ieu²¹³]
	尤部分 幽部分	iu	幽幽开三[iu⁴⁴] | 韭尤开三[kiu⁴²] | 宙尤开三[tiu²¹³] | 缪幽开三[miu²¹³] | 幼幽开三[ʔiu³⁵] | 岫尤开三[siu³⁵]
	尤小部分 侯文读个别	u	母（父～）侯开[mu⁴²] | 坵（一～田）尤开三[kʰu⁴⁴]
	其他		篓侯开一[lai⁴²] | 母（雌性）侯开[mɔ⁴²] | 扣（～子）侯开一[kʰui³⁵] | 瘦尤开三[soi⁴⁴]
咸摄 (222字)	覃大部分 谈大部分 咸大部分 衔大部分	an	南覃开一[nan¹¹] | 儋（湿）谈开一[tan¹¹] | 咸（～阳）咸开二[xan¹¹] | 鉴衔开二[kan³⁵]
	添大部分 覃个别 咸个别	ɛn/en	点添开四[tɛn⁴²] | 店添开四[ten³⁵] | 揞咸开二[ʔen³⁵] | 蚕覃开一[tsʰɛn¹¹]
	盐半数 添少数 严个别 咸个别 衔个别	in	帘盐开三[lin¹¹] | 盐盐开三[sin¹¹] | 欠严开三[kʰin³⁵] | 甜添开四[tin⁴⁴] | 赚咸开二[tʰin³⁵] | 衔衔开二[xin¹¹]
	盐半数 严个别	iɛn	染盐开三[niɛn⁴²] | 险盐开三[xiɛn⁴²] | 严严开三[ŋiɛn¹¹]
	凡	uɔn	凡凡合三[xuɔn¹¹] | 范凡合三[xuɔn²¹³]
	合大部分 盍大部分 狎大部分 洽大部分	at、ak	鸽狎开二、甲合开[kat⁵] | 塔盍开一[tʰat⁵] | 压、鸭狎开二[at⁵] | 闸洽开二[tsak¹] | 喝（～酒）合开一[xak⁵]
	帖部分	et/ɛt	贴、帖帖开四[tʰɛt¹] | 迭帖开四[tʰet¹]
	叶部分 洽部分 帖部分	iɛt、 iɛk、 iɛʔ	夹洽开二[kiɛt⁵] | 镊叶开三[niɛt⁵] | 箧、挟帖开四[kiɛt⁵] | 胁（文读）业开三[xiɛt⁵] | 颊帖开四[kiɛk⁵] | 洽洽开二[tsʰiɛʔ⁵]

续表

摄	韵	今音	例字
咸摄 （222字）	叶部分 帖部分 洽部分	it、ik	掐洽开二[kʰit⁵] | 业叶开三[ŋit¹] | 蝶帖开四[tit¹] | 协帖开四[xit¹] | 札洽开二[tik⁵] | 叶叶开三[ik¹]
	乏	uɔt	法乏合开三[xuɔt⁵] | 乏乏合开三[xuɔt¹]
	其他		帆凡合三[pʰoŋ¹¹] | 猎叶开三[lak¹] | 磕盍开一[kʰɔk¹] | 拓盍开一[tʰɔt⁵]
山摄 （557字）	寒绝大部分 山开二部分 删开二部分	an	栏寒开一[lan¹¹] | 旱寒开一[ʔan²¹³] | 闲（农~）山开二[xan¹¹] | 晏删开二[an³⁵]
	山开二部分 删开二部分 仙开三部分 先部分	ɛn/en	闲（有~）山开二[ɛn¹¹] | 斑（~面）删开二[pen⁴⁴] | 悬（高）先合四[kɛn¹¹] | 犬先合四[kʰɛn⁴²]
	仙开三半数 山开二部分 先部分	iɛn	煎仙开三[tsiɛn⁴⁴] | 囝山仙开三[kiɛn⁴²] | 绽开二[tiɛn²¹³] | 砚先开四[ŋiɛn³⁵]
	仙开三半数 山开二个别 先部分	in	院山仙合三[in²¹³] | 玄山先合四[xin¹¹] | 棉仙开三[min¹¹] | 年先开四[nin¹¹] | 间（~底：房间）山开二[kin⁴⁴]
	桓半数 删合二大部分 元合三部分 仙合三部分 山合二	uɔn	搬桓合一[puɔn⁴⁴] | 满桓合一[muɔn⁴²] | 掼（提）删合二[kuɔn²¹³] | 阮元合三[uɔn⁴²] | 串仙合三[tsʰuɔn³⁵] | 顽山合二[ŋuɔn¹¹]
	桓小部分	ɔn	卵（蛋）桓合一[lɔn²¹³] | 乱桓合一[lɔn²¹³] | 段桓合一[tɔn²¹³] | 暖桓合一[nɔn⁴²]
	仙合三部分 桓合一部分	on	权仙合三[kon¹¹] | 船仙合三[son¹¹] | 蒜桓合一[son³⁵]
	仙合三部分 元合三部分 桓合一个别	un	拳仙合三[kun¹¹] | 橼元合三[tʰun¹¹] | 完桓合一[un¹¹]

续表

摄	韵	今音	例字
山摄 （557字）	元开三 大部分 仙开三 大部分 仙合三 部分	yn	献 元开三 [xyn³⁵] ｜ 然 仙开三 [yn¹¹] ｜ 捐 仙合三 [kyn⁴⁴] ｜ 健 元开三 [kyn²¹³]
	曷 大部分 黠开二 大部分 薛开三 大部分	at、ak	达 曷开一 [tat⁵] ｜ 揭（用刀子割）黠开二 [kʰat⁵] ｜ 杀 薛开三 [sat⁵] ｜ 喝（~酒）曷开一 [xak⁵] ｜ 煞 黠开二 [sat⁵] ｜ 撤 薛开三 [tʰak⁵]
	末 小部分 黠合二 部分	ɔt、ɔk、ɔʔ	滑、猾 黠合二 [kɔt¹] ｜ 撮 末合一 [tsʰɔk⁵] ｜ 掇 末合一 [tɔʔ⁵]
	屑开四 部分 薛开三 部分 黠开二 部分	ɛt、ɛk/ Ek/ɛt	拔 黠开二 [pet¹] ｜ 八 黠开二 [pet¹] ｜ 裂 薛开三 [let¹] ｜ 撤 薛开三 [tsʰEk⁵] ｜ 截 屑开四 [tset¹] ｜ 节（~日）屑开四 [tsEk⁵]
	薛开三 部分 屑 部分	it、ik	彻 薛开三 [tʰit⁵] ｜ 桔 屑开四 [kit⁵] ｜ 浙 薛开三 [tsik⁵] ｜ 杰 屑开四 [kik⁵]
	薛开三 部分 屑开四 部分	iɛt	烈 薛开三 [liɛt⁵] ｜ 锲 屑开四 [kiɛt⁵]
	薛合三 个别	uaʔ	曰、悦、阅 薛合三 [uaʔ¹]
	末 大部分 月 大部分	tɔu	发（~财）月合三 [xtɔux⁵] ｜ 跋（摔倒）末合一 [puɔu¹]
	月 部分 薛合三 部分	ut	发（~芽）月合三 [put⁵] ｜ 月 月合三 [ŋut¹] ｜ 雪 薛合三 [sut⁵]
	月合三 个别 薛合三 个别	ɔt、ɔk	越（~南）月合三 [pɔk¹] ｜ 掘 月合三 [kɔt¹] ｜ 绝 薛合三 [tsɔt¹] ｜ 沫 薛合三 [mɔk⁵]
	屑合四 部分 屑开四 个别 月 个别	yt	结（~舌：口吃）屑开四 [kyk⁵] ｜ 决、诀 屑合四 [kyk⁵] ｜ 缺 屑合四 [kʰyk⁵] ｜ 歇 屑开四 [xyk⁵]
深摄 （85字）	侵 个别	an	林（柴~：树林）侵开三 [lan¹¹] ｜ 饮（米汤）侵开三 [ʔan⁴²]
	侵 部分	en	针 侵开三 [tsen⁴⁴] ｜ 琴 侵开三 [kʰen¹¹] ｜ 婶 侵开三 [sen⁴²] ｜ 矜 侵开三 [ken²¹³]
	侵 部分	eŋ	阴 侵开三 [ʔeŋ⁴⁴] ｜ 临 侵开三 [leŋ¹¹] ｜ 锦 侵开三 [keŋ⁴²] ｜ 甚 侵开三 [sen²¹³]

035

续表

摄	韵	今音	例字
深摄 (85字)	侵个别	ien	壬侵开三[ien¹¹] | 任侵开三[ien²¹³] | 纴侵开三[ien²¹³]
		iɛn	枕侵开三[tsiɛn⁴²] | 檩侵开三[liɛn⁴²]
	侵半数	in	心侵开三[sin⁴⁴] | 淋侵开三[lin⁶⁶] | 寝侵开三[tsʰin⁴²] | 浸侵开三[tsin³⁵]
	缉个别	at	拾（~起来）缉开三[kʰat⁵] | 粒缉开三[lat⁵]
	缉半数	et、ek	入（~厝：迁新居）缉开三[nek¹] | 立缉开三[let¹] | 习缉开三[tset¹]
	缉部分	it、ik	给缉开三[kik⁵] | 急缉开三[kit⁵] | 熻缉开三[xit⁵]
	其他		沉侵开三[tɛn¹¹] | 砧侵开三[tɔn⁴²] | 十缉开三[sɛt¹] | 汁缉开三[tsɛt⁵] | 吸缉开三[xyk⁵] | 湿缉开三[siɛt⁵]
臻摄 (279字)	痕部分 魂合一部分	ɔn	忖魂合一[tsʰɔn⁵⁵] | 恨痕开一[xɔn²¹³]
	魂大部分 谆大部分 文大部分 痕个别	on	根（~本）痕开一[kon⁴⁴] | 孙魂合一[son⁴⁴] | 群文合三[kon¹¹] | 润谆合三[non²¹³]
	真部分	en、eŋ	陈真开三[ten¹¹] | 紧真开三[ken⁴²] | 认真开三[nen²¹³] | 榛真开三[tseŋ⁴⁴] | 民真开三[meŋ¹¹]
	痕个别	ɛn	很痕开一[xɛn⁴²]
	真个别	iɛn、ien	敏真开三[miɛn⁴²] | 诊真开三[tsiɛn⁴²] | 刃真开三[ien²¹³] | 人真开三[ien¹¹]
	真部分	in	珍真开三[tin⁴⁴] | 津真开三[kin⁴⁴] | 印真开三[ʔin³⁵] | 信真开三[xin³⁵]
	魂部分谆部分 文部分真个别 殷个别	øn	奔魂合一[pøn⁴⁴] | 滚魂合一[køn⁴²] | 稳魂合一[øn⁴²] | 笋谆合三[søn⁴²] | 粉文合三[xøn⁴²] | 银真开三[ʔøn¹¹] | 近殷开三[køn²¹³]
	痕个别	œn	恳、垦痕开一[kʰœn⁴²]
	魂个别	uɔn	本[puɔn⁴²] | 盆[puɔn¹¹]
	文大部分 谆大部分 魂小部分	un	门魂合一[mun¹¹] | 吮谆合三[sun²²³] | 问文合三[mun³⁵]
	文个别	uon	文文合三[uon¹¹] | 运（命~）文合三[uon²¹³]
	文部分殷部分 谆部分真个别	yn	欣殷开三[xyn⁴⁴] | 勋文合三[xyn⁴⁴] | 均谆合三[kyn⁴⁴] | 巾真开三[kyn⁴⁴]
	没个别	ɔt、ɔk	骨没合一[kɔt⁵] | 核没合一[xɔt¹] | 没没合一[mɔk¹]

续表

摄	韵	今音	例字
臻摄（279字）	质大部分	et/it ek/ik	日（～头：太阳）[nek¹] | 侄质开三[tek¹] | 七质开三[tsʰik⁵] | 疾质开三[tset¹] | 笔质开三[pit⁵] | 质质开三[tsit⁵]
	质个别	ɛt/ɛk	密（针脚～）[mɛt¹] | 瑟、虱[sɛk⁵]
	没部分 术部分 物个别	ut	不没合一[put⁵] | 术术合三[sut⁵] | 秫术合三[sot¹] | 熨物合三[ʔut¹]
	物个别	yuk	倔物合三[kʰyuk¹] | 屈物合三[kʰyuk⁵]
	物个别 术	ot、ok	掘物合三[kot¹] | 佛物合三[xot¹] | 述术合三[sok¹] | 律术合三[lok¹]
	没个别	ʋk	卒没合一[tsʋk⁵] | 笏没合一[xʋk⁵]
	迄	yk、ik	讫[kʰyk⁵] | 乞（给）[kʰyk⁵] | 乞（～食：乞丐）[kʰik⁵]
	其他		龈痕开一[ŋɔn¹¹] | 突没合一[toʔ¹] | 蟀术合三[søy³⁵] | 褪魂合一[tʰøy³⁵]
宕摄（313字）	唐开一部分 阳开三部分	aŋ	桁唐开一[ʔaŋ¹¹] | 两（～个）阳开三[laŋ²¹³]
	唐开一半数 阳开三部分 阳合三部分	ɔŋ/oŋ	旁唐开一[pɔŋ¹¹] | 肠阳开三[tɔŋ¹¹] | 岗唐开一[kɔŋ³⁵] | 壮阳开三[tsɔŋ³⁵] | 纺阳合三[xɔŋ⁵]
	阳开三大部分	yɔŋ	伤阳开三[syɔŋ⁴⁴] | 强阳开三[kyɔŋ¹¹] | 抢阳开三[tsʰyɔŋ⁴²]
		yuŋ	张阳开三[tyuŋ⁴⁴] | 阳阳开三[yuŋ¹¹] | 唱阳开三[tsʰyuŋ³⁵]
	唐合一个别 阳合三个别	uɒn、 uɒŋ	筐阳合三[kʰuɒn⁴⁴] | 广唐合一[kuɒŋ⁴²] | 往阳合三[uɒŋ⁴²]
	唐合一部分 阳合三部分	uŋ	光唐合一[kuŋ⁴⁴] | 枋阳合三[puŋ⁴⁴] | 王阳合三[uŋ¹¹] | 皇唐合一[xuŋ¹¹] | 放阳合三[puŋ³⁵]
	铎开一大部分	ɔt （少）、 ɔk、ɔʔ	恶铎开一[ɔk⁵] | 鹤铎开一[xɔʔ¹] | 各铎开一[kɔʔ⁵] | 索铎开一[sɔʔ⁵] | 托（信～）铎开一[tʰɔt⁵]
	铎开一个别	œok	落铎开一[lœok⁵] | 凿铎开一[tsʰœok⁵]
	铎合一部分	uɔt	扩、廓铎合一[kʰuɔt⁵]
	药大部分	yɔk	雀药合三[tsʰyɔk⁵] | 弱药合三[yɔk⁵] | 嚼药合三[tsyɔk⁵]
	药个别	yk、yʔ	药药合三[yʔ¹] | 箬药合三[nyk¹] | 着（火点～）药合三[tyk¹]
	药个别	yuk	却、脚药合三[kyuk⁵]

续表

摄	韵	今音	例字
宕摄 （313字）	其他		雘铎合一[xut⁵] | 郭宕铎合一[kuk⁵] | 缚（绑）宕药合三[puʔ¹] | 涸[kʰok⁵] | 薄（～荷）[pak¹] | 若（～是）[na²¹³]
江摄 （57字）	江大部分	ɔŋ/oŋ	邦江开二[poŋ⁴⁴] | 降（投～）江开二[xɔŋ¹¹] | 讲江开二[koŋ⁴²] | 降（下～）江开二[koŋ³⁵] | 虹江开二[koŋ²¹³]
	江小部分	œŋ/øŋ	双江开二[søŋ⁴⁴] | 港江开二[kœŋ⁴²] | 巷江开二[xøŋ³⁵]
		aŋ	庞江开二[pʰaŋ¹¹] | 棒江开二[paŋ³⁵]
	觉	ɔt（少）、ɔk、ɔʔ	确觉开二[kʰɔk⁵] | 戳觉开二[tsʰɔk⁵] | 岳觉开二[ŋɔʔ¹] | 觉觉开二[kɔʔ⁵] | 朔觉开二[sɔt⁵]
	其他		窗（～门：窗户）[tʰuŋ⁴⁴] | 椿（～萱）[tʰun⁴⁴] | 腔[kʰyɔŋ⁴⁴] | 浊觉开二[tœk¹] | 剥觉开二[puʔ⁵] | 朴觉开二[pʰuk⁵] | 捉觉开二[tsut⁵] | 握觉开二[ʔut⁵]
曾摄 （117字）	登大部分 蒸部分	eŋ（少）、ɛŋ	灯登开一[teŋ⁴⁴] | 层登开一[tsʰeŋ¹¹] | 蝇蒸开三[eŋ¹¹] | 戥[teŋ⁴²] | 剩蒸开三[seŋ²¹³] | 藤登开一[ten¹¹] | 凭蒸开三[pen¹¹]
	登个别	ɛŋ	腾登开一[tɛŋ¹¹] | 等（～级）等开一[tɛŋ⁴²]
	登部分	œŋ/øŋ	崩登开一[pøŋ⁴⁴] | 朋登开一[pœŋ¹¹] | 等等开一[tøŋ⁴²] | 邓登开一[tøŋ²¹³]
	蒸大部分	in、iŋ（少）	征（～求）蒸开三[tin⁴⁴] | 甑蒸开三[tsin³⁵] | 应蒸开三[ʔin³⁵] | 鹰蒸开三[ʔiŋ⁴⁴] | 兴（高～）蒸开三[xiŋ³⁵]
	德大部分	et/ɛk	特德开一[tet⁵] | 勒德开一[lek¹] | 贼德开一[tsʰet¹] | 北德开一[pɛk⁵] | 克、刻德开一[kʰɛk⁵]
	德个别	œok	或德合一[xœok¹] | 墨德开一[mœok¹] | 惑德合一[pʰœok¹]
	职大部分	ek、et/ik	植职开三[tek¹] | 值职开三[tet¹] | 极职开三[kek¹] | 力职开三[let¹] | 逼职开三[pik⁵] | 织职开三[tsik⁵] | 式职开三[sik⁵]
	职个别	ɛk	色、饬职开三[sɛk⁵] | 测、侧职开三[tsʰɛk⁵]
	其他		孕蒸开三[ien²¹³] | 塍（水田）蒸开三[tsʰɛn¹¹] | 弘曾等开一[xoŋ¹¹] | 国德合一[kuk⁵] | 域职合三[mek¹] | 薏职开三[y³⁵] | 食职开三[tsʰiɛʔ⁵] | 抑职开三[ak⁵]（可能为"压"的训读）
梗摄 （338字）	庚大部分 清部分青个别	aŋ	坑庚开二[kʰaŋ⁴⁴] | 柄庚开三[paŋ³⁵] | 晴（阳光）清开三[saŋ¹¹] | 醒（睡～）青开四[tsʰaŋ⁴²] | 争耕开二[tsaŋ⁴⁴]

续表

摄	韵	今音	例字
梗摄（338字）	清部分庚部分耕部分青部分	en（少）、eŋ	声清开三[seŋ⁴⁴]｜宁青开四[neŋ¹¹]｜明庚开三[meŋ¹¹]｜梗庚开二[keŋ⁴⁴]｜筝耕开二[tseŋ⁴⁴]｜蟳清开三[sen¹¹]｜瓶青开四[pen¹¹]｜苹庚开三[pen¹¹]
	清部分青部分庚个别	iaŋ	名（~字）清开三[miaŋ¹¹]｜鼎青开四[tiaŋ⁴²]｜命庚开三[miaŋ²¹³]
	清部分青部分庚个别	in（略少）、iŋ	清清开三[tsʰiŋ⁴⁴]｜政清开三[tsin³⁵]｜丁青开四[tiŋ⁴⁴]｜拎青开四[liŋ³⁵]｜盯庚开二[tiŋ³⁵]｜京庚开三[kiŋ⁴⁴]｜兵庚开三[pin⁴⁴]
	庚部分耕部分	œŋ/øŋ	杏庚开二[xøŋ³⁵]｜盟庚开三[mœŋ¹¹]｜棚耕开二[pœŋ¹¹]｜幸耕开二[xœŋ²¹³]
	陌半数麦开二部分	at少、ak、aʔ少	宅陌开二[tʰat¹]｜脉麦开二[mak¹]｜百麦开二[pak⁵]｜册陌开二[tsʰak⁵]｜帛陌开二[paʔ¹]
	陌部分麦部分	ɔk、ɔʔ	扼麦开二[ɔk⁵]｜择陌开二[tɔʔ¹]
	陌部分昔麦开二个别	ɛk	革麦开二[kɛk¹]｜拍（~照片）、迫陌开二[pʰɛk⁵]｜斥（生气）昔开三[tsʰɛk⁵]
	昔大部分锡部分	et、ek/it、ik	笛锡开四[tek¹]｜滴锡开四[tik⁵]｜液、腋、亦、译昔开三[ʔek¹]｜积锡开四[tsik⁵]｜踢、剔锡开四[tʰet⁵]（未高化 it，为处于词汇扩散中）
	昔部分锡部分陌个别	iɛt、iɛk、iɛʔ	赫陌开二[xiɛt⁵]｜溺锡开四[niɛt⁵]｜僻昔开三[pʰiɛk⁵]｜拆陌开二[tʰiɛk⁵]｜伞锡开四[tiɛʔ¹]｜赤昔开三[tsʰiɛʔ⁵]
	麦合二个别陌	œok	获麦合二[pʰœok¹]｜白（李~）麦合二[pœok¹]
	昔个别	yʔ	石昔开三[tsʰyʔ¹]｜尺昔开三[tsʰyʔ⁵]
	梗摄其他读音		影（~子）庚开三[ʔɔŋ⁴²]｜蛏清开三[tʰɛn⁴⁴]｜荣、庚合三[ioŋ¹¹]｜泳、咏庚合三[ioŋ⁴²]｜映（反~）庚开三[yn³⁵]｜映（盼望）庚开三[ʔɔŋ³⁵]｜横庚合二[xuŋ¹¹]｜矿庚合二[kʰuɒŋ⁴²]｜轰耕合二[xuŋ⁴⁴]｜绩（~缋）锡开四[tsak⁵]｜斥（生气）昔开三[tsʰɛk⁵]｜逆陌开三[ŋœok⁵]｜锡锡开三[syuk⁵]｜锡锡陌开三[kʰyɔk⁵]

续表

摄	韵	今音	例字
通摄 (269字)	冬部分东合 一半数东合 三半数钟部分	uŋ	鬆冬合一[suŋ⁴⁴]｜统东合一[tuŋ⁴²]｜风东合三[xuŋ⁴⁴]｜蜂钟合三[pʰuŋ⁴⁴]
	东合一部分 东合三部分 冬个别钟部分	oŋ	童东合一[toŋ¹¹]｜农冬合一[noŋ¹¹]｜风东合三[xoŋ²¹³]｜龙钟合三[loŋ¹¹]
	东合一大部分 东合三大部分 冬部分 钟小部分	œŋ、øŋ (øn)	红 (～色) 东合一[œŋ¹¹]｜冬冬合一[tøŋ⁴⁴]｜工东合一[køŋ⁴⁴]｜重 (两～天) 钟合三[tʰøŋ¹¹]｜勇钟合三[øn¹¹]
	东合三小部分 钟个别	yuŋ	弓东合三[kyuŋ⁴⁴]｜用钟合三[yuŋ²¹³]
	东合三部分 钟部分	ioŋ	绒东合三[ioŋ¹¹]｜容钟合三[ioŋ¹¹]
	屋合一大部分 屋合三大部分 烛大部分	ot/ut、 ok//uk/ uk、oʔ/ uʔ (少)	屋合一: 木屋合一[mokˡ]｜独屋合一[toʔˡ]｜谷屋合一[kutˡ]｜哭屋合一[kʰutˡ] 屋合三: 服屋合三[xokˡ]｜福屋合三[xukˡ]｜缩屋合三[sutˡ]｜腹屋合三[pukˡ] 烛合三: 蜀 (一) 烛合三[tsʰokˡ]｜绿烛合三[lukˡ]｜足烛合三[tsukˡ]｜烛烛合三[tsukˡ] 沃合一: 毒 (下～) 沃合一[toʔˡ]｜笃沃合一[tukˡ]｜酷沃合一[kʰutˡ]｜沃沃合一[ʔʊʔˡ]
	屋合一部分 屋合三部分 沃个别	œok	读 (～书) 屋合一[tʰœokˡ]｜六屋合三[lœøukˡ]｜毒 (下～) 沃合一[tʰœokˡ]
	屋合三部分 烛部分	øuk	熟屋合三[søukˡ]｜玉 (人名) 烛合三[ŋøukˡ]｜肉屋合三[nøukˡ]
	屋合三部分	yuk	竹屋合三[tyukˡ]｜曲 (歌～) 烛合三[kʰyukˡ]
	屋合三个别	yt	蓄屋合三[xytˡ]｜旭烛合三[xytˡ]
	其他		烘 (～烤) 东合一[xoŋ⁴⁴]｜懵东合一[mɔŋˡ]｜用钟合三[yøŋ²¹³]｜凶、胸钟合三[xynˡ]｜弄 (做～肆: 小胡闹) 钟合三[lianˡ]｜熊 (口语) 东合三[xenˡˡ]｜轴屋合三[tekˡ]｜育屋合三[yɔkˡ]｜辱烛合三[yɔkˡ]

三、声调的特点

（1）与闽语区的大多数方言一样，贡川方言声调与古平上去入四声有整齐的对应关系，又依古声母的清浊分为阴阳两类，其中浊上与浊去合为今阳去，共有七个调类。阴调均为高调，阳调为中低调，"阴高阳低"的规律在贡川方言中体现得淋漓尽致。

（2）平声分阴平和阳平。古清声母平声字为阴平 [44]，是高平调，如：争庄母[tsaŋ⁴⁴]｜鸡见母[ki⁴⁴]｜杯帮母[pui⁴⁴]｜章章母[tsyuŋ⁴⁴]。古全浊、次浊声母平声字为阳平 [11]，是低平调，如：茶澄母[ta¹¹]｜连来母[lin¹¹]｜文微母[uon¹¹]｜强群母[kyuŋ¹¹]。个别浊平读为阴平，如：妈明母[ma⁴⁴]｜裳禅母[syuŋ⁴⁴]｜睢匣母[xi⁴⁴]｜焉云母[iɛn⁴⁴]｜鲸群母[kiŋ⁴⁴]。

（3）古上声演变的主流是全浊上声归变阳上，与阳去 [213] 合流，如：旱匣母[ʔan²¹³]｜弟定母[ti²¹³]｜倍并母[poi²¹³]｜像邪母[tsʰyuŋ²¹³]。个别不常用的全浊上声字读为上声 [42]，如：挺定母[tʰeŋ⁴²]｜舰匣母[kʰan⁴²]｜菌群母[kʰøn⁴²]。古次浊上声的演变中，大多数次浊上声字与清上声一起读为今上声 [42]，如：马明母[ma⁴²]｜汝日母[nou⁴²]｜尾微母[møy⁴²]｜养以母[yoŋ⁴²]。也有少部分常用的次浊上字与全浊上字一起变为阳去，例如，耳（～聋）日母[ŋɛi²¹³]｜两（～只）来母[laŋ²¹³]｜有（～无）云母[ou²¹³]｜痒以母[syuŋ²¹³]｜五疑母[ŋou²¹³]。

（4）古清声母去声大多数为今阴去 [35]，是高升调，如：价见母[ka³⁵]｜片滂母[pʰin³⁵]｜串昌母[tsʰuon³⁵]｜建见母[kyn³⁵]。但清声母去声中有个别口语不常用的字读为阳去，如伺心母[sou²¹³]｜傅非母[xou²¹³]｜锻端母[ton²¹³]。

（5）古全浊、次浊声母去声大多数为今阳去 [213]，是中升调，如：病并母[paŋ²¹³]｜任日母[iɛn²¹³]｜卧疑母[ŋu²¹³]｜健群母[kyn²¹³]。但次浊声母去声字中有一部分读为阴去，这些都是口语常用字：骂明母[ma³⁵]｜鼻（～涕）并母[pʰi³⁵]｜问微母[mun³⁵]｜让日母[nyuŋ³⁵]。个别不常用的浊去字读为阴去，如：瘁崇母[tsʰøy³⁵]｜叛并母[pʰuon³⁵]。

（6）入声分阴入和阳入。古清声母入声字为阴入 [5]，是高调，如：答端母[tat⁵]｜赤昌母[tsʰiɛk⁵]｜阔溪母[kʰou⁵]｜锡心母[syuk⁵]。古浊声母入声字为阳入 [1]，是低调，如：贼从母[tsʰet¹]｜热日母[it¹]｜罚奉母[xou¹]｜石禅母[tsʰyk¹]。个别方言里

不常用的入声字舒化，如：窄_庄母入_[tsai⁴²] | 亿_影母入_[i³⁵] | 虢_见母入_[ku⁴²] | 薏_影母入_[y³⁵]。极少数清入字读阳入[1]：忒_透母_[tʰɛt¹] | 稙_知母入_[eki¹]。有少部分浊入字读为阴入[5]，如：辖_匣母_[kat⁵] | 膜_明母_[mok⁵] | 洽_匣母_[tsʰiat⁵] | 术_船母_[sut⁵] | 芍_禅母_[tsʰyɔk⁵]。

第四节 文白异读

一、声母的文白异读

贡川方言声母文白读的主要规律有：

（1）非组字白读为唇音[p、pʰ]，文读为[x]。

（2）微母字白读为[m]，文读为零声母。

（3）知组字白读为[t、tʰ]，文读为[ts、tsʰ]。

（4）日母字白读为[n]，文读为零声母。

（5）疑母字白读为[ŋ]，文读为[n]或其他。

（6）一部分匣母字白读为[k、kʰ、p、pʰ]，文读为[x]；少数匣母字白读为[x]，文读为零声母。

（7）个别船母、禅母、心母、生母字白读为塞擦音[ts、tsʰ]，文读为[s]。

（8）云母字白读为[x]，文读为零声母或其他。

（9）以母字白读为[s]，文读为零声母。

贡川方言声母文白异读表如表2-6所示。

表2-6 贡川方言声母文白异读表

（符号"/"前为白读音，后为文读音。表2-7、表2-8同。）

条件	文读	白读	例字
非、敷、奉母	x	p、pʰ	发（～颠：疯癫）put⁵/发（批～）puət⁵/（～财）xəut⁵ | 法（主意、点子）puk⁵/（办～）xuət⁵ | 扶（～车：推车）pʰu¹¹/（～起）xou²¹³ | 妇（新～：新娘）pou²¹³/（夫～）xou²¹³ | 伏_奉入_（～在桌上）pok¹/（埋～）xok¹ | 吠（犬～）poi²¹³/（乱～）xi²¹³ | 飞（天上～）pui⁴⁴/（～机）xi⁴⁴ | 反（发～：反胃）pɛn⁴²/（～面）xuɔn⁴² | 泛（不结实）pʰaŋ³⁵/（广～）xuɔn³⁵ | 腐（木头～烂）

续表

条件	文读	白读	例字
非、敷、奉母	x	p、pʰ	pou²¹³/（豆～）xou²¹³ | 分（～开）pun⁴⁴/（一～钱）xun⁴⁴ | 饭（食～：吃早饭）pun²¹³/（大米～）xuon²¹³ | 放（～下来）puŋ³⁵/（解～）xuŋ³⁵ | 幅（一～：布匹宽度的一折）puk⁵/（一～画）xu³⁵ | 覆（颠～）pʰuk⁵/（反复）xuk⁵ | 番（吐鲁～）pʰuɔn⁴⁴/（～薯）xuɔn⁴⁴ | 潘（猪食）pʰun⁴⁴/（姓～）pʰan⁴⁴
微母	∅	m	无 mo¹¹/uou²¹³ | 望（看）mɔŋ²¹³/（希～）uŋ²¹³ | 网（蜘蛛～）maŋ⁴⁴/（鱼～）mœŋ²¹³/（上～）uŋ⁴² | 罔（～来～夥：越来越多）mɔŋ⁴²/uŋ⁴² | 勿 mɔk¹/ʔut¹ | 务（任～）muou²¹³/（～必）uou²¹³
知、彻、澄母	ts、tsʰ	t、tʰ	住（～在）tɐu²¹³/（居～）tsɐu²¹³ | 征（～求）tin⁴⁴/（～地）tsin⁴⁴ | 撑（展开）tʰaŋ⁴⁴/（～伞）tsʰiŋ⁴⁴ | 着（～火）tyk¹/（～衣）tsyɔk¹ | 宠 tʰuŋ⁴²/tsʰɔŋ⁴²
日母	∅	n	入（～厝：迁新居）nek¹/（～内）ik¹ | 若（～是）na²¹³/（～有所思）yɔk¹
疑母	随普通话字音	ŋ	呆 ŋai¹¹/tai⁴⁴ | 牛（～羊）ŋou¹¹/（～马不如）neu¹¹
匣母	x	k、kʰ、p、pʰ	划（～船）pʰuɔt¹/（计～）uɔt¹ | 合（与他人共有）kat⁵/（～并）xak⁵ | 含（～在口中）kan¹¹/（包～）xan¹¹ | 寒（冷）kan¹¹/（～山寺）xan¹¹ | 咸（味道～）kɛn¹¹/（～村，地名）am¹¹ | 厚（～实）kau²¹³/（忠～）xɐu²¹³ | 糊（浆～）kou¹¹/（～涂）xou¹¹ | 悬（高）kɛn¹¹/（～挂）xɛn¹¹ | 槐（～荫树）kʰuai¹¹/（～柴）xuai¹¹
匣母	∅	x	下（～来）ʔa²¹³/（～货：卸货）xa²¹³ | 学（～话）ʔɔk¹/（～堂）xɔk¹
船母、禅母、心母、生母等	s	tsʰ	蜀（一）tsʰok¹/sok¹ | 生（不熟）tsʰaŋ⁴⁴/（下蛋）saŋ⁴⁴ | 省（反～）tsʰaŋ⁴²/（～长）saŋ⁴² | 舌（结～：结巴）tsʰit¹/（喙～：舌头）sit¹ | 粟（谷子）tsʰuk⁵/（～裕）suk⁵ | 产（～妇）saŋ⁴²/（～业）tsʰaŋ⁴² | 饲（猪：养猪）tsʰi³⁵/（～料）sou¹¹
云母	∅ 或其他	x	远（很～）xun²¹³/（～方）uɒŋ⁴² | 园（菜～）xun¹¹/（公～）ŋun¹¹
以母	∅	s	檐（～栋下）sin¹¹/（房～）in¹¹
其他			侧庄母 tsɛk⁵/tsʰɛk⁵

二、韵母的文白异读

贡川方言韵母的文白读比较丰富，主要规律有：

（1）果摄一部分戈韵字白读为 [uɔ、øy]，文读为 [u]；另一部分戈韵字白读为 [ai]，文读为 [uɔ]。

（2）假摄开口三等麻韵字白读为 [uɔ]，文读为 [a]。

（3）一部分遇摄字白读为 [ɔu、œ]，文读为 [u]；另一部分戈韵字白读为 [u、iu、œy]，文读为 [y]。

（4）蟹摄咍韵、夬韵白读为 [i、ɛ、ui]，文读为 [ai、uai]。

（5）蟹摄灰韵白读为 [ai]，文读为 [ɒi]。

（6）止摄之韵白读为 [ai]，文读为 [u、ɛi]。

（7）止摄脂韵、微韵白读为 [ui、oi]，文读为 [i]。

（8）止摄支脂韵白读为 [i、ei]，文读为 [u]。

（9）止摄之韵白读为 [ɔu]，文读为 [i]。

（10）止摄支韵、微韵白读为 [ui]，文读为 [ɛi]。

（11）效摄豪韵白读为 [au]，文读为 [ɔ]。

（12）效摄肴韵白读为 [a]，文读为 [au]。

（13）一部分流摄侯韵、尤韵白读为 [au]，文读为 [ɛu、eu、iu]；另一部分尤韵白读为 [ɔu]，文读为 [eu、u、iau]。

（14）部分咸摄、山摄字白读为 [ɛn]，文读为 [an]。

（15）山摄先韵白读为 [ɛn/en]，文读为 [in]。

（16）山摄桓韵白读为 [ɔŋ/oŋ、øn]，文读为 [uɔn]。

（17）山摄先韵白读为 [ɛn/en]，文读为 [in]。

（18）山摄删韵、元韵白读为 [un]，文读为 [uɔn、uɒŋ]。

（19）山摄屑韵白读为 [ɛk]，文读为 [it、ik]。

（20）山摄月韵白读为 [ut、ok]，文读为 [uɔt]。

（21）深摄侵韵白读为 [an]，文读为 [ɛn、en]。

（22）深摄缉韵白读为 [ek]，文读为 [ik]。

（23）臻摄文韵白读为 [on]，文读多与普通话相近。

（24）一部分宕摄阳韵白读为 [aŋ、ɔŋ]，文读为 [yɔŋ]；另一部分宕摄阳韵白读为开口呼，文读为合口呼。

（25）一部分梗摄庚韵、清韵白读为 [aŋ]，文读为 [eŋ、iŋ]；另一部分梗摄庚韵、清韵白读为 [iaŋ]，文读为 [eŋ]；还有一部分庚韵字白读为 [ɔŋ/oŋ]，文读为 [iŋ、iaŋ]。

（26）梗摄陌韵白读为 [at、ak]，文读为 [it、ɛk] 或其他。

（27）通摄钟韵白读为 [œŋ、øŋ]，文读为 [oŋ、uŋ]。

（28）通摄屋韵白读为 [uk、ok]，文读为 [u]。

贡川方言韵母文白异读如表 2-7 所示。

表2-7　贡川方言韵母文白异读表

条件	文读	白读	例字
果摄戈韵	u	ɔu、øy	过（菜老了）kuɔ⁴⁴/（~来）ku³⁵｜和（~牌）xɔu¹¹/（~气）xu¹¹｜裹（~粽：包粽子）køy⁴²/（包~）ku⁴²
果摄戈韵	uɔ	ai	跛 pai⁴²/puɔ⁴²｜大（~学）tai²¹³/（~小）tuɔ²¹³
果摄其他			坐、座 果戈合一 sɒi²¹³/tsɔ²¹³｜箩 果歌开一 lɔ¹¹/luɔ¹¹｜鹅、蛾 果戈合一 ŋiɛ¹¹/ŋɔ¹¹
假开三麻韵	a	uɔ	麻（油~：芝麻）muɔ¹¹/（~烦）ma¹¹｜沙（~土）suɔ⁴⁴/（~摊）sa⁴⁴
假摄其他	a	iɛ	这 假麻开三 tsa³⁵/tsiɛ³⁵
遇合一模韵、遇合三虞韵	u	ɔu、œ	伍（五）ŋɔu²¹³/（队~）ŋu⁴²｜乎（合~）xɔu¹¹/（语气词）xu⁴⁴｜扶（~起来）xɔu²¹³/（~车：推车）pʰu¹¹｜楚 tsʰœ⁴²/tsʰu⁴²
遇合三虞韵	y	u、iu、œy	输（~赢）su⁴⁴/（运~）sy⁴⁴｜芋（~卵：芋头）u⁴⁴/（~头）y⁴⁴｜句（一~话）ku³⁵/（~读）ky³⁵｜鬚（喙~：胡须）siu⁴⁴/（胡~）sy⁴⁴｜雨 xu²¹³/y⁴²｜俱 kœy⁴⁴/ky⁴⁴｜喻 œy²¹³/y²¹³
蟹开一咍韵、蟹合二夬韵	ai、uai	i、ɛ、ui	戴（~帽子）ti³⁵/（爱~）tai³⁵｜开（~门）kui⁴⁴/（~始）kai⁴⁴｜快（~速）kʰɛ³⁵/（~乐）kʰuai³⁵
蟹合一灰韵	ɒi	ai	雷（打~）lai¹¹/（~锋）lɒi¹¹｜台（风~：台风）tai¹¹/（烛~）tɒi¹¹。但"代"字韵母借自普通话 [ai]，晚于 [ɒi]：代（两~人）tɒi²¹³/（~表）tai²¹³

续表

条件	文读	白读	例字
蟹摄其他			来蟹咍开二（过~）lɛi¹¹/（周恩~）lai¹¹ | 弟蟹齐开四 ti²¹³/tɛ²¹³ | 外蟹泰合一（~片：外面）ŋiɛ²¹³/（~国）ŋuoi²¹³ | 挂蟹佳合二 keu³⁵/kuo³⁵ | 吠蟹废合三 poi²¹³/xi²¹³
止摄之韵	u、ɛi	ai	师（~傅）sai⁴⁴/（~长）su⁴⁴ | 驶（~船）sai⁴²/（驾~）su⁴² | 使（~用）sai⁴²/（假~）su⁴² | 治（~杀）tʰai¹¹/（政~）tɛi²¹³
止摄脂微韵	i	ui、oi	屁（放~）pʰoi³⁵/（~股）pʰi³⁵ | 饥（腹肚~：肚子饿）kui⁴⁴/（~荒）ki⁴⁴ | 飞（天上~）pui⁴⁴/（~机）xi⁴⁴ | 皮（~肤）pʰui¹¹/（调~）pʰi⁴²
止摄支脂韵	u	i、ei	死（~去）sei⁴²/（生~攸关）su⁴² | 四（数词）si³⁵/（~川）su³⁵ | 刺（针~）tsʰi³⁵/（讽~）tsʰu³⁵
止摄之韵	i	ɔu	饲（~猪：养猪）tsʰi³⁵/（~料）sɔu¹¹。"饲"字文读作[ɔu]是"词、祠"等字同声旁类推的结果
止摄微支韵	ɛi	ui	未（没有）moi²¹³/（~来）mɛi²¹³ | 被（被子）pʰui²¹³/（~迫）pɛi²¹³
效豪开一	ɔ	au	老（~人）lau²¹³/（年~）lɔ²¹³ | 涝 lau¹¹/lɔ¹¹ | 操（~坪：操场）tsʰau⁴⁴/（曹~）tsʰɔ⁴⁴ | 草（~鞋）tsʰau⁴²/（~书）tsʰɔ⁴² | 暴（开裂）pau³⁵/（残~）pɔ³⁵
效肴开二	au	a	孝（戴~）xa³⁵/（~顺）xau³⁵ | 教（~书）ka³⁵/（~室）kau³⁵ | 绞（~果汁）ka⁴²/（~刑）kau⁴² | 胶（~水）ka⁴⁴/（橡~）kau⁴⁴
效摄其他			绕效摄开三（~线）nɛu¹¹/（围~）lɔ¹¹ | 猫效摄开三（~狸）ma¹¹/miu¹¹
流开三尤韵、开一侯韵	ɛu、eu、iu	au	厚（~实）kau²¹³/（忠~老实）xɛu²¹³ | 留（~级）lau¹¹/（保~）leu¹¹ | 流（水~）lau¹¹/（风~）leu¹¹ | 楼（~上）lau¹¹/（高~）leu¹¹ | 九 kau⁴²/kiu⁴² | 走（跑）tsau⁴²/（~狗）tseu⁴² | 沟（水~）kau⁴⁴/（山~）keu⁴⁴ | 侯（辰~：时候）au²¹³/（王~）xɛu²¹³ | 后（~日：后天）au²¹³/（落~）xɛu²¹³
流开三尤韵	eu、u、iau	ɔu	浮（~起来）pʰɔu¹¹/（~肿）pʰeu¹¹ | 牛（~羊）ŋɔu¹¹/（~马不如）neu¹¹ | 舅（阿~：舅舅）kɔu¹¹/（母~）keu¹¹ | 负（欺~）xɔu²¹³/（~数）xu²¹³ | 白（舂米的~）kʰɔu²¹³/（脱~）kʰu⁴⁴ | 有（~无）ɔu²¹³/（~利）iau²¹³

续表

条件	文读	白读	例字
流摄其他			扣_{流侯开一}（~头：扣子）kʰui³⁵/（~起来）kʰeu³⁵ | 母_{流侯开一}（~雌性）mɔ⁴²/（父~）mu⁴²
咸开二咸韵、山开二山删韵	an	ɛn	咸（味道~）kɛn¹¹/（~村，地名）am¹¹/（~阳）xan¹¹ | 闲（有~：有空）ɛn¹¹/（农~）xan¹¹ | 斑（~面）pɛn⁴⁴/（~马）pan⁴⁴ | 慢（~~地）mɛn²¹³/（~条斯里）man²¹³
咸摄其他			岩_{咸衔开二}（~壁）ŋiɛn¹¹/（人名）ŋan¹¹ | 泛_{咸凡合三}（不结实）pʰaŋ³⁵/（广~）xuɔn³⁵
山开四先韵	in	ɛn/en	先（~去）sen⁴⁴/（~生：老师）sin⁴⁴ | 前（面~）sɛn¹¹/（~进）tsin¹¹ | 荐（草~：稻草做的睡垫）tsen³⁵/（推~）kin³⁵
山合一桓韵	uɔn	ɔŋ/oŋ、øn	窜（乱~）tsʰoŋ³⁵/（流~）tsʰuɔn³⁵ | 卵（蛋）lɔŋ²¹³/（输~管）luɔn⁴² | 管（胫~：脖子）køn⁴²/（水~）kuɔn⁴²
山合二删韵、合三元韵	uɔn、uɔŋ	un	关（~门）kun⁴⁴/（开~）kuɔn⁴⁴ | 饭（食~：吃早饭）pun²¹³/（大米~）xuɔn²¹³ | 远（很~）xun²¹³/（~方）uɔŋ⁴²
山开四屑韵	it、ik	ɛk	节（做~：过端午节）tsɛk⁵/（~约）tsit⁵ | 结（打个~）kɛk⁵/（~婚）kik⁵
山合三月韵	uɔt	ut、ok	发（~芽）put⁵/（批~）puɔt⁵/（头~）xut⁵/（~财）xuɔt⁵ | 越（~南）pok¹/（~来~多）uɔt¹
山摄其他			间_{山仙开二}（~底：房间）kin⁴⁴/（空~）kan⁴⁴ | 潘_{山桓合一}（猪食）pʰun⁴⁴/（姓~）pʰan⁴⁴ | 反_{山元合三}（翻）pɛn⁴²/（造~）xuɔn⁴² | 缺_{山屑合四}（~口）kʰiɛt⁵/（~点）kʰyt⁵
深摄侵韵	ɛn、en	an	林（柴~：树林）lan¹¹/（姓~）len¹¹ | 饮（米汤）ʔan⁴²/（~水机）ʔen⁴²
深摄缉韵	ik	ek	入（~厝：迁新居）nek¹/（~内）ik¹
臻合三文韵	随普通话音	on	纹（~印）xon¹¹/（~路）uɔn¹¹ | 熏（烟）xon⁴⁴/（~黑）xyn⁴⁴
臻摄其他			顿_{臻魂合一}（一~饭）ton³⁵/（牛~）tun³⁵ | 根_{臻痕开一}（大树~）kon⁴⁴/（小树~）kyn⁴⁴ | 密_{臻质开三}（针脚~）met¹/（~码）mek¹ | 乞_{臻迄合三}（给）kʰøuk⁵/（~食）kʰik⁵

续表

条件	文读	白读	例字
宕合三阳韵	yɔŋ	aŋ、ɔŋ	长（～短）tɔŋ^{11}/（生～）tyɔŋ^{11}｜两（～个）laŋ^{213}/（几～几钱）lyɔŋ^{42}
宕合三阳韵	合口呼	开口呼	罔（～来～夥：越来越多）mɔŋ^{42}/uɔŋ^{42}｜网（蜘蛛～）man^{44}/（上～）uɔŋ^{42}｜望（看）$_{宕阳合三}$mɔŋ^{213}/（希～）uŋ^{213}
宕摄其他			芒$_{宕唐开一}$（～果）mɔŋ^{11}/（麦～）maŋ^{11}｜落$_{宕铎开一}$（丢失）lœk^5/（～山）lɔk^1｜着$_{宕药开三}$（～火）tyk^1/（～衣）tsyɔk^1
江摄			窗$_{江江开二}$（～门：窗户）tʰun^{44}/（～帘）tsʰɔŋ^{44}｜江$_{江江开二}$køŋ^{44}/kɔŋ^{44}｜角$_{江觉开}$（牛～）kɔk^5/（一～钱）køuk^5｜雹$_{江觉开一}$（龙～：冰雹）pʰok^1/（冰～）pʰau^{213}
曾开一登韵			肯（愿意）kʰen^{42}/（～定）kʰøn^{42}｜等（～待）tøŋ^{42}/（～级）tɛŋ^{42}
曾合三职韵			食（吃）tsʰiɛʔ^1/（粮～）sek^1
梗开三庚清韵	eŋ、iŋ	aŋ	撑（展开）taŋ^{44}/（～伞）tsʰiŋ^{44}｜青（～色）tsʰaŋ^{44}/（～年）tsʰiŋ^{44}｜甥（外～）saŋ^{44}/（读字）seŋ^{44}｜生（不熟）tsʰaŋ^{44}/（下蛋）saŋ^{44}/（学～）seŋ^{44}｜醒（过来）tsʰaŋ^{42}/（～悟）siŋ^{42}｜平（～实）paŋ^{11}/（～安）peŋ^{11}｜晴（阳光）saŋ^{11}/（～朗）tseŋ^{11}
梗开三庚清韵	eŋ	iaŋ	名（～字）miaŋ^{11}/（莫～其妙）meŋ^{11}｜迎（～龙：舞龙）ŋiaŋ^{11}/（欢～）ŋeŋ^{11}｜赢（输～）iaŋ^{11}/（～政）ʔeŋ^{11}｜成（～事）siaŋ^{11}/（～功）seŋ^{11}｜圣（灵验）siaŋ^{35}/（神～）siŋ^{35}｜影（～子）ʔɔŋ^{42}/（有～：药有疗效）iaŋ^{42}/（电～）ʔiŋ^{42}｜鼎（锅）tiaŋ^{42}/（福～，地名）teŋ^{42}｜声（～音）siaŋ^{44}/（人名）seŋ^{44}｜兄（～弟哥）xiaŋ^{44}/（读字）xyɔŋ^{44}｜定（～下来）tiaŋ^{213}/（～落来：决定）teŋ^{213}
梗开三庚韵	iŋ、iaŋ	ɔŋ/oŋ	影（～子）ʔɔŋ^{42}/（有～：药有疗效）iaŋ^{42}/（电～）iŋ^{42}｜映（盼望）ʔoŋ^{35}/（～山红）ʔiŋ^{35}/（反～）yŋ^{35}
梗开二陌韵	it、ɛk 等	at、ak	绩（～缏：把丝状的苎麻捻成线）tsat^5/（成～）tsit^5｜柏（松～）pak^5/（～林）pɛk^5｜白（～色）pak^1/（李～）pœk^1｜拍（打）pʰak^5/拍（～相片）pʰɛk^5/（球～）pʰai^{44}
梗摄其他			壁（墙～）piɛʔ^5/（戈～）pik^5｜剧$_{梗陌开三}$（京～）kʰyɔk^1/（～烈）ky^{35}

条件	文读	白读	例字
通合一东韵			同（~学）toŋ¹¹/（合~）tœŋ¹¹ ｜ 红（~色）ʔœŋ¹¹/（映山~）xoŋ¹¹
通合三钟韵	oŋ、uŋ	œŋ、øŋ	重（轻~）tœŋ²¹³/（~要）toŋ²¹³ ｜ 重（~了）tʰœŋ¹¹/（~阳节）tøŋ¹¹/（~复）toŋ¹¹ ｜ 工（打~）kœŋ⁴⁴/（~事）kuŋ⁴⁴ ｜ 空（~的）kʰœŋ⁴⁴/（~虚）kʰuŋ⁴⁴ ｜ 东（~面）tøŋ⁴⁴/（~毛泽）tuŋ⁴⁴ ｜ 冬（~瓜）tœŋ⁴⁴/（~事）tuŋ⁴⁴ ｜ 翁（阿~：爷爷）ʔœŋ⁴⁴/（姓）ʔuŋ⁴⁴
通合三屋韵	u	uk、ok	幅（一~：布匹宽度的一折）puk⁵/（一~画）xu³⁵ ｜ 卜（萝~）pok¹/（占~）pu⁴²
通摄其他			中通东合三（底~：当中）toŋ⁴⁴/（~国）tuŋ⁴⁴ ｜ 缝通钟合三（一条~）pʰuŋ³⁵/（~纫）pʰoŋ¹¹ ｜ 忠通东合三（~心）tuŋ⁴⁴/（人名）tyoŋ⁴⁴ ｜ 熊通东合三 xeŋ¹¹/xœŋ¹¹ ｜ 玉通合一（~镯）ŋuok¹/（人名）ŋøuk¹ ｜ 毒通沃合三（下~）tʰœøuk¹/（有~）toʔ¹ ｜ 曲通沃合三（弯~）kʰuk⁵/（歌~）kʰyuk⁵

三、声调的文白异读

声调的异读大多是伴随着声母或韵母的异读一起出现的，主要规律有：

（1）古浊平字白读为阳去或阳平，文读为阴平。

（2）古浊上字白读为阳去，文读为上声。

（3）古浊去字白读为阳去，文读为阴去。

（4）古全浊声母的送气音与不送气音也可看作文白异读，色彩上并无明显差异，不能确定哪个为白读，哪个为文读。

贡川方言声调文白异读如表2-8所示。

表2-8　贡川方言声调文白异读表

条件	文读	白读	例字
古浊平字	阴平	阳去或阳平	澄（~清）teŋ⁴⁴/（水浒，~一~）teŋ²¹³ ｜ 呆ŋai¹¹/tai⁴⁴
古浊上字	上声	阳去	远（很~）xun²¹³/（~见）uoŋ⁴² ｜ 雨 xu²¹³/y⁴ ｜ 伍（五）ŋou²¹³/（队~）ŋu⁴²

续表

条件	文读	白读	例字
古浊去字	阴去	阳去	负（欺~）xou²¹³/（~数）xu³⁵ | 仗 tʰyoŋ²¹³/ tyoŋ³⁵ | 键（阉割）kyn²¹³/（~为县）kyn³⁵
古全浊字	送气和不送气两读，色彩上并无明显差异，不能确定文白读		跪 kʰoi²¹³/ koi²¹³ | 桐（梧~）toŋ¹¹/（~油）tʰøŋ¹¹ | 床（蒸~）崇母[tsoŋ¹¹]/床（~铺）崇母[tsʰoŋ¹¹] | 钳（铁~）[kin¹¹]/（~囝）群母[kʰin¹¹]
其他异读			耳（聋~）ŋɛi²¹³/（木~）mɛi⁴² | 妈（老~：老婆）ma⁴²/（母亲）ma⁴⁴

第五节 同音字汇

本字汇以贡川方言的单字音为主，同时也收录了词汇的连读音。字汇按照贡川方言韵母、声母、声调的顺序排列。声调用阿拉伯数字标注在该字的右上角，轻声不表示。本字未知的音节用"□"表示，后注国际音标。释义、举例在字后用括号"（）"表示。在释义中，"~"用于代替词语或短语中的本字。又读或文白异读等一字多音现象在字的下角用阿拉伯数字表示，一般用"1"表示最常用的白读音，"2"次之，以此类推，如"生₁、生₂"。古音韵地位不同而今读音相同的两个字不作标注。声调前加"-"表示该字本调未知，只有变调。右上角标"="表示该字音本字未知，用同音字代替。用">"表示声母类化等音变后读音。

a

p [44]巴芭笆疤爸₂（阿~：父亲，面称）[11]杷爬₁（~行）钯（~子）耙（犁~，~地）琶 [42]把（~握，~手，一~）饱 [35]坝霸罢 [213]爸₁（郎~：父亲，背称）

pʰ [44]□（~裋ㄐ：翻转，反过来）[35]帕怕泡₁（起~~）[213]鳔泡₂（灯~）

m [44]妈₂（母亲）□（张开五指抓）[11]麻₂（~痹；发~）蟆（虾~）

猫₁（～狸：猫）无₁（～事：没事，没关系）[42]妈₁（老～：老婆）马码蚂玛（玛坑，地名）[35]骂

t [44]焦₁（干）[11]茶 [42]打（～倒；一～）

tʰ [44]他（读字）□（用长竹竿等挑手够不着的东西；用筷子卷麦芽糖等黏稠物）[35]蚝（海蜇皮；水母）□（老～：艄公）

n [44]□（巴～：手掌、巴掌）□（疤痕）[11]拿哪（～吒）蒳（～必：五叶木通）□（～屎：拉屎）[35]那 [213]若₁（～是：如果，假如）

l [44]拉₂（拖～）老₁（～鼠、～虎）[11]萝₁（～卜）

ts [44]查₁（姓～，调～）渣 [11]查₂（～房）[42]早（～熟）[35]乍诈炸（～弹，用油～）榨这₁（口语）

tsʰ [44]叉（交～；三～路）权差₁（～别）吒 [11]柴 [42]吵炒

s [44]沙₁（～漠）纱莎痧（中暑；刮治病变相应淤血的皮肤，随后出现青、紫充血的刮痕）[11]傻 [213]厦₂（偏～，前～后廊）

k [44]加佳痂家胶₁（～水）铰嘉 [42]贾₁（姓～）假₁（真～；放～）绞₁（～果汁）[35]玟假₂（放～）价驾架嫁稼教（～书）[213]咬

kʰ [44]鲛（马～：马鲛鱼）骸（脚，也指腿）□（计量单根筷子的量词）[42]卡 [35]敲 苦教切（～裆下：打一下、敲一下）

ŋ [44]桠 [11]牙伢（读字）芽衙 [42]哑雅 [35]亚（～洲）

x [44]哈 [11]虾（～蟆）虾（鱼～）遐瑕暇霞□（～鼎：很大的锅）[35]□（语气词，表征询、建议、劝说）孝₁（戴～）许₁（那里）□（那。～固有□[pin³⁵]：那还了得？）[213]厦₁（～门）夏（姓～，春～）下₁（～货：运货）

/ [44]啊阿₂（～胶，～哥）丫（～头；两山之间的峡谷）鸦 [11]阿₁（～哥，～爸）下₃（～佛：向菩萨许愿、求菩萨保佑）[35]亚（～洲）[213]下₂（底～）下₂（～降、～决心）下₂（动量词）

ɔ

p [11]□（～记：痣）婆□（□[pi¹¹]～□[pit⁵]：蝙蝠）[42]宝保堡葆□（吧，表示请求、建议语气）

pʰ [11]袍

m [11]毛无₂（没有；南～阿弥陀佛）口（手～面：手背）[42]母₁（雌性）拇 [213]冒帽磨₂（～面；石～）

t [11]舵涛掏逃陶萄淘驮（拿，扛）驼口（往外、往上冒）[42]岛捣倒₁（打～，颠～）祷朵₁（耳～）[213]导盗道稻惰

tʰ [11]桃鮴（跳跳鱼）[42]讨

n [11]挪 [42]恼脑 [213]糯口（口[xE²¹³]～：感觉很腻）

l [11]捞劳牢唠涝₁（旱～）罗锣扰绕（围～）萝₂（菠～）箩₂（筛粉用的）[42]老₃（年～）[213]口（～秤：大秤；用大秤称重物）

ts [11]曹嘈槽₂（～钢）艚遭 [42]枣昨左佐口（语气词，表示招呼提醒，"这样该怎么办？"）[213]矬（人长得又矮又结实）皂造坐₂（～立不安）座₂（一～）口（毫无疑问地；绝对、一定）

tsʰ [42]草₂（～字：草书）口（一种碱）

s [11]槽₁（马～）抄（鸭子用嘴寻找食物）[42]嫂琐锁

k [11]荷₁（薄～）口（竹制的捕鱼器具）口（热～去：很热）[42]搞稿槁（杆～：芦苇）

kʰ [42]考烤拷可口（～水：排水）

ŋ [11]熬俄鹅₂（读字）蛾₂（读字）[42]我₂（文读）[213]鳌（平底锅）饿傲

x [11]毫豪壕嚎何荷₂（～花）[42]好（～坏；爱～）[213]号₂（～数）浩贺

ʔ [11]河 [42]袄哦

o

p [44]褒（～奖）颇播菠₁（～菜）[35]报暴（～雨）爆₂（～炸）

pʰ [44]波玻坡菠₂（～萝）蕻（野草莓）

t [44]刀叨多 [42]躲垛 [35]倒₂（～水）到

tʰ [44]滔韬 [35]套

l [44]啰了₁（伊来～：他来了）

ts [35]做操₂（曹～）

tsʰ [44]操₃（曹～）[35]错（～误，～杂）糙（粗～，～米）措（～置）

燥躁

　　s［44］唆梭

　　k［44］高羔膏糕戈哥歌篙（进船竿）镐　［35］告个₂（读字）蚵（蜞～：虾米，小虾干）

　　kʰ［44］柯炣（熬）［35］犒靠銬

　　x［35］耗

œ

　　pʰ［11］□（黄～去：黄澄澄的）

　　t［213］苎

　　l［11］□（粗～去：很粗糙）驴萝₃（□［tsʰiɛ⁻⁴⁴］～：丝瓜）［213］□（火铲子；铲）

　　tsʰ［11］□（把没用的东西倒掉）□（老～去：人很老）［42］础楚₂（不清～：形容人穿戴不整齐，脑子不清楚）

　　s［42］黍

　　kʰ［11］□（傻）

　　x［11］呵（～啡：小孩受到惊吓时，安抚小孩情绪）［213］□（吵架）

ø

　　pʰ［44］□（浮肿）

　　l［44］□（唤狗声）［35］□（从自行车，梯子上下来）鑢（锉）

　　tsʰ［44］初搓　［35］絮₁（丝瓜瓢、稻草等做成的洗涤工具；擦洗）

　　s［44］梳疏₁（～远）蔬　［35］疏₂（注～）

　　ø［42］□（句尾语气词，表遗憾）

E

　　p［11］排₁（～水）牌

　　pʰ［42］髀□₂（骸～哩：跛了脚）

　　m［42］买卖［213］呣（不会，"无解"的合音）

　　t［11］题蹄　［42］抵底₂（～爿：里面）［213］弟₂（兄～）第□（遮）

　　tʰ［42］体

　　n［11］尼泥　［42］奶₁（用于人名等）［213］腻₁（油～）

l [11]厘犁璃黎□（猫蹭人腿）□（瓦砾~：碎砖）[42]詈（咒骂）礼[213]蛎丽励隶荔蛎历吏

ts [11]侪（吾~：我们）齐 [213]□（作~：事情很折腾，折磨人）

s [42]所洗 [213]秽（多）

k [42]解$_2$（讲~，~开）个$_1$（语气词，是~：就是啊）[213]其$_1$（我~：我的）

x [213]懈蟹□（~□[nɔ²¹³]：感觉很腻）

ø [11]鞋 [42]矮 [213]解$_1$（会）

e

p^h [35]稗□$_1$（骸~哩：蹉了脚）

t [44]低 [35]帝递

t^h [35]屉替□（头~：妇女用于固定发髻的银器）□（~□[xœŋ⁴²]：贪玩）

ts [44]斋剂鹪 [35]济䉶（苎麻纺成的纱线）蔗

ts^h [44]妻栖差$_3$（出~）

s [44]西犀 [35]细婿（女~）

k [44]街 [35]疥

k^h [44]溪緌（衣裳~：衣摆）快

ø [35]睨（看，阅）

ai

p [11]排$_2$（裾~□[lai¹¹]：一串）[42]跛（~骸：跛腿）摆$_2$（摇~）[35]拜 [213]败

p^h [44]拍$_3$（球~）[11]摆$_1$（前后摆动）[35]派

m [11]埋 [42]□（梦魇）[35]□（坏、破损；~囝：坏孩子）[213]迈

t [44]呆 [11]蛤（米虫）坮$_1$（埋）台$_1$（~风）台$_1$（天~，~州）[35]带戴$_2$（爱~）碓 [213]大$_2$（~学）代$_2$（~表）贷殆待怠岱□（无[ma¹¹]~（＞nai²¹³）：没关系）[-35]歹

t^h [44]筛胎梯苔$_2$（舌~）台$_2$（风~：台风）[11]抬治$_1$（杀）[42]腿□（学说话很快；说话流利）[35]太态泰嚏（拍~：打喷嚏）

n [44]鮔（鲇~：一种灰黑色的淡水鱼，尾鳍圆形且中有一黑圈）[42]

乃 [213] 捺（一撇一～）奈柰（桃子和李子杂交而成的水果）耐

l [11] 来₂（周恩～）莱雷₁（～公）[42] 簍 [213] 赖癞₂（生～）

ts [44] 灾栽甾（＞Nai⁴⁴）[11] 才（天～；纔）材财裁豺脐宰载₁（一年半～）[35] 载₂（满～，～重）再债 [213] 在寨

tsʰ [44] 猜差₂（钦～、邮～）钗□（单脚跳）[11] 载₃（一年半～）[42] 採彩睬□（十一～：六指儿）[35] 莱蔡

s [44] 腮鳃师₁（～傅）狮 [42] 使₁（～用）驶₁（行～）屎

k [44] 该胲（嗉）阶皆 [42] 改 [35] 溉概慨₁（慷～，感～）尬丐盖介戒届界械芥₁（～末）

kʰ [44] 开₂（～始）[42] 凯楷揩 [35] 慨₂（慷～，感～）

ŋ [11] 呆（～板）□（凶狠、霸道、坏）[213] 碍

x [11] 孩解₃（～绺）□（陶瓷的统称）[213] 害亥骇

ø [44] 哀挨₂（～打，～骂）矣 [42] 挨₁（～身头来：挨着）蔼蜶（海里的小蟹）[35] □（又，再）爱₂（热～）

au

p [44] 包胞₃（双～胎）[11] 胞₁（同～）[35] 豹鲍（姓～，～鱼）爆₁（断裂，散开）

pʰ [44] 抛柚（柚子）[11] 刨狍跑胞₂（同～）[35] 泡₃（～在水里）炮 [213] 雹₁（冰～）

m [11] 矛茅 [42] 卯铆 [213] 貌

t [44] 兜篼（蓎～菜：一棵菜）[11] 投 [42] 抖陡斗₁（一～米）□（大～：很大的碗）□（大牙～：腮腺炎）[35] 罩昼₁（食～：吃午饭）[213] 豆（大～）逗胆（～管：脖子）痘

tʰ [44] 偷 [11] 头□（特～：故意）[42] □（～鼻：擤鼻涕）[35] 敨（展开，透气）透□（毒杀）

n [213] 闹

l [11] 涝₂（洪～）刘留₁（～级）流₁（水～去）楼₁（～上）搂₁（～取）[213] 老₂（～人）陋漏耧

ts [44] 糟 [11] 巢剿 [42] 蚤澡爪（～牙，～子）找帚走₁（跑）[35] 臊灶

ts^h [44] 操₁（～作，～演；～坪：操场）抄钞□（瞎折腾，瞎弄）[42] 草₁（～鞋）[35] 臭（香～）

s [44] 稍 [35] 扫（～地）扫（～把：扫帚）哨嗽（咳～）

k [44] 勾₂（～引）沟₁（水～）钩₁（弯～）交₁（～椅）交₂（～通）郊胶₂（橡～）狡搅 [11] 猴骰□（背着，驮着）□（涂～：蝼蛄）[42] 垢九₁（七八～）绞₂（～刑）[35] 够（无～：不够；觉够：够不着）遘（～厝：到家）较教₂（～育，～他去）校₂（～对）斠（耳～：用来刷牙、喝茶的杯子）构₁（□[to¹¹]地～：土地里的水蒸气凝结成冰）□（两～日：两个月）[213] 厚₁（～薄）校₁（学～）

k^h [44] 勾₁（混合、杂糅）[11] □（刮皮毛）

x [44] 蒿（蓬～）薅（锄草）[42] 吼 [35] 酵孝₂（～顺）[213] 校₂（学～）效

ø [44] 坳 [11] 号₁（哭，大呼）[35] 懊（～悔）懊（～恼）怄（～气）拗 [213] 侯₁（辰～：……的时候）后₁（～日：后天）

øy

m [42] 每尾

t [35] 对□（两～钱：两块钱）□（哪里）

t^h [44] 推 [35] 退蜕（蛇～皮）褪

l [42] 垒磊儡（傀～）累（～积）蕊

ts [42] 㶚（水）嘴 [35] 最晬（做一周岁）缀

ts^h [44] 崔催摧 [35] 瘁剒（砍）碎

s [35] 率₂（～领）帅蟀赛

k [42] 轨诡鬼裹₁（～粽：包粽子）几₁（～个）傀（～儡）□（蚜虫）

x [42] 毁火伙

ø [35] 爱₁（要）

ɒi

t [11] 台₂（烛～，＞lɒi¹¹）[213] 代₁（两～人）袋兑

t^h [11] 坮₂（小山包）

n [11] □（男阴）[213] 内

l [11] 雷₂（～锋）胴（手指纹）骡螺（～蛳）撂（～起来）[213] 擂₁（～只空：钻个洞）

ts [213] 罪

s [213] 坐₁（～下）座₁（～位）

$$eu$$

pʰ [11] 浮₂（～肿；脉象虚弱）[42] 否剖

m [11] 谋 [42] 某牡亩

t [11] 愁除条 [42] □（一下子吃进去）[213] 箸

tʰ [11] 锄₁（～地）

n [11] □（长□[ni¹¹]～：很长）[213] □（晃悠的样子）

l [11] 寮楼₂（高～大厦）偻 [213] 料廖虑滤□（～只空：掏一个洞）

ts [213] 聚₂骤住₂（居～）驻

tsʰ [11] 囟

s [11] 薯徐殊 [42] 叟骚 [213] 树₂（～立）序叙绪

k [11] 佝 [42] 苟狗 [213] 炬₁（～火：点火）

kʰ [42] 口

ŋ [11] 鱼渔愚 [213] 遇寓

x [11] 喉侯₂（王～）姣（女子轻佻；～婊：婊子）[213] 后₂（落～）厚₂（忠～老实）候

ŋ [42] 偶藕呕 [213] 澳奥

$$eu$$

m [213] 茂贸

t [44] 刁貂雕 [11] 橱 [213] 住₁（～在）釉（稻子）[35] 吊斗₂（～争）

tʰ [11] 绸稠筹酬 [213] 柱（～子）

n [44] 鸟₂（娇态）馊（臭～：食物腐坏）[11] 牛₂（～马不如）揉绕₂（～线）[42] □（绳子、铁丝、荆条等，捆草用）[35] □（不平、不直）

l [11] 缕留₂（保～）流₂（风～）琉硫馏榴

ts [44] 邹 [42] 走₂（～狗）鸟₁（啄木～）酒 [35] 诏皱奏咒 [213] 就

tsʰ [42] 手 [35] 凑

s [44]搜 [11]仇₂（报～）泅（游水）[213]寿受授袖（领～）

k [11]仇₁（姓）求球 [35]勾₂（～当）够₂（能～）构₂购挂₂（～上去）[213]旧舅₂（母～）

kʰ [44]枢抠眍 [11]瘸（～骸：跛脚）[35]寇叩扣₂（～住）

ø [44]凹（贾平～）瓯（杯子）欧殴

iu

pʰ [44]漂₂（～白粉）[11]嫖₂瓢藨

m [11]猫₂（文读）锚苗描 [213]妙庙谬缪

t [44]丢椒鬏₁（喙～：胡子）[11]朝（～代）朝（今～）潮调₁（～和）[35]钓 [213]调₂（～动，音～）兆赵纣（桀～）宙召

tʰ [44]超抽挑 [35]跳

n [35]扭（拧一下）□（皱）[213]尿

l [11]□（梳，动词）[35]溜（～团：扒手）

ts [44]蕉招昭舟州周洲珠₁（目～：眼睛）樵沼焦₂（～点）[35]醮（拍～：做道场；再～：妇女改嫁）灸笞照

tsʰ [44]锹秋 [35]笑树₁（杨～）

s [44]烧收消宵萧硝销箫霄嚣修羞 [11]邵韶绍售 [35]俏鞘兽屑₂（木～，不～）秀岫（鸡～：鸡窝）绣锈莠袖（～口）[213]□（～伊：羡慕他）

k [44]娇骄矫纠鸠韭 [11]乔侨荞桥 [42]九₂（读字）[35]叫究救枸 [213]轿

kʰ [44]敲□交切丘邱 [35]窍翘

x [44]休 [35]嗅

ø [44]腰优忧幽悠 [11]窑摇 [213]鹞（老～：鹞鹰）耀跃

ʔ [35]幼

ieu

ø [11]淆肴姚尤由邮犹油游愈₁ [213]釉又右佑

i

p [44]卑碑婢悲（慈～）[11]枇琶□（～□[pɔ¹¹]□[pit⁵]：蝙蝠）[42]

比彼秕俾鄙敝 [35]闭庇陛痹秘（～密）泌蔽₂[213]避₂

p^h [44]葩非丕批披砒 [11]疲□（出气的声音；引申作出气）[42]匪榧皮₂（调～）痞翡苤 [35]鼻（～子；～涕）屁₂（读字）

m [11]糜₂（～烂）[42]美镁

t [44]知蜘□（～只：哪个）[11]池驰□（～官：公公，背称）[35]戴₁（～帽）致智置稚□（钻，动词）□（唤鸭声）[42]底₁（～来：进来）[213]地₂（～下）弟₁（阿～）

t^h [44]撕□（砍树枝）[11]啼 [42]耻₁ [35]剃涕

n [11]□（糊～□[nak¹]去：很黏）[42]尔拟你 [35]饵奶₂（食～：喂奶）□（～□[nui⁴⁴]：男阴）

l [11]离（～别）离（～开半寸）篱 [42]鲤 [35]利₂（胜～）[213]例

ts [44]脊支₂（～部）栀 [42]矢只₁（～有）紫₁（～色）姊始₂（又）止₂（又）[35]际祭稼至志制（～度；～服）痣

ts^h [44]嗤痴尸雌 [11]□（绿～去：很绿）[42]齿₂（生～）豕耻₂ [35]翅刺₁（针～）饲₁（～猪：养猪）

s [44]诗施₂（措～）司丝些 [11]匙 [35]世势试逝四₁（一二三～）肆（拾～，放～）肆₁（又）□（做弄～：瞎胡闹，恶作剧）[213]豉誓

k [44]讥饥₂（～荒）机肌鸡基技妓支₁（分～）枝₁（树～）肢栀 [11]鲯₁（小鱼干）□（圆～□[lin³⁵]去：很圆）[42]屐几₂（茶～）几₂（～乎）己纪杞 [35]桂计记季既继冀

k^h [44]稽欺欹（倾斜，不正）[42]岂企启起₂（～来）[35]气弃汽契器□（～□[niau⁴²]：好动，不安静）

ŋ [11]宜₁（便～）[213]义艺刈议谊₁（又）毅

x [44]飞₂（～机）妃畦（菜～）希牺稀熙嬉兮奚 [42]玺徙喜₁（又）[35]肺费戏废 [213]吠₂（读字）惠慧系（关～；联～；派～）携

ø [44]伊衣医依倚咿尹 [11]移 [42]椅 [35]□（花萎）

ʔ [42]以已 [35]亿忆意臆肄₂（又）

Ei

p [11]脾鳖₂（地～虫：土鳖）[213]备笓被₂（～迫）币毖箅（蒸锅中的

竹屉）

m [11] 眉楣媚弥迷谜靡微唯惟维薇遗（～产）[213] 寐泌未₂（～来）味

t [11] 迟 [213] 地₁（天～）治₂（政～）痔

tʰ [11] 持堤鳀提

n [213] 二贰腻₂（细～）自₁（侪～侬：自己人、自家人）

l [11] 来₁（过～）狸梨 [213] 利₁（刀锋～）痢

ts [213] 字

tsʰ [213] 示市视恃寺

s [11] 糍时鲥 [213] 嗜是氏

k [11] 期祁岐其₂（～它）奇祈棋旗鳍沂葵₁（向日～）荠（～菜）苔₁（青～>ŋɐi¹¹）

kʰ [11] 骑蜞₂（蜒蚰）□（～涂园：盐碱地）[213] 柿

ŋ [11] 倪凝仪宜₂（～宾）疑遗（～产）谊₂（又）[213] 耳₂（～聋）异易₁（难～）

ø [11] 儿而夷饴（糖果；高粱～）姨

ei

pʰ [42] 庀（锅巴）

m [42] 耳₁（木～）米

l [42] 李里浬理

ts [42] 姐脂（血～）止₁（又）始₁（又）旨址指（手～：戒指）趾

s [42] 死₁（～去，口语）

k [42] 麂

kʰ [42] 齿₁（喙～，～轮）

x [42] 喜₂（又）嬉□（句尾语气词，表反问）

ia

ø [213] □（母亲，背称）□（□[poi⁴⁴]～：第一次，刚刚）

iau

p [44] 标彪 [42] 表（～格；手～）婊裱

pʰ [44] 漂₁（～亮）漂₁（～流）飘 [11] 嫖₁ [35] 票

m [42] 秒渺藐

t [213] 掉（读字）

tʰ [42] 丑（子～寅卯；小～）

n [42] 鸟₄（小～）扭纽□（摇晃）

l [11] 辽聊疗寮撩（戏弄）燎瞭 [42] 了₂（～结）柳

ts [42] 少₁（多～）

s [42] 小守首少₂（～年）

k [42] 饺缴久玖

kʰ [42] 巧朽

N [11] 尧铙饶

x [42] 晓侥（～幸）

ø [44] 幺（～二三）吆（～喝）妖邀要₁（～求）[11] 谣 [42] 舀友有₂（～利）酉莠 [35] 要₂（想～，重～）□（用指甲抓）[213] □（地方）

iɛ

pʰ [11] 陂（山坡，彼为切）

t [44] 爹 [213] □（海蛎）

tʰ [42] 扯

ts [44] 遮 [42] 者纸 [35] 笊（～篱）这₂（读字）柘（～荣）漈

tsʰ [44] 车₁（马～）[11] 斜岐（赛～；分～）[42] 且 [35] 施₁（传染，使受影响）□（～萝：丝瓜）

s [44] 奢赊 [11] 蛇邪畲余 [42] 舍₁（不～得；四～五入）写 [35] 赦泄（～漏）泻卸□（接续）[213] 社射麝谢舍₂（宿～）

k [11] 柳 [35] 寄

kʰ [35] 起₁（～厝：造房子）[213] 徛（立）

ŋ [11] 鹅₁（鸡鸭～）蛾₁（口语，～子）蜈₁（～蚣）□（～桶：马桶）[35] 艾（～草）[213] 外₁（～甥）蚁

x [11] □（光滑）

ø [11] 耶爷 [42] 野 [213] 也夜

u

p [44] 潽（溢出）[11] 菩（~萨）蜉（~蝇：苍蝇）瓠₂（~头：葫芦做的瓢）[42] 补斧₂ [35] 布拚（~塍：插秧）怖埠 [213] 步部簿

pʰ [44] 铺₁（~床）[11] 扶₂（~车：推车）铺₂（店~）[42] 捕甫脯（杏~）脯（胸~）蒲浦普谱殕（食上生白毛）

m [44] 摸 [11] 摹（~仿）模（~子）模（~范）枚₁（一~花：一朵花）[42] 姥（太~山）母₂（父~）姆（保~）[35] 墓慕募暮 [213] 戊

t [44] □（□[kʰœ¹¹]~死去：很傻）都（~城，~是）□（~□[nɛn²¹³]：大蜥蜴）[42] 堵朵₂（读字）褚（姓~）[35] 妒□（泅开）[213] 墿（路）

tʰ [42] 吐₁（谈~）土妥 [35] 兔吐₂（呕~；~葡萄皮）

l [42] 鲁橹撸汝₂（用作人名）乳₂ [35] 鹭（~鹫）露 [213] 路（~线）

ts [44] 朱诛珠₂（珍~）株咨姿资辎租 [42] 主子梓滓阻组祖 [35] 咮（唤鸡声）注蛀铸註著₁（显~；~名）

tsʰ [44] 粗蛆 [42] 楚₁（看不清~）此雏 [35] 次刺₂（讽~）醋厝（房子）

s [44] 师₂（教~）斯厮苏酥枢输₁（~赢）私思舒 [42] 史使₂（假~）驶₂（驾~）死₂（生~攸关）[35] 诉素嗉塑赐竖数四₂（~书五经）粟₂（~裕）

k [44] 孤姑菇辜鸪鲴（~鮡：一种灰黑色的鱼，尾鳍圆形且中有一黑圆点）□（~□[xon¹¹⁻⁴⁴]：猫头鹰）[11] □（圆~□[loŋ³⁵]去：很圆）狐₁（~狸）[42] 蒟（魔芋）估古股虢（虞~）果馃裹₂（包~）贾₂（商~）[35] 固故顾雇锢过₁（通~）句₁（一~话）

kʰ [44] 箍锅₁（高压~）白₂（脱~）科棵窠颗枯坵（量词，修饰"田"）靴 [42] 苦₁（痛~）[35] 窖课库裤

ŋ [11] 梧（~桐）[42] 午伍₂（队~）五₂（~星红旗）[213] 误悟

x [44] 夫肤麸敷俘乎₂（语气词）呼 [11] 芙禾和₁（~尚）狐₂（~假虎威）[42] 府俯₂（~卧撑）腑虎浒（水~）斧₃辅 [35] 幅₂（一~画）付负₂（~数）驸副赋富货冔（~水）霍 [213] 祸雨₁（做~：下雨）

ø [44] 乌污巫诬坞 [11] 吾₁（~侪：我们）[42] 抚庑（两 [lyəŋ⁴²]~：

中庭左右两边）武侮鹉舞 [213]芋₁（～卵：芋头）[0]去₂（结构助词，用于状态形容词之后）

ou

t [42]赌肚₁（腹～：肚子）

n [42]汝₁（人称代词，你）

l [42]卤房

k [42]牯鼓盥（～子；泡茶用）

kʰ [42]苦₂（酸甜辣～）

ɔu

p [11]瓠₁（白～：瓠子，瓠瓜）匏（放在炭火里烫熟）囗（驼～：罗锅，驼背）[213]伏₃奉去（孵小鸡）腐₁（木头腐烂）妇₁（新～，> mu¹³）

pʰ [11]浮₁（～起）

m [-44]匏（金～：南瓜）

t [11]厨图徒途涂₂（～抹、胡～）屠塗（电～：电池）[213]杜肚₂（鱼～，猪～）度渡镀踱

tʰ [11]涂₁（干土）

n [11]奴努 [213]怒弩

l [11]芦庐（茅～，～山）炉鸬（～鹚）鲈

ts [11]瓷慈磁兹滋 [213]自₂（从；～己）

s [11]词祠辞饲₂（～料）嗣 [213]士仕似事侍巳（辰～）伺（～候）祀

k [11]糊₁（浆～）[213]舅₁（阿～：舅舅）

kʰ [213]臼₁（舂米的～）

ŋ [11]牛₁（一群～）吴吾₂（读字）[213]五₁（四～六）伍₁（五）

x [11]壶符和₂（～牌）乎₁（合～）斛湖糊₂（～涂）胡 [213]互护户沪扶₁（～起来）腐₂（豆～，～败）父负₁（欺～）妇₂（夫～）附阜傅

∅ [213]有₁（～无：有没有）

uɔu

∅ [11]无₃（没有，文读）[213]务（～必，任～）雾（下～，～里看花）

uai

k [44] 乖 [42] 拐枴 [35] 怪

kʰ [11] 槐₁ [35] 蒯块快₃（～乐）筷会₂（～计）

ŋ [11] 危

x [11] 怀淮槐₂ [213] 坏

∅ [44] 歪 [35] □（～呦：表惊异）

uɔ

p [42] 斧₁ [35] 簸（～一～）簸（～箕）

pʰ [35] 破

m [11] 麻₁（油～：芝麻）麻₁（出～：出麻疹）摩磨₁（～刀）魔

t [213] 大₁（～夫，～黄）

tʰ [44] 拖

l [11] 箩₁（盛米用的）□（一～塍：产量十斗的水田）[42] 裸

ts [44] 抓

s [44] 沙₂（～土）

k [44] 瓜过₂（菜老了）锅₂（沙～）[42] 寡 [35] 卦挂₁（～号）褂芥₂（～菜）

kʰ [44] 夸垮跨

x [44] 花 [11] 华（中～）华（～山，姓～）铧桦 [35] 化 [213] 夥（偌～：多少）

∅ [44] 挖₂ 洼蛙 [11] 画₁（动词）[213] 画₂（图～）话瓦（砖～）瓦（～墙）

ui

p [44] 悲（读字）杯飞₁（～起来）[11] 陪培赔裴 [35] 辔背₁（～东西）辈褙沸痱沛贝溅（由水渠分流而成）

pʰ [44] 胚坯 [11] 皮₁（～肤）[35] 佩啡（吐掉）柿（柴～：小木片）配屁₁（放～）[213] 被₁（～子）

m [11] 枚₂梅媒煤霉糜₁（粥）□（石□[nan¹¹]～：搬不动的大石头）[35] 妹昧

t [44] 追

tʰ [-44] □（衣服布料边缘起毛）

n [44] □（□[ni³⁵]～：男阴）

s [44] 虽绥 [35] 岁₂（万～）税穗睡隧遂

k [44] 归圭龟规闺饥₁（腹肚～：肚子饿）亏₁（乞～：身体难受，不舒服）[35] 癸贵剑鳜₁溃（～脓）髻桧

kʰ [44] 开₁（开～）亏₂（～本）窥 [35] 扣₁（～子）愧绘

ŋ [213] 外₂（～国）魏

x [44] 灰挥恢辉徽麾 [11] 回茴 [35] 讳秽岁₁（～数）悔晦 [213] 汇会₁（开～）贿

ø [44] 威 [11] 煨违围桅纬为（～什么，作～）伪 [42] 伟苇 [35] 尉蔚慰 [213] 卫位胃谓猬

oi

p [44] □（～□[ia²¹³]：第一次，刚刚）[11] 肥（～肉，合～）[213] 吠₁（犬～）背₂（～诵）倍焙（～干）辈

m [213] 未₁（没有）

t [44] 堆 [11] 捶□（扔，投）[213] 队坠

tʰ [11] 槌锤

n [11] □（踩）

l [44] 缧（藤子、绳子上打的结）[213] 泪类锐擂₂（～台）□（冰～：冰锥子）

s [44] 衰摔瘦 [11] 垂谁随隋 [213] 瑞

k [11] 逵葵₂（读字）[213] 柜跪₂□（臭～：臭虫）

kʰ [44] 盔魁奎□（拍～：拾子儿）[213] 跪₁

ø [213] 畏

y

t [44] 雉猪蛛 [35] 著₂（～作）聚₁（～雪：积雪）

tʰ [11] 锄₂（～头）

n [42] 女

l [42] 吕旅履铝屡 [35] □（瓜架）

ts [44] 书之芝诸 [42] 煮 [35] 赘醉

tsʰ [44] 吹炊趋 [42] 取娶鼠 [35] 喙（嘴）趣处（～理）处（办事～，～长）脆粹翠

s [44] 输$_2$（运～）须需鬚$_2$（文读）[11] □（滑～去：很滑）□（～竹：一种小竹子）[42] 暑署（专～）[35] 絮$_2$恕庶

k [44] 车$_2$（～马炮）拘居驹俱$_2$（～乐部）距 [11] 茄渠瞿 [42] 矩举 [35] 句$_2$（～读）剧$_2$（～烈）据锯 [213] 拒

kʰ [44] 区驱躯 [35] 去

ŋ [11] 娱虞 [42] 语

x [44] 吁虚墟嘘 [42] 许$_2$（姓～）

ø [44] 迂淤盂竿芋$_2$（～头）[42] 于逾愉榆乳$_1$与（及，给予）宇羽雨$_2$（谷～）禹 [35] 蘤预愈$_2$ [213] 喻$_2$（文读）裕豫

œy

t [42] 短

ts [42] 拽

k [213] 具俱$_1$（～乐部）惧拒忌巨炬$_2$（火～）

ø [11] 如儒余 [42] 委萎（气～，买卖～）[213] 喻$_1$誉（荣～）

øu

x [42] □（语气词，表示叮嘱，征求意见）

ø [42] □（单用表应允，"好的，可以"）

an

p [44] 班颁斑$_2$（～马）

pʰ [44] 攀$_1$

m [11] 馒 [213] 曼

t [44] 丹担$_1$（～任）单$_2$（～独）耽 [11] 弹$_1$（～琴，～弓）澹（湿）坛谈痰谭 [42] 胆掸（鸡毛～子）[35] 担$_2$（挑～）旦 [213] 但诞淡弹$_2$（子～）蛋（读字）

tʰ [44] 坍贪摊（摆～）滩 [11] 潭檀□（～砖：砌灶台的、越烧越硬的

第二章　贡川方言音系

砖）[42]坦₁（～克）毯[35]坦₂（～白）叹炭探

n　[11]男南难₁（～易）□（悬□[ni¹¹]～：很高）□（石～：石头）[213]难₂（患～）

l　[11]兰拦栏蓝篮林₁（柴～：树林）□（爬～：小孩在地上爬）[42]懒览揽缆榄滥₁（口水）[213]烂溇₂（～柿子，～菜）滥₂（泛～）

ts　[44]簪脏₁（不干净）沾粘（～贴）[11]残惭谗馋[42]斩[35]赞[213]暂錾栈站

tsʰ　[44]参₁（～加）掺搀籴[11]□（身体壮实）[42]惨铲[35]灿

s　[44]删珊三山杉钐（大镰）衫疝[42]伞产[35]散（分～）散（鞋带～了）丧₂（～家犬）

k　[44]□（禃～：一间，俗作"橺"）甘肝泔柑干₁（～燥）奸间₁（空～，时～；～断；～苗）艰柬监₁（～牢）菅[11]含₁（～在嘴里）寒₁（～冷）[42]秆（稻草）赶敢感橄撒罨（动词，盖）[35]干₂（～部）监₂（国子～）涧谏铜（车～）鉴[213]汗

kʰ　[44]刊勘（～误，～探）龛堪看₁（～守）[42]砍[35]磡（土石砌的台阶，坎儿）看₂（～见）嵌

ŋ　[11]岩₂颜癌[42]眼[213]岸雁涯崖

x　[44]蚶憨鼾夯[11]含₂（包～）函韩寒₂（～山寺）闲₂（安～自在）咸₁（～阳）[42]罕喊翰[35]汉撼

ø　[44]安（平～；放：～放）庵鞍腌鹌鸻（～脏）[11]咸₂（～村，当地地名）[42]饮₂（米汤）[35]按案暗晏（晚）[213]旱焊

ɔn

t　[11]囤屯裈（裤～：短裤）[42]砧（铁～：打铁时垫铁块用的砧子）墩₂（桥～；俗作"挡"）[213]段断₁（～了）缎椴锻

tʰ　[42]□（甜～去：很甜）[213]□（冷菜倒锅里再加热）

n　[11]捻（以指～碎；搓）[42]嫩[213]嫩

l　[11]□（下～：下巴）[213]卵₁（蛋）乱论₂（议～）

ts　[11]存

tsʰ　[11]忖[42]□（发～：发芽）□（猴゠～：蚯蚓）

s [42] 苟殉选损

x [11] 痕₁（～迹）魂 [213] 恨

ʔ [11] 浑（～浊）徨（时间长）

on

p [11] 喷（用口吹灭）[213] 笨

m [213] 韵闷焖问₂（学～）

t [44] 敦墩₁（周～：本地地名）蹲钝 [35] 顿₁（一～饭）遁沌

tʰ [44] 吞 [35] □（脱）

n [44] □（动作缓慢）[213] 闰润

l [11] 仑伦沦轮论₁（～语）

ts [44] 尊遵 [35] 钻（～孔）钻（～头）□（□[tsin¹¹]～：小蜥蜴）

tsʰ [44] 村 [35] 寸肘衬₁（～衫）

s [44] 拴酸孙（姓～；～囝：侄子）萱宣喧 [11] 船纯莼唇醇旋₁（凯～；～吃～做）旋₁（～床）旬巡循鹑 [35] 漱（～口）涮蒜算 [213] 顺

k [44] 根₂（～雕，～本）跟 [11] 权裙群颧 [213] 郡

kʰ [44] 坤昆 [35] 睏（睡）

x [44] 烘₁（～烤）熏₁（烟）[11] 坟焚痕₂（印～）云晕（头～）□（□[ku¹¹⁻⁴⁴]～：猫头鹰）[213] 份

ʔ [44] 恩

uon

ø [11] 文纹₂（～路）闻□（扔）[213] 运₁（命～）

un

p [44] 分₁（～开）奔₁（～驰）[35] 粪畚 [213] 饭₁（食～：吃早饭）

pʰ [44] 潘₁（猪食）[35] 喷（～水）喷（～香）

m [11] 门 [35] 问₁（～话）怨

t [44] 蹲₂ [35] 吨顿₂（牛～）盾₁（赵～）[213] 传₂（水浒～）

tʰ [44] 椿（～萱）[11] 橼₁（～子）[35] 篆椽₂（楼板下面的小横梁）

l [44] □（把孩子放在怀里用外衣裹住）

ts [44] 专砖樽□（发抖）[11] 全泉荃₂铨₂ [35] 俊峻浚骏

tsʰ [44] 穿春伸₁（～长：伸懒腰）

s [213] 吮

k [44] 关₁（～门）军君 [11] 拳 [35] 棍圈（猪～）眷券倦卷₂（考～）□（～后：后来；后面）

kʰ [44] □（棍击）[35] 困劝

ŋ [11] 元原源园₂（公～）袁 [213] 愿

x [44] 分₂（一～钱）芬纷昏荤婚 [11] 园₁（菜～）[35] 奋忿愤混楦（鞋～，做鞋用的模型）训 [213] 远₁（～近）

ø [44] 温瘟冤 [11] 员丸完□（绕线）[213] 援运₂（～输）

ʔ [44] 煴（炖；放入炭火中烧熟）[35] 揾（蘸）

εn

p [11] ⼘ [42] 扳₂（～手，名词）板（门～，呆～）版匾反₁（发～：反胃，恶心想吐）坂₂（～头，当地地名）[213] 办

m [213] 慢₁（～～地）蔓（瓜～子）幔慢₂（散～）漫

t [11] 瑱（雷～：打雷）填 [42] 点典展 [213] 垫（～钱）惦邓₂奠殿簟（晒谷子用的竹垫）楟（结实，紧密；俗写作"冇"里加"丶"）

tʰ [11] 沉

n [11] □（～筋：橡皮筋）[213] 念□（□[tu⁻⁴⁴]～：大蜥蜴）

l [11] 莲鲢□（粗大的绳子，攀登时用的）

ts [42] 剪饯 [213] 隊（门～：门槛）

tsʰ [11] 蚕塍₁（水田）[42] 筅（灶～：竹制的刷锅碗用具）

s [11] 前₁（面～）

k [11] 咸₃（味～）悬₁（高）[42] 拣茧笕检趼（茧）减裥简 [213] 县

kʰ [42] 犬

x [11] 还₁（～钱）悬₂（～挂）[42] 很狠

ø [11] 闲₁（有～）□（～下年：往年）[213] 限

en

p [44] 斑₁（～面：麻脸）[11] 便₁（～宜）贫频平₁（～安）凭屏瓶萍苹 [42] 蝙贬扁

pʰ [44]□（鸡在地上用爪子找食）

m [11]眠渑（~池）抿 [42]悯 [213]汹（~水：潜水）

t [11]陈藤 [35]店 [213]淀（炖）阵□（人；有~：有人在）

tʰ [44]蛏（~子）

n [44]□（手茧）[35]朧（奶水）[213]认

ts [44]针 [42]拯 [35]荐₁（草~：稻草做的床垫子）[213]尽（~前）

tsʰ [44]千 [11]塍₂（田埂）

s [44]森先₁（~去）参（人~）[11]臣辰娠晨寻₂（找）蟳神绳□（~母：蟑螂）[42]沈审婶

k [11]□（盖上盖子）[42]仅紧 [213]妗肣（肫肝）

kʰ [44]牵 [11]岑琴禽擒檎（林~：多年生黄色的小野果）

x [11]熊₁（口语，熊）眩

ʔ [44]阴₁（~天）[42]饮₂（~酒，~水思源）[35]揞（用手按住）摁

ien

∅ [11]人壬仁₂（~慈）[213]刃任（责~）任（姓~）纴（缝~）孕□（很）

in

p [44]边编鞭汴宾彬槟殡鬓兵冰 [11]鲾（~鲂：一种五颜六色的小鱼）[35]遍（一~；~地）变□（无~：不得了）[213]瓣便₂（方~）辨辩辫

pʰ [44]偏（~要去）篇 [35]骗片

m [44]胠（闭合）[11]绵棉 [35]面₁（脸）[213]面₂（~条）

t [44]颠癫甜贞侦珍惩征₁（~求）[11]缠□（象棋中的相和象）[35]凳 [213]电₁（"电₂"的自由异读，常用）佃

tʰ [44]天添□（~柴：椿树）[35]趁（挣钱）袒（缝）

n [11]年鲶（~鱼）[35]恁（~其：怎么）

l [11]连怜帘联廉镰林₂（姓~）淋琳霖 [35]稜（量词：片，块，瓣）□（圆□[ki¹¹]~去：很圆）[213]撵（追赶；驱逐）练炼

ts [44]尖旌毡占₂（~卜）真征₂（~地）詹 [11]前₂（~进）虔钱□（~□[tsʰon³⁵]：小蜥蜴）□（合~：合叶）[35]进晋浸甄占₁（~位子）战疹

证政症 [213] 贱渐

tsʰ [44] 称₂(～呼，～重量) 筌侵亲(～戚，～家) 深鲜(新～，朝～) 撑₃(俯卧～) [11] 寻₁(袩～：双臂张开的长度❶) [42] 寝 [35] 清(凉) 称₁(相～) 秤(一杆～) 衬₂(陪～)

s [44] 桄(风～：扇车) 膻申伸₂(读字) 身升先₂(～生) 心辛新薪腥 [11] 禅(～让) 禅(～宗) 蝉蟾(～酥) 单₁(～于) 盐₂(～巴) 檐₁(～栋下：房檐) [42] 陕(～西) [35] 搧扇胜信讯迅盐₁(腌菜，咸菜) [213] 善膳

k [44] 坚间₂(～底：房间) 肩碱今金津襟 [11] 钳₂(老虎～) 乾(～隆，～坤) 墘(边沿) [35] 见荐₂(推～) 禁₁(～止) 毽₁(踢～：踢毽子) □(放在水中使冷却；～侬：使人受凉) [213] 俭禁₂(～不住)

kʰ [44] 兼谦轻 [11] 钳₁(～囝：钳子) [35] 欠歉

x [11] 贤弦衔嫌玄旋₂(头发～儿) [213] 现

ø [11] 延筵檐₂(读字) 圆 [213] 堰院

ʔ [44] 烟阉淹燕₂(～京，姓) 因音洇姻阴₂(～谋；～阳) [35] 厌宴印应(～对，回～)

iɛn

pʰ [44] 偏(～僻)

m [42] 免勉娩(分～) 缅敏皿

t [44] 掂 [213] 绽(破～) 电₂("电₁"的自由异读，少用) □(懒)

n [11] □(烧焦了) [42] 染

l [42] 敛脸殓凛檩櫺辇撵(读字) [35] 恋

ts [44] 煎蒸 [42] 践饔(味淡) 诊枕(～头) 枕(～着) 振震整□(～蕨：嫩的蕨芽) [35] 溅(～一身水) 箭

tsʰ [44] 迁签歼 [42] 潜浅遣薜癣 [213] 蟮

s [44] 仙 [35] 线腺

k [42] 囝 [35] 剑劲₁(有～)

ŋ [11] 严言₁(语～) 岩₁(～壁) 阎 [42] 研碾(～米) [35] 砚瘾□

---

❶《说文·寸部》："度人两臂之长为寻，八尺也。"

（~头：额头向前突出）[213] 验谚

x [42] 显险苋（~菜）

Ø [44] 焉燕₂（~京）[11] 炎 [42] 兖掩演 [35] 燕₁（~子）[213] 焰艳

uɔn

p [44] 扳₁（~手，动词）般搬 [11] 盘蟠庞（面~）盆 [42] 本坂₁（沙~：滩地）[35] 半拌伴₁（伙~）绊₁ [213] 秤（~稻：稻谷脱粒）□（猛砸，~一锤）

pʰ [44] 番₁（吐鲁~）藩潘₂（~氏）攀₂ [35] 判盼叛胖 [213] 绊₂伴₂（陪~）

m [11] 瞒鳗 [42] 满

t [44] 端 [35] 断₂（~案）[213] 断₃（决~）

tʰ [11] 团

l [11] 鸾銮 [213] 卵₂（读字）

ts [35] 撰

tsʰ [44] 餐川₂（周宁贡~）荃铨₁ [42] 喘 [35] 串窜₂（流~）篡篡

k [44] 关₂（开~）观₁（参~）官棺鳏（~寡）冠₁（衣~）[42] 馆管₃（~理）[35] 观₂（寺~）贯冠₂（~军）惯灌罐 [213] 掼（提）

kʰ [44] 宽匡筐框眶 [11] 逛环 [42] 款

ŋ [11] 顽₁（~皮，~固）

x [44] 番₂（~团：外国人）翻欢□（龙~：银元）[11] 凡矾烦繁还₂（~原）桓簧 [42] 反₂（造~）返 [35] 饭₂（大米~）泛₂（广~）贩幻唤患焕 [213] 犯范缓宦

Ø [44] 弯湾 [11] 顽₂（~皮，~固）[42] 剜豌宛挽晚皖（安徽）碗（椀，盌）腕阮玩 [213] 换万

yn

k [44] 根₁（小树~）巾斤筋捐娟绢均钧 [35] 犍₂（~为县）腱犍₁（阉过的公牛）建健键₂ [213] 键件

x [44] 掀欣凶（~狠；吉~）胸轩勋熏₂（烟~）[35] 宪衅（挑~）献

Ø [44] 蔫（食物不新鲜）殷渊 [11] 铅然燃沿缘 [35] 映₂（反~）

œn

t [42]盾₂（矛～）

kʰ [42]肯₂（～定）垦恳

øn

t [42]转（～眼，～送）

n [35]软

ts [42]准（批～；标～）

tsʰ [42]蠢□（极困）

s [42]笋榫（～头）

k [42]䘼（手～：袖子）滚（打～）卷₁（～起）拱炯管₁（脰～：脖子）□（苍～去：植物很绿）□（起毛～：起鸡皮疙瘩）[213]近

kʰ [11]芹勤 [42]菌捆巩

ŋ [11]银言₂（～语）

x [42]粉

ø [42]忍稳引隐允勇涌□（溇柿子）

aŋ

p [44]□（脚跨过去）□（～哥：妯娌）[11]平₂（公～；～地）坪 [35]柄棒 [213]病

pʰ [44]瓿（水～：水缸）□（将不平的整平；将多余的分出去）[11]庞₂（姓～）螃（～蟹）彭膨蟛（～蜞：扁钳蟹）评 [35]泛₁（秕子，俗字作"冇"）

m [44]网₁（蜘蛛～）[11]芒₂（麦～儿）盲莽蟒虻（牛～）暝（晚上）闽蛮明₁（～年）[42]蜢（草～：蝗虫）[35]□（统称"饭"）

t [44]□（用于句首，表示思考时的停顿，相当于"这个……""接下来……"）[11]□（阳光刺眼）[213]郑

tʰ [44]撑₁（支～；～开）摊（～开）[35]掌（支撑）□（咸～去：很咸）

n [44]踭（骹～：脚跟）[35]□（～骹：踮脚）

l [35]□（金～去：金灿灿的）[213]两₁（～个）

ts [44] 争₁（相~：吵架）[42] 井盏

tsʰ [44] 青₁（~丝：黑发）生₁（没煮熟的；夹生的）[42] 省₂（反~）醒₁（睡~）

s [44] 生₂（鸡~卵：鸡下蛋）甥₁（外~）[11] 晴₁（曝~：晒太阳）□（~晡：昨天）[42] 省₁（节~；~长）□（抖落尘土）[35] 姓

k [44] 竿尴羹更₁（~换，五~）[42] 杆哽

kʰ [44] 坑 [42] 舰

Ø [11] 桁

oŋ

p [11] 魟（鲂~：一种五颜六色的小鱼）旁 [42] 膀绑榜□（轻~去：很轻）

pʰ [213] 碰磅蚌

m [11] 芒₁（~果）忙茫幪 [213] 望₁（看）

t [11] 肠（腹~：肠子）唐堂棠塘螳长₂（~短）[42] 挡党档₁（~案）涨 [213] 荡丈₁（长度单位）撞

tʰ [11] 糖 [42] 铓（一种旧时的兵器）倘（~使）躺淌（被水冲走，被水冲坏）

n [11] 囊曩瓢 [213] 酿

l [11] 郎₂（读字）狼廊螂朗₂ [42] 朗₁ [213] 浪

ts [11] 床₂（笼屉）藏₁（隐~）[213] 藏₂（西~）脏₂（心~）状（告~）

tsʰ [11] 床₁（~铺）

s [42] 磉（柱下石）爽

k [42] 讲

ŋ [11] 昂龈 [42] 仰 [213] 戆（~囝：傻子）

x [11] 防访₂（上~）妨纺行₂（~列、~伍；银~）杭航仿（~效，相~）降₂（投~）[213] 项向₁（~日葵）

Ø [11] 行₄（排~；一~）[213] 笐

ʔ [42] 影₂（~子）

oŋ

p [44]邦帮浜（一条~）[11]房 [35]谤傍

pʰ [11]帆逢缝₂（~衣服）蓬篷 [42]捧 [35]□（突起）[213]□（禃~草：一丛草。俗字作上下结构的"林林"）[-55]髈（骸~下：裆部）

m [44]□（蕨~：一种蕨类植物）[11]蒙蠓（~虫）[42]罔₁（~来~稀：越来越多）[35]妄

t [44]当₁（~时，应~）中₁（街~：街道）[11]同₁（~学）童瞳筒₂（麻将中的~子）重₄（~复）[35]档₂（换~）当₂（~作，典~）[213]动₂（劳~）重₂（~要）

tʰ [44]汤窗₁（~门：窗户）[35]□（光~去：很亮）烫（~面：把面条放入开水煮）锕（刨木板边缘的器具）

n [11]农浓

l [11]龙隆₁垄（~断）拢 [35]晾□（圆□[ku¹¹]~去：很圆）

ts [44]煠（做饭菜）赃庄装妆 [42]肿种₂（~类）总 [35]壮葬

tsʰ [44]仓苍疮窗₃（~帘）[11]□（骸~哩：脚崴了）[35]闯创窜₁（乱~）囟

s [44]丧₁（婚~）桑霜孀 [35]□（漱）

k [44]冈刚纲缸江₂（宋~）豇扛□（~雨：阵雨）[35]钢（炼~）钢（刀钝了，~~）岗杠降₁（下~）

kʰ [44]康慷糠 [35]抗囥（藏）[213]虹

x [11]冯弘红₂（读字）宏₂洪鸿哄（~骗）[42]□（把照片放大）[35]□（以为）[213]凤奉俸

ʔ [44]秧（卷~）[35]映₁（盼望）

ioŋ

ø [11]戎茸荣绒容蓉镕融庸 [42]咏泳

uŋ

p [44]枋（厚木板）[35]放₁（~下）

pʰ [44]峰锋蜂 [35]缝₁（一条~）

t [44]东₂（~方红）中₂（~国）忠₁（~心耿耿）[42]董懂 [35]中₃

(～奖)

t^h [44] 窗$_2$（～蛛：蜘蛛）通$_2$（交～）撑$_2$（～棰：杵棒）[42] 统捅冢 [35] 痛（～苦）

n [11] 郎$_1$（～爸：父亲，背称）

ts [44] 春终盅钟宗踪衷 [35] 种$_1$（～树）众

ts^h [44] 冲$_1$（～锋）充囪怱聪 [42] 宠 [35] 铳冲$_2$（～鼻子）

s [44] 鬆嵩 [35] 诵$_2$宋$_2$

k [44] 公功攻菾（～蓬菜）光 [11] 狂□（心里难受）[35] 汞贡

k^h [44] 空$_2$（～虚）[42] 孔恐 [35] 控况

x [44] 方芳丰风枫讽封疯轰烘$_2$（～干）荒慌谎 [11] 皇楻（杀猪、稻子脱粒等用的大木桶）[35] 访$_1$（～问）放$_2$（解～）

ø [44] 汪（一～水）[11] 亡忘蝗黄王 [213] 旺（兴～，火～）望$_2$（希～）

ʔ [44] 翁$_2$（姓）塕（～尘）[35] 壅（～料：浇粪肥）蕹（～菜：空心菜）

œŋ

p [11] 朋棚□（搪瓷制品）

m [11] 萌盟 [42] 猛孟 [213] 网$_3$

t [11] 同$_2$（合～）桐$_2$（梧～）铜筒$_1$（竹～）[213] 仲洞重$_1$（轻～）邓$_1$动$_1$（定＝～：动）

t^h [11] 虫桐$_1$（～油）

n [11] 能侬（人）[213] 脓$_2$

l [11] 砻隆$_2$聋笼陇（古同"垄"，土埂）□（伸出）[213] 弄$_1$（墿～：胡同，小道）□（捉泥鳅用的竹制鱼器）

s [42] 搡（推）

k [42] 港埂耿梗（桔～）[213] 共

N [213] 硬

x [11] 衡恒□（扔掉）□（□[t^{h}e^{35}]～：贪玩）[213] 幸$_1$

ø [42] 红$_1$（～色）

第二章 贡川方言音系

øŋ

p [44]奔₂(投~)崩

m [35]梦

t [44]东₁(朝~)冬中₄(日~：白天) [42]等₁(~待) [35]冻栋(瓦~)

tʰ [44]通₁(~气) [11]重₃(~复；两~天) [35]通₃(穿~)

ts [44]罾(捞鱼的鱼网)鬃(马~，猪~)棕 [11]崇从(跟~；~容)丛 [35]粽

tsʰ [44]葱

s [44]双 [11]松 [35]送讼颂诵₁宋₁

k [44]工₁(打~)蚣江₁(~河) [11]穷

kʰ [44]空₁(~白) [35]□(抠出)

x [11]雄熊₂(~猫) [35]巷杏□(蔬菜、茶叶的嫩茎)□(癞头~：光头)

ø [44]翁₁(阿~：爷爷) [35]瓮₁(腌菜用的)

ɛŋ

pʰ [11]宏₁

t [11]腾誊 [42]等₂(~级)

tʰ [42]桶

l [42]冷(读字)

ts [11]层₂ [213]赠

s [42]脿(~肉：瘦肉)

x [11]行₃(~为) [213]幸₂

eŋ

p [42]丙炳禀秉

pʰ [42]品

m [11]民名₂(莫~其妙)明₃(~显)鸣铭 [42]永 [213]命₂(~令)

t [44]澄₂(~清)灯登邓₃□(身体被别的东西顶了一下) [11]廷亭庭停蜓(蜻~)尘 [42]戥(厘~：戥子)顶鼎₂(福~) [213]澄₁(水

浑，～一～）定₂（小孩学站立）

tʰ [42] 铤挺艇

n [11] 宁（安～，～可）仁₁（目珠～：瞳仁）

l [11] 邻遴磷鳞蔺躏伶灵玲铃凌陵菱翎零龄临 [213] 另令赁（租～）

ts [44] 曾₁（姓～）僧增憎斟榛臻睁筝争₂（斗～）[11] 曾₂（～经）秦情晴₂（～朗）层₁ [213] 靖静净（纯～）

s [44] 生₃（学～；花～）牲笙甥₂（读字）[11] 丞承乘成₂（～功）诚₂（～实）[213] 盛（兴～）剩肾甚葚慎

k [44] 庚耕粳（～米）[42] 锦谨景警境 [35] 更₂（～加）[213] 劲₂（干～）颈径茎陉（井～）

kʰ [11] 荆琼 [42] 肯₁（答应，同意）

x [44] 亨 [11] 刑形型

ø [11] 仍淫寅茔萤蝇迎₁（欢～）赢₂（～政）荥（～阳）盈 [42] 颖影₃（电～）

iŋ

p [35] 并₂（～且）

pʰ [44] 拼₂（～音）[35] 姘聘

t [44] 丁疔靪钉₁（铁～）汀 [35] 瞪（～眼）盯订钉₂（～住）镇□（～萝卜：种萝卜）

l [35] 拎

ts [44] 晶睛精鉎（生～：铁生锈）

tsʰ [44] 青₂（～年）清蜻

s [44] 星 [42] 醒₂（读字）[35] 圣₁（神～）性

k [44] 京经鲸 [35] 竞竟敬 [213] 劲₃（～敌）

kʰ [44] 倾卿顷钦 [35] 庆磬

ŋ [11] □（纠缠）

x [44] 兴₁（～旺）[35] 兴₂（高～）行₅（不～）

ʔ [44] 英婴缨樱鹦鹰莺 [35] 应（～当，～用）映₃（～山红）

iaŋ

p [42]饼 [35]并₁（合～）拼₁（～搏）

pʰ [35]□（塍～：田坎）□（裆～：一大片）[213]併（比～：对比）

m [11]名₁（～字）明₂（柴～：松明）[213]命₁（好～）

t [11]埕（地～：宅基地）[42]鼎₁（锅）[213]定₁（确～）淀锭

tʰ [44]厅听（～话；～之任之）[11]呈程逞 [35]疼（～痛；心～）

l [44]弄₂（做～□[si³⁵]：瞎胡闹，恶作剧）□（划痕）[42]岭领

ts [44]正₁（～月）[35]正₂（改～）

tsʰ [11]成₁（尽，收尾）[42]请₁（～客）

s [44]声 [11]成₃（～人）城 [35]圣₂（菩萨很灵验）

k [44]惊 [11]行₁（～走）[35]镜

ŋ [11]迎₂（～接）

x [44]兄

ø [11]营赢₁（输～）[42]影₁（有～：有效）

uɒŋ

k [42]广管₂（水～）[35]□（晶～去：水很澄澈）

kʰ [42]矿 [35]旷

x [11]横（～直；蛮～）[42]晃

ø [42]网₃（上～）冈₂（读字）往辋（车～）枉远₂（～见）

yɔŋ

tʰ [213]杖

l [42]两₂（几～几钱）辆俩

ts [44]障章将₁（～来）浆章樟状（～元）□（心～瓜：一种黄心番薯）[42]掌奖桨蒋 [35]酱将₂（部～）瘴（老鼠～：鼠疫）

tsʰ [44]昌菖（～蒲）枪鲳 [42]厂抢 [213]匠

s [44]伤商相₁（互～）厢湘箱襄镶 [42]想鲞（剖开晾干的鱼）赏 [213]尚

k [11]强（～大）强（勉～）

kʰ [44]腔

x [44] 乡香 [42] 享响

Ø [44] 央殃 [42] 养

$$yuŋ$$

t [44] 张忠$_2$（人名）[11] 场长$_3$（生~，特~，~泰县）[35] 仗帐账胀怅 [213] 长$_1$（剩余）丈$_2$（~夫）

t^h [35] 畅

n [11] 娘 [35] 壤攘嚷让

l [11] 良凉梁粮粱量$_1$（~长短）[213] 亮谅量$_2$（数~）

ts^h [11] 墙 [35] 倡唱 [213] 象像（相~）橡

s [11] 裳常详祥尝偿常 [35] 相$_2$（~貌）[213] 上（~山，~面）痒

k [44] 弓宫恭躬供$_1$（~销社）姜僵疆羌 [35] 供$_2$（上~）

x [35] 向$_2$（方~）

Ø [11] 烊（融化）扬羊阳杨疡（溃~）洋垟（平坦的土地）[213] 样漾

$$yøŋ$$

Ø [213] 用佣

$$at$$

t [5] 搭答褡 [1] 达踏

t^h [5] 塌塔 [1] 宅

n [1] 纳

l [5] 瘌$_1$（~头：头发掉光）□（四处晃荡，游手好闲）[1] 辣腊蜡镴粒猎捋$_1$（~袖。多）拉（拉开）

ts [5] 扎札轧（被车~，~棉花）绩$_1$（~纑：把丝状的苎麻捻成线）[1] 铡（~刀）什（~物）杂闸眨（读字，~眼）

ts^h [5] 擦（摩~）插察

s [5] 萨杀煞

k [5] 割葛蛤甲辖（管~）鸽佮（与他人共有）合$_2$（十~一升）□（萝卜~：萝卜缨子）[1] 唊（~壳：很棘手）

k^h [5] 搣（用刀子刮除细毛）拾$_1$（~起，收~）渴

x [5] 喝（~采，吆~）喝（~酒）[1] 合$_1$（~在一起）

ʔ [5]压押鸭□(蝴蝶~：毛虫)抑 [1]盒(烟~)

ak

p [5]百柏₁(松~)伯擘(用手撕开)檗 [1]白₂(~色)薄₂(~荷)

pʰ [5]拍₁(打)

m [1]麦脉

t [5]碃(~毛：接受礼物时，回赠食品；~钱：赌博压钱)□(~汤：烧热水)

tʰ [5]澈(清洁)

n [1]搦(捉拿)□(糊□[ni¹¹]~去：很黏)

tsʰ [5]册

s [5]撒(~手，~种)[1]煠(用水煮)

k [5]格隔夹₃(牛头~：牛轭)[1]□(撬)

kʰ [5]客(侬~：客人)

ŋ [5]□("門"字的右边，开关门的声音)

x [5]瞎□(鐾刀)

aʔ

p [1]帛

ɔt

t [5]啄 [1]夺

tʰ [5]宕(延~)揭托₁(信~；委~)脱秃₂□(开水烫)

s [5]刷朔摔₁(重击)

n [1]□(瓶塞；动词，塞)

k [5]骨 [1]猾滑

kʰ [5]壑窟(水~：水坑)

x [1]核(审~，果子~)

ot

pʰ [1]雹₂(龙~)□(泡沫)

t [5]啄

l [5]□(□[xiɐ¹¹]~去：很光滑)[1]律率₁(速~)□(爬，登)

ts [5] 劣（扯断）❶ [1] 绝族

s [1] 秫（糯米）术（白术，苍术）

k [1] 掘橛

x [1] 佛栿（梁）

ʊt

l [5] 睩（眼珠子乱转）

tsʰ [5] 啜（～酒：饮酒）

k [5] 谷（～雨）

ʊt

p [5] 不发$_1$（～芽）

t [5] 矵（在纸上点一点）

tʰ [5] 堃（堵塞；鼻塞）拙突（读字）秃$_1$

ts [5] 祝足$_2$（充～）

tsʰ [5] 出触

s [5] 说肃速缩成束戌雪 [1] 术□（转；～徛下：去转转）

k [5] 蕨

kʰ [5] 厥哭酷□（躲藏）

x [5] 忽霍（～香）□（扔）

ŋ [1] 月

ʔ [5] 握屋物$_1$（～理）勿熨□（折弯）

ɔk

p [5] 博 [1] 薄$_1$（～冰）泊（水～梁山）泊（～船）□（抚摸）

m [5] 摸$_2$（～索，瞎子走路的样子）膜寞幕漠 [1] 没$_1$莫□（东西煮得很烂）

t [1] 铎

n [5] □（短～去：很短）

l [1] 乐$_1$（快～）

---

❶ 周宁城关话常说，贡川话少用这个字。

ts [1]浊₂

tsʰ [5]绰（宽~）戳撮（一~米）

k [5]角₂（牛~）

kʰ [5]勺确摧（敲打，敲门）[1]磕

x [1]鹤学₂（学校，学习）

ø [5]恶（善~）恶（恨，可~）扼轭

ok

p [1]勃卜₁（萝~）伏₁奉人（~下来）越₂（~南）

m [5]沫陌（~生）□（幼~去：菜很嫩）[1]木目₁（~的）牧穆□（幼~去：菜很嫩。又读）

tʰ [5]托₂（手承物）[1]读₂（句~）

l [1]陆录赂禄捋₂（~袖。少）

ts [5]作（~坊，工~，堵住水流）

tsʰ [1]蜀₁（一）□（暗~去：很暗）

s [5]屑₁（垃圾）[1]蜀₂（四川简称）俗续属述

kʰ [5]涸（焦₁[ta⁴⁴]~去：很干）

x [1]服袱伏₂奉人（埋~）

ʔ [1]物₂（事~）

uk

p [5]法₁（主意、点子）

pʰ [5]仆₁（~倒）朴讣覆₁（颠~）瀑扑

t [5]督笃

ts [5]促卒猝足₁（~部）

k [5]郭国

kʰ [5]曲₁（~折；唱~）

ŋ [1]玉₁（~镯）狱

x [5]福蝠复覆₂（反复）笏斛（~然，~口）赴复₂（~兴）

uk

p [5]卜₂（~卦）腹幅₁（一~：布匹宽度的一折）

pʰ [1] 曝

m [1] 目₂（～瞤：眼睛）

t [5] 拄₁（～拐杖）□（拿；～来：拿来）□（软～去：软绵绵的）

tʰ [5] 拄₂（～拐杖）

l [5] 亍（彳～：形容上下、前后快速运动）[1] 绿

ts [5] 烛

tsʰ [5] 粟₁（穀，谷子）

kʰ [5] □（～毛：寒毛）

ɔʔ

p [5] 驳曝（骂人）

pʰ [5] 粕

t [5] 剟（剁）掇（抬、端、扛）[1] 择（～菜，选～）

tʰ [1] □（嫩～去：很小）

n [5] 乇（东西）诺

l [5] 貉（套入）[1] 洛络落₁（～山）

ts [1] □（人、物摔倒在地上）

s [5] 唧（吸）索（绳～）[1] 镯

k [5] 搁阁各觉

kʰ [1] □（硬～去：硬邦邦的）

ŋ [1] 乐₂（音～）岳粤讹□（打鼾）

Ø [5] □（聪明，听话）[1] 学₁（～话，告）□（挪开一点）

oʔ

t [5] 桌卓 [1] 独毒₂（名词，有～）矮肢突（～击；冲～）

l [5] □（胳～下：胳肢窝）

uʔ

p [5] 剥 [1] 缚（绑）

k [1] 局

ʔ [5] 沃（淋雨）

œok

p [1]白₁（李～）

pʰ [1]惑获₁（收～）

m [1]墨默目₂（□[niɛk⁵]～：眨眼睛）

t [1]浊₁

tʰ [1]毒₁（动词，感染毒物）读₁（～书）□（飞～：蛾子）

l [5]落₂（丢失；遗忘；掉落）[1]六鹿骆肋₁

x [5]□（添置工具，俗字写作"仒"）

ts [1]□（发～：让人恶心，生气）

tsʰ [1]凿

N [1]逆

x [1]郝或获₂（收～）□（疲劳）

ʔ [1]□（呕吐、拉屎）

øuk

t [1]逐

tsʰ [1]摵

s [5]削摔₂（摔倒）[1]赎熟（煮～，～悉）

n [1]肉

k [5]角₁（鸡～：公鸡）

kʰ [5]壳 [1]□（厚～去：很厚）

ŋ [1]玉₂（人名）

Ø [1]育₁

ɛt

p [1]拔

m [1]密₁（针脚～）

t [1]特₁（～别）□（～褆锤：捶一拳头）

tʰ [1]沓（一～纸）忒（～杀，～好）迭

n [1]捏

l [1]鲗（白～鱼）裂肋₂勒

ts [1] 截

tsʰ [1] 贼

s [1] 十□（切）

k [1] □（～屎：把屎）

kʰ [1] 隙□（拿）

ʔ [1] 狭₃

εt

tʰ [5] 贴帖（碑～，请～）

ts [5] 侧₁（□[ka¹¹]□[la⁴⁴]～：侧身睡）则责汁

s [5] 塞涩□（～饭：用菜配饭吃）虱瑟

n [5] □（下凹）

l [5] □（用舌头舔）

kʰ [5] 瞌（闭）

x [5] 黑血

εk

N [1] 孽₁

εk

p [5] 柏₂（～林）北

pʰ [5] 追魄拍₂（～相片）

t [5] 得德 [1] 泽

ts [5] 节₁（～日）哲₂

tsʰ [5] 厕（～所，茅～）侧₂（～面）测策拆₂撤斥（生气）辙

s [5] 饬色□（够～：够呛）

k [5] 革

kʰ [5] 克刻（时～）刻（用刀～）咳

$\varepsilon ʔ$

pʰ [1] □（扁～去：很扁）

m [1] □（烂涂～：烂泥巴）

et

p [5] 八

tʰ [5] 剔踢

n [1] 笠₁（～斗：斗笠）

l [5] 彳（～丁：形容上下、前后快速运动）[1] 泐力立历₂（～史）笠₂（读字）

ts [5] 夕 [1] 缉辑疾集籍寂习

it

p [5] 笔必毕□（□[pi¹¹]□[pɔ¹¹]～：蝙蝠）□（黄～：麻雀）

pʰ [5] 劈匹辟撇

m [1] 灭篾□（握着抓过来）

t [1] 谍牒碟蝶

tʰ [5] 彻獭（水～）铁 [1] 叠

n [5] 捏₂ 奴协切（挟）

ts [5] 绩₂（成～）接节₂（～约）蜇（蝎子～人）折₁（～纸）执质

tsʰ [5] 戚漆 [1] 舌₁（结[kyk⁵]～：口吃）蟳（与"蟳"不同的另一种海蟹）

s [1] 舌₂（喙～：舌头＞lit¹）涉₂拾₂（路不～遗）折₂（～本）

k [5] 击激吉级急桔橘□（萝卜～：腌制的萝卜干）[1] 捷及夹₁（～起来）狭₂

kʰ [5] 掐怯 [1] 狭₁（拥挤）

ŋ [5] □（"門"字的左边，开关门的声音）[1] 孽₂业

x [5] 熻（～饭：焖饭）胁₁（从腋下到腰间的肋骨处）[1] 协穴

ʔ [5] 挹（作～）搹乙逸一益缢□（～只空：刺一个洞）

ek

m [1] 密₂（秘～，～码）蜜役疫域

t [1] 特₂（～□[tʰau¹¹]：故意）狄敌笛蛰（惊～）侄植殖稙（早种禾，～庄稼）秩轴直值

n [1] 日₁（～子）入₁（～被：将棉胎放入被套；～厝：迁新居）

s [1]实食₂（粮～）席₂（主～）蚀

k [5]结₃（打～，动词）[1]极

ø [1]液腋亦译易₂（交～）

ik

p [5]逼碧₂（～绿）弊壁₂（戈～）璧憋（闭）鳖₁（～鱼）屄（女阴）□（肥～去：很胖）

pʰ [5]碧₁（人名）

m [1]觅

t [5]适札（缠绕，捆，绑）的（目～）滴哲₁□（苦～去：很苦）

l [5]砾

ts [5]积即鲫折（～迭）褶浙织职藉□（饗～去：味道很淡）

tsʰ [5]七妾泣拭（擦）膝

s [5]识式饰室释昔惜₁（可～）息熄媳啬析悉

k [5]棘（刺入）戟劫洁结₁（～婚）给（供～）[1]杰

kʰ [5]乞₁（给）[1]□（涩～去：很涩）

x [1]袭褶（一）

ŋ [5]吸₁

ø [1]入₂（～内）热叶页

iʔ

pʰ [1]□（"水"字的左边，流水声）

l [5]□（苦～去：很苦）

k [5]□（呵～：挠痒痒）□（拟声词，号～～：哇哇大哭）

iɛk

p [5]□（把东西拍扁）□（嘴里有好吃东西，咂嘴的样子）[1]□（臭～去：臭烘烘的）□（嘴里有好吃东西，咂嘴的样子。又）

pʰ [5]□（拍水～：打水漂）

m [5]□（赤骹～：光着脚）

iɛt

p [1]别（区～）别（离～）

p^h [1] □（"水"字的右边，流水声）

t [5] 跌（鞋～：拖鞋＞liɛt⁵）[1] □（辣）

t^h [5] □（惊，跳）

n [5] 聂镊蹑（～脚走）摄₁書涉切（～影）溺（～死）□（～目：眨眼睛）

l [1] 列烈历₁（日～）

ts [5] □（水溅起来）

ts^h [5] 砌切□（骨～：骨头损伤）

s [5] 烁湿设薛 [1] 翼涉₁拾₃（路不～遗）

k [5] 挟夹₂（～子）锲（镰～：镰刀）篋（竹制的捡垃圾用的夹子）皸 [1] 袷峡

k^h [5] 缺₁（～口）

x [5] 赫吓（恐～，吓一跳）胁₂（威～）

ø [1] □（搹）

iɛk

t^h [5] 拆₁（～开）

l [5] □（薄～去：很薄）[1] 筎（比簸箕大的竹制用具）

ts [1] □（东西摔在地上；竖着的物品倒下）

k [5] 颊₁揭 [1] 颊₂

k^h [5] □（瘦～去：很瘦）

ŋ [1] 额

iɛʔ

p [5] 壁₁（墙～）臂

p^h [5] 避₂蔽₂

t [5] 摘 [1] 伞

n [5] □（过～去：菜很老）

ts [5] 迹只₂（一～：一个）□（堆放，摞）

ts^h [5] 赤洽 [1] 食₁（～□[maŋ³⁵]：吃饭）

uaʔ

ø [1] 曰阅悦

uɔt

p [5]拨砵（广口盛汤瓷器，比碗大）钵发₄（批~）[1]跋（跌跤）鈸

pʰ [5]刓（用刀砍除田埂的杂草）泼 [1]划₂（~龙舟）

m [5]抹 [1]没₁（沉~）末

k [5]刮（搜~）剐括

kʰ [5]扩（~充）阔廓

x [5]发₂（~财）法₂（办~）[1]乏伐罚筏活₂（~鱼）

Ø [5]挖₁（白读）[1]划₁（计~）活₁（快~：舒服）袜越₁（~来~多）

uɔk

k [1]口（大口喝下）

kʰ [1]口（折断）

yt

k [5]决诀刔（阉割）结₂（~舌[tsʰit¹]：口吃）

kʰ [5]缺₂（~点）

ŋ [5]御禦

x [5]歇旭蓄（储~）畜（~牧；~牲）

Ø [5]郁

yk

t [5]贮（装，储）[1]着₂（火点着；定~：确定的）

n [1]箬日₂（向~葵）

s [5]惜₂（爱~）口（吻）

kʰ [5]乞₁（~食：乞丐）迄讫

x [5]吸₂

yʔ

ts [5]借

tsʰ [5]尺 [1]石席₂（草~）

Ø [1]药

yɔk

l [5]劣 [1]掠略

ts [5]嚼爵 [1]着₁(～衣)

tsʰ [5]婥(美的,好的)雀鹊芍(～药花)酌

ŋ [1]疟(读字)虐

∅ [5]约 [1]辱褥育₂若₂(读字)

$$yuk$$

t [5]竹筑

tʰ [5]搐(缩进)

ts [5]粥叔□(～血:淤血)炙(～火:烤火)

s [5]淑锡宿(～舍)宿(星～)

k [5]掬(一～:一捧)鞠菊

kʰ [5]却屈倔麴(酒～)曲₂(歌～)脚(读字) [1]剧₁(京～)

ʔ [5]□(～起:起床) [1]欲

第三章　贡川方言词汇表

（1）词条的一般格式为："方言字　音标　标注　普通话解释"。方言字与普通话相同时省略普通话解释。一个普通话条目对应多种方言说法时，最常用说法排在最前，其他说法缩进一个字符表示。

（2）单字音能区分不同的入声尾和鼻音韵尾，词汇和语流中基本不分，入声基本为 [-k]，鼻音尾混为 [-ŋ]。词汇记音本书以发音人实际发音为准，与同音字汇记录有出入。

（3）词语中一个字有两种读音时，用"～"连接两个读音，常用音在"～"前，不常用音在后。

（4）大多数用本字，个别用俗字或训读字。

（5）同音字用"="上标表示。

第一节　天文

日头 ni（-k）$^{1-11}$（tʰ-）au^{11} 太阳
有晴个位 ɔu$^{213-44}$saŋ^{11}ŋa^{0}uoi^{213} 太阳照到的地方
　日头堆 ni（-ek）$^{1-11}$（tʰ-）au^{11}toi^{44}
　晴堆 saŋ^{11}（t-）noi^{44}
日头着个行 ni（-ek）$^{1-11}$（tʰ-）au^{11}tek^{1}i^{0}kiaŋ^{11} 太阳移动
背日 pui$^{213-44}$nek^{1} 背阴
　背影 pui$^{213-44}$iɔŋ^{42}
日蚀 nek^{1}sit^{5}

日头乞天犬驮去 ni（-ek）$^{1-11}$（tʰ-）au^{11} kik^{5}tʰin^{44}kʰɛn^{42}tɔ^{11}kʰy^{0}
晴 saŋ^{11} 阳光
月 ŋut^{1} 月亮
有月个位 o$^{213-44}$ŋut^{1}ŋa^{0}uoi^{213} 月亮照到的地方
月蚀 ŋut^{1}sit$^{1-5}$
天星 tʰin^{44}（s-）niŋ^{44} 星星
北斗星 peʔ^{5}tau$^{42-55}$siŋ^{44}
河溪 xai^{11}（kʰ-）ɛ^{44} 银河

流星 liu¹¹siŋ⁴⁴

柴帚星 tsʰa¹¹（tsʰ-）eu⁴²⁻⁵⁵siŋ⁴⁴ 彗星

风 xuŋ⁴⁴

大风 tuɔ²¹³⁻⁴⁴（x-）uŋ⁴⁴

狂风 kuŋ¹¹（x-）uŋ⁴⁴

风痴 xuŋ⁴⁴（t-）nai¹¹⁻⁴⁴ 台风

嫩风 nɔn²¹³⁻⁴⁴xuŋ⁴⁴ 小风

龙卷风 loŋ¹¹køn⁴²⁻⁴⁴（x-）nuŋ⁴⁴ 旋风

□□风 ki²¹¹liu⁴⁴xuŋ⁴⁴ 旋风，打转的风

对面风 tøy³⁵⁻⁴⁴min³⁵⁻⁴⁴xuŋ⁴⁴ 顶风

艡顺风 mɛ²¹³⁻⁴⁴son²¹³⁻⁴⁴（x-）uŋ⁴⁴ 顶风、侧风

顺风 son²¹³⁻⁴⁴xuŋ⁴⁴

起风 kʰei⁴²⁻⁴⁴xuŋ⁴⁴ 刮风

风艳⁼透 xuŋ⁴⁴iɛn²¹³tʰau³⁵⁻⁵⁵ 风很大
　风艳⁼大 xuŋ⁴⁴iɛn²¹³tuɔ²¹³

风停掉咯 xuŋ⁴⁴tɛŋ¹¹i⁰lɔ⁰ 风停了
　无风咯 mɔ¹¹xuŋ⁴⁴lo⁰

云 xon¹¹

乌云 u⁴⁴（x-）on¹¹⁻⁴⁴ 黑云

白云 pa(-ʔ)¹⁻⁴⁴（x-）oŋ¹¹

红霞 œŋ¹¹（x-）ŋa¹¹ 早霞、晚霞

雷 lai¹¹

瞋雷 tɛŋ¹¹lai¹¹ 打雷
　雷瞋 lai¹¹tɛŋ¹¹

雷拍了 lai¹¹pʰak⁵（t-）li⁰（被）雷劈了

泛雷 pʰaŋ³⁵⁻⁵⁵lai¹¹⁻⁵⁵ 光打雷不下雨

模雷 tɛŋ²¹³⁻⁴⁴ lai¹¹⁻⁴⁴ 打雷后就下雨

雷瞋无雨落 lai¹¹tɛŋ¹¹mɔ¹¹xu²¹³lɔk¹ 光打雷不下雨

雷烁 lai¹¹siɛk⁵ 闪电

雨 xu²¹³

做雨 tso³⁵⁻⁵⁵xu²¹³～y⁴² 下雨
　雨遭咯 xu²¹³kau³⁵lo⁰

雨粒落咯 xu²¹³⁻⁴⁴lak¹løuk⁵lo⁰ 掉点

嫩雨 nɔn²¹³⁻⁴⁴xu²¹³～y⁴² 小雨

雨毛喷 xu²¹³～y⁴²⁻⁵mɔ¹¹pʰun³⁵ 毛毛雨

大雨 tuɔ²¹³⁻⁴⁴xu²¹³～y⁴²

艳⁼大雨 iɛn²¹³tuɔ²¹³xu²¹³ 暴雨

透涂 tʰau³⁵tʰou¹¹ 形容雨很大

雷淙洗井 lai¹¹toŋ¹¹sɛ⁴²⁻⁵⁵tsaŋ⁴²⁻⁵⁵ 倾盆大雨

做清雨 tso³⁵⁻⁵⁵tsʰiŋ³⁵⁻⁵⁵xu²¹³ 连阴雨

做雷雨 tso³⁵⁻⁵⁵lai¹¹xu²¹³ 雷阵雨

燥 so³⁵（雨）停了

虹 kʰoŋ²¹³

沃雨 uk⁵xu²¹³ 淋雨

朕螺雨 tsʰɛn¹¹lɒi¹¹xu²¹³ 一边下雨，一边天晴

狂水 kuŋ¹¹tsøy⁴² 山洪暴发

地牛转势 ti²¹³⁻⁴⁴ŋou¹¹⁻⁴⁴tøn⁴²⁻⁴⁴si³⁵ 地震

乞水流去 kik⁵tsøy⁴²lau¹¹u⁰ 被洪水冲走
　乞水淌去 kik⁵tsøy⁴²tʰoŋ⁴²u⁰

霜冰 soŋ⁴⁴piŋ⁴⁴ 冰

霜冰坠 soŋ⁴⁴piŋ⁴⁴（t-）loi²¹³ 冰锥子

驮地构 tɔ¹¹ti²¹³⁻⁴⁴kau³⁵ 土地里的蒸汽被冻成冰

胶冰 kiu⁴⁴piŋ⁴⁴ 结冰

结冰 ki（-k）⁵⁻⁴⁴pin⁴⁴
龙雹 loŋ¹¹pʰok¹ 冰雹
雪 sut⁵
做雪 tso³⁵⁻⁴⁴sut⁵ 下雪
雪毛 sut⁵mɔ¹¹⁻⁵⁵ 小雪
雪篷 sut⁵（pʰ-）moŋ¹¹ 鹅毛大雪
雪米 sut⁵mei⁴² 雪珠子
雨加雪 xu²¹³～y⁴²ka⁴⁴sut⁵
　烂雪 lan²¹³sut⁵
雪烊掉 sut⁵yuŋ¹¹li⁰ 化雪
露 lu³⁵
露水 lu³⁵tsøy⁴²
拍露 pʰa⁻⁴⁴lo³⁵ 下露
雾 uɔu²¹³
雾罩 uɔu²¹³tau³⁵ 下雾
　雾垫 uɔu²¹³tʰut⁵

霜 soŋ⁴⁴
起霜 kʰi⁴²⁻⁴⁴soŋ⁴⁴ 下霜
　落霜 lɔk¹soŋ⁴⁴
　起霜构 kʰi⁴²⁻⁴⁴soŋ⁴⁴kau³⁵
天气 tʰin⁴⁴（kʰ-）ŋi³⁵
晴天 saŋ¹¹（tʰ-）nin⁴⁴
阴天 en⁴⁴（tʰ-）nin⁴⁴
天这夥蜀下变掉 tʰin⁴⁴tsɔ⁻⁵⁵ia²¹³pin³⁵ni⁰
　突然变天，随后风雨交加
热 it¹（天气）
寒 kan¹¹（天气）冷
热天 it¹（tʰ-）lin⁴⁴ 伏天
六月天 lœo（-k）¹ŋut¹tʰin⁴⁴ 伏天
旱 an²¹³ 天旱
回润 xui¹¹nun³⁵ 回潮
湿 siɐk⁵ 湿气重

第二节　地理

溪 kʰe⁴⁴ 河
大溪 tuɔ²¹³⁻⁴⁴kʰe⁴⁴ 大河
坑 kʰaŋ⁴⁴ 比溪小的水流
　坑共 ⁻kʰaŋ⁴⁴ŋøŋ³⁵
濑 luo³⁵ 因溪底地势不平在溪流表面
　产生的斜道
坝 pa³⁵ 拦河坝
渠 ky¹¹ 水渠
洫 pui³⁵ 人工引水渠，比渠小
　水洫 tsøy⁴²⁻⁴⁴pui³⁵

洫坑 pui³⁵⁻⁵⁵kʰaŋ⁴⁴ 田地里的小水沟
垟 yuŋ¹¹ 大片的、平地平原
焦塍 ta⁴⁴tsʰɛn¹¹ 旱地
　旱塍 an²¹³⁻⁴⁴tsʰɛn¹¹
水塍 tsøy⁴²⁻⁵⁵（tsʰ-）ɛn¹¹⁻⁵⁵ 水田
塍坪 tsʰɛn¹¹paŋ¹¹ 旱田，无水之田
焦塍坪 ta⁴⁴tsʰɛn¹¹paŋ¹¹
菜园 tsʰai³⁵⁻⁵⁵（x-）un¹¹⁻⁵⁵ 菜地
　园坪 xun¹¹paŋ¹¹
荒园坂 xuŋ⁴⁴xun¹¹puɔn⁴² 荒地（以前可

以种菜）
荒山 xuŋ⁴⁴san⁴⁴ 无法种植的荒地
沙土地 suɔ⁴⁴tʰou¹¹tɛi²¹³ 沙土地
沙涂园 suɔ⁴⁴tʰou¹¹xun¹¹ 沙土的园地
沙涂塍 suɔ⁴⁴tʰou¹¹tsʰɛn¹¹ 沙土的田地
坡地 pʰo⁴⁴tɛi²¹³
陂 pʰiɛ¹¹ 山坡
山坡 san⁴⁴pʰo⁴⁴
　山陂 san⁴⁴pʰiɛ¹¹
盐碱地 sin¹¹tsiɛn⁴²⁻⁵⁵tɛi²¹³
沙坂 suɔ⁴⁴puɔn⁴² 滩地
山地 san⁴⁴tɛi²¹³ 山上的农业用地
半山岗 puɔn³⁵⁻⁴⁴san⁴⁴koŋ³⁵ 山腰
山骹 san⁴⁴kʰa⁴⁴ 山脚
山头窟 san⁴⁴（tʰ-）nau¹¹⁻⁴⁴（kʰ-）ɔt⁵ 高
　山的山坳
弯中 uɔn⁴⁴（t-）noŋ⁴⁴ 峡谷
山窟 san⁴⁴kʰɔt⁵ 山谷
山坑 san⁴⁴kʰaŋ⁴⁴ 山涧
山岗 san⁴⁴（k-）ŋoŋ³⁵ 山脊
山岗头 san⁴⁴（k-）ŋoŋ³⁵⁻⁵⁵（tʰ-）nau¹¹
　山头
山头面 san⁴⁴（tʰ-）nau¹¹⁻⁴⁴min³⁵ 山上
　（乡下人住在～）
岗头顶 koŋ³⁵（tʰ-）nau¹¹⁻⁴⁴tiŋ⁴² 山顶
岩障 ŋiɛn¹¹tsyuŋ³⁵ 山崖
塍寮 tsʰɛn¹¹lɛu¹¹ 田地上用于存放肥料
　的茅草房
寮坪 lɛu¹¹paŋ¹¹ 用于沤肥旱地

塍缺 tsʰɛn¹¹kʰiɛk⁵ 田里放水的开口
沟弄 kau⁴⁴loeŋ²¹³⁻⁴⁴ 水沟
沟 kau⁴⁴
湖 ou¹¹
潭 tʰan¹¹ 潭，天然的，深的
水潭 tsøy⁴²⁻⁵⁵tʰan¹¹ 潭的通称
长潭 toŋ¹¹tʰan¹¹ 较长的水潭
潭窟 tʰan¹¹kʰɔt⁵ 小水潭
水窟 tsøy⁴²⁻⁴⁴kʰɔt⁵ 水坑
海 xai⁴²
溪墘 kʰe⁴⁴（k-）in¹¹⁻⁴⁴ 河岸
溪磡 kʰe⁴⁴（kʰ-）ŋan³⁵ 河堤（人工的
　或天然的）
堤 tʰɛi¹¹ 人工的堤
洲 tsiu⁴⁴ 水中陆地，本地无
溪坂 kʰe⁴⁴puɔn⁴² 河滩
水 tsøy⁴²
晶水 tsiŋ⁴⁴tsøy⁴² 清水
浑水 ɔn¹¹tsøy⁴²
雨雷滴 xu²¹³⁻⁴⁴lau²¹³⁻⁴⁴tik⁵ 屋檐水
　雨雷水 xu²¹³⁻⁴⁴lau²¹³⁻⁴⁴tsøy⁴²
　檐滴水 sin¹¹tik⁵tsøy⁴²
大水 tuɔ²¹³⁻⁴⁴（ts-）øy⁴² 洪水
　黄涂水 uŋ¹¹tʰo¹¹tsøy⁴²
做大水 tso³⁵⁻⁵⁵tuɔ²¹³⁻⁴⁴tsøy⁴² 发大水
清水 tsʰiŋ³⁵⁻⁵⁵（ts-）nøy⁴² 凉水、泉水
汤 tʰoŋ⁴⁴ 热水、温水
沸汤 pui³⁵⁻⁵⁵tʰoŋ⁴⁴ 煮沸的水
石□ tsʰy（-ʔ）¹nan¹¹ 可移动的石头

大石□ tuɔ²¹³⁻⁴⁴tsʰy(-ʔ)¹⁻⁴⁴ nan¹¹ 搬不动的大石块

石□母 tsʰy(-ʔ)¹nan¹¹mɔ⁴² 大石头

石头团 tsʰy(-ʔ)¹⁻⁴⁴(tʰ-)lau¹¹(k-)ŋiɛn⁴² 小石块

石板条 tsʰy(-ʔ)¹⁻⁴⁴pɛn⁴²⁻⁵⁵(tʰ-)nɛu¹¹⁻⁵⁵ 石板

石卵 tsʰy(-ʔ)¹⁻⁴⁴lɔŋ²¹³ 鹅卵石

冰窟 pin⁴⁴kʰɔt⁵ 冰臼

 石窟 tsʰy(-ʔ)¹⁻⁴⁴kʰɔt⁵

冰臼 pin⁴⁴kʰou²¹³

龙井 lɔŋ¹¹tsaŋ⁴² 河底因水流冲击形成的"U"型石道

沙 suɔ⁴⁴ 沙子

沙涂 suɔ⁴⁴(tʰ-)lou⁴²⁻¹¹ 沙土

沙坂 suɔ⁴⁴puɔn⁴² 沙滩

涂坯 tʰɔu¹¹pʰui⁴⁴ 土坯

砖坯 tsun⁴⁴pʰui⁴⁴

青砖 tsʰaŋ⁴⁴tsun⁴⁴ 古代烧陶瓷用的青砖

机砖 ki⁴⁴tsun⁴⁴ 盖房子用的红砖

红砖 œŋ¹¹tsun⁴⁴

地砖 tɐi²¹³⁻⁴⁴tsun⁴⁴ 地砖

□砖 tʰan¹¹tsun⁴⁴ 砌灶台的越烧越硬的砖

砖碎 tsun⁴⁴tsʰy³⁵ 碎砖头

砖□ tsun⁴⁴kut¹ 断成两截的砖头

瓦 uɔ²¹³

瓦砾裂 uɔ²¹³⁻⁴⁴li³⁵let¹⁻⁵ 碎瓦

墡尘 uŋ⁴⁴(t-)nen¹¹⁻⁴⁴ 灰尘

屑 sok⁵ 垃圾

烂涂□ lan²¹³⁻⁴⁴(tʰ-)u¹¹mɛk¹ 烂泥

涂 tʰou¹¹ 干的泥土

金 kin⁴⁴

银 ŋøn¹¹

铜 tœŋ¹¹

铁 tʰit⁵

锡 syuk⁵

煤 mui¹¹

汽油 kʰi³⁵⁻⁵⁵ieu¹¹

 洋油 yuŋ¹¹ieu¹¹

石灰 tsʰy(-k)¹⁻⁴⁴(x-)ui⁴⁴

 白灰 pa(-k)¹(x-)ui⁴⁴

蛎灰 tiɛ²¹³⁻⁴⁴xui⁴⁴ 海蛎壳烧成的石灰

水泥 tsøy⁴²⁻⁵⁵nɛ¹¹⁻⁵⁵

 洋灰 yuŋ¹¹(x-)ui⁴⁴(老)

磁石 tsɔu¹¹tsʰyʔ¹

磁铁 tsɔu¹¹(tʰ-)lit⁵

玉 ŋuk¹

炭 tʰan³⁵ 木炭

底堆□ ti⁻⁴⁴loi⁴⁴ 地方（他是什么地方人）

底位位 tøy³⁵

墿弄 tu²¹³⁻⁴⁴lœŋ²¹³ 胡同

村 tsʰon⁴⁴ 村庄

后门山 a⁻⁴⁴mun¹¹⁻⁴⁴san⁴⁴ 住处附近的山

山寮下 san⁴⁴lɛu¹¹a²¹³ 偏僻的山村

 山寮隙 san⁴⁴lɛu¹¹kʰet¹

厝边头尾 tsʰu³⁵pin⁴⁴tʰau¹¹møy⁴² 四邻

八舍

上墿 syuŋ²¹³⁻⁴⁴tu²¹³ 闽北建宁府

　　上府 syuŋ²¹³⁻⁴⁴xu⁴²

蛮锤 man¹¹tʰoi¹¹ 闽北人

下墿 a²¹³⁻⁴⁴tu²¹³ 福州、宁德，闽东福宁府

　　下府 a²¹³⁻⁴⁴xu⁴²

下南 a²¹³⁻⁴⁴nan¹¹ 闽南厦门一带

平阳 peŋ¹¹yuŋ¹¹ 浙江温州一带

家乡 ka⁴⁴xyɔŋ⁴⁴

周墩 tsiu⁴⁴（t-）on⁴⁴ 周宁县；城关、狮城镇

东洋 tøŋ⁴⁴yuŋ¹¹⁻⁴⁴ 周宁县（旧称）

纯池 sun¹¹（t-）ni¹¹ 纯池镇

伏头 pu⁻⁴⁴（tʰ-）lau⁴⁴ 浦源镇

矮门 ɛ⁴²⁻⁵⁵mun¹¹⁻⁵⁵ 礼门乡

李墩 li⁴²⁻⁴⁴（t-）on⁴⁴ 李墩镇

咸村 an¹¹（tsʰ-）non⁴⁴ 咸村镇

玛坑 ma⁴²⁻⁴⁴（kʰ-）aŋ⁴⁴ 玛坑乡

墟 xy⁴⁴（赶）集

街中 kiɛ⁴⁴（t-）loŋ⁴⁴ 街道

墿 tu²¹³ 路

大墿 tuɔ²¹³⁻⁴⁴（t-）lu²¹³ 大路

马墿 ma⁴²⁻⁵⁵（t-）lu²¹³

嫩墿 nɔn²¹³⁻⁴⁴nu²¹³ 小路

干囗油 kan⁴⁴ma⁻⁵⁵ieu¹¹⁻⁵⁵ 沥青

操水泥 tsau⁴⁴tsøy⁴²⁻⁵⁵nɛ¹¹⁻⁵⁵ 搅拌水泥

并水泥 piaŋ³⁵⁻⁵⁵tsøy⁴²⁻⁵⁵nɛ¹¹⁻⁵⁵ 将水泥倒在模具上

楼下地 lau¹¹a²¹³⁻⁴⁴tɛi²¹³ 一楼的地面

第三节　时令季节

春头 tsʰun⁴⁴（tʰ-）nau¹¹⁻⁴⁴ 春天

　　春头天 tsʰun⁴⁴（tʰ-）nau¹¹⁻⁴⁴tʰin⁴⁴

六月天 lœk¹ŋuʔ¹tʰin⁴⁴ 夏天

秋天 tsʰiu⁴⁴tʰin⁴⁴

冬下头 tøŋ⁴⁴ŋa²¹³⁻⁴⁴（tʰ-）lau¹¹⁻⁴⁴ 冬天

立春 le（-k）¹⁻⁴⁴tsʰun⁴⁴

雨水 y⁴²⁻⁵⁵tsøy⁴²

惊蛰 kiŋ⁴⁴（t-）nek¹⁻⁴

春分 tsʰun⁴⁴（x-）nun⁴⁴

清明 tsʰiŋ⁴⁴meŋ¹¹⁻⁴⁴

谷雨 kuk⁵ky⁴²

立夏 lik¹（x-）a²¹³

小满 sɛu⁴²⁻⁵⁵muɔn⁴²

芒种 mɔŋ¹¹（ts-）nuŋ³⁵

夏至 xa²¹³⁻⁴⁴tsi³⁵

小暑 siau⁴²⁻⁵⁵sy⁴²

大暑 tai²¹³⁻⁴⁴sy⁴²

立秋 lik¹tsʰiu⁴⁴

处暑 tsʰy⁴²⁻⁵⁵sy⁴²

白露 pak¹lu³⁵

秋分 tsʰiu⁴⁴xun⁴⁴

寒露 xan¹¹lu³⁵

霜降 soŋ⁴⁴（k-）ŋoŋ³⁵

立冬 lek¹tøŋ⁴⁴

小雪 sɛu⁴²⁻⁴⁴（s-）lut⁵

大雪 tai²¹³⁻⁴⁴（s-）lut⁵

冬节 tøŋ⁴⁴（ts-）ŋek⁵ 冬至

小寒 sɛu⁴²⁻⁴⁴（x-）wan¹¹⁻⁴⁴

大寒 tai²¹³⁻⁴⁴xan¹¹

通书 tʰuŋ⁴⁴（ts-）ŋy⁴⁴ 历书（常用）

农历 noŋ¹¹liɛk¹ 农历、阴历

公历 kuŋ⁴⁴liɛk¹⁻⁴ 公历、阳历

大月 tuɔ²¹³⁻⁴⁴ŋut¹ 农历月里有三十天的月份

嫩月 nɔn²¹³⁻⁴⁴ŋut¹ 农历月里没有三十天的月份

闰月 non²¹³⁻⁴⁴ŋut¹

大建 tuɔ²¹³⁻⁴⁴kyn³⁵ 大建（算命人说）

小建 sɛu⁴²⁻⁵⁵kyn³⁵ 小建（算命人说）

做年暝 tso³⁵⁻⁵⁵nin¹¹maŋ¹¹ 除夕（统称）

廿九暝晡 niɛ⁻⁴⁴kau⁴²⁻⁵⁵maŋ¹¹（p-）ŋu⁴⁴ 除夕前一天

三十暝 san⁴⁴（s-）nɛ（-t）¹⁻⁴⁴maŋ¹¹ 除夕

做年 tso³⁵⁻⁵⁵nin¹¹⁻⁵⁵ 过大年

做白年 tso³⁵⁻⁵⁵pak¹nin¹¹ 需守孝三年者称这三年的春节

正月初一 tsiɛn⁴⁴ŋuʔ¹tsʰœ⁴⁴ik⁵（大）年初一

拜年 pai³⁵⁻⁵⁵nin¹¹⁻⁵⁵

做十五 tso³⁵⁻⁵⁵ se（-t）¹⁻⁴⁴ŋɔu²¹³ 过元宵节

正月十五 tsiɛn⁴⁴ŋuʔ¹se（-t）¹⁻⁴⁴ŋɔu²¹³ 元宵节

十五暝晡 se（-t）¹⁻⁴⁴ŋɔu²¹³maŋ¹¹（p-）ŋu⁴⁴

做节 tso³⁵⁻⁴⁴（ts-）ɛʔ⁵ 过端午节（农历五月初五）

做中秋 tso³⁵⁻⁵⁵tøŋ⁴⁴（tsʰ-）niu⁴⁴ 中秋节（农历八月十五）

七夕 tsʰiʔ⁵tset¹⁻⁴

七月半 tsʰiʔ⁵ŋut¹⁻⁵puɔn³⁵⁻⁴⁴ 中元节（农历七月十五）

做半 tso³⁵⁻⁴⁴ puɔn³⁵

重阳节 toŋ¹¹yuŋ¹¹tsɛʔ⁵ 重阳节（农历九月初九）

三月三 san⁴⁴ŋu（-t）¹⁻⁴⁴san⁴⁴ "三月三"是礼门乡、纯池镇、泗桥乡的妇女节，女性每人煮一碗菜聚会；对于刘氏、郑氏、林氏则是先祖祭日，举行抬板凳龙、唱社戏等活动

四月八 se³⁵ŋut¹pet⁵ 水牛节

食新 tsʰiɛʔ¹（s-）lin⁴⁴ 秋收后吃新米的节日

当年 toŋ⁴⁴nin¹¹⁻⁴⁴ 挖笋年

背年 pui⁴⁴nin¹¹⁻⁴⁴ 休笋年

今年暝 kin⁴⁴nin¹¹maŋ¹¹ 今年

今年 ki（-n）⁴⁴（n-）lin¹¹⁻⁴⁴

去年暝 kʰy³⁵⁻⁵⁵nin¹¹maŋ¹¹ 去年

去年 k^hy^{35-55}（n-）lin^{11-55}
明年暝 ma（-ŋ）$^{11}nin^{11}maŋ^{11}$ 明年
　明年 ma（-ŋ）$^{11}nin^{11}$
前年暝 sɛn^{11}nin^{11}maŋ^{11} 前年
　前年 sɛn^{11}nin^{11}
大前年 tuɔ^{213}（s-）lɛn^{11}nin^{11}
落前年 louk^{5}sɛn^{11}nin^{11} 大大前年
闲下年 ɛn^{11}na$^{213-44}$nin^{11} 往年，以往的年头
　闲年下 ɛn^{11}nin^{11}a^{213}
后年 au^{213}nin^{11}
大后年 tuɔ$^{213-44}$au^{213}nin^{11}
落后年 louk^{5}au^{213}nin^{11} 大大后年
每年 møy^{42}nin^{11}
　年年 nin^{11}nin^{11}
年头 nin^{11}（t^h-）nau^{11} 年初
年中 nin^{11}（t-）noŋ^{44}
年尾 nin^{11}møy^{42} 年底
　年底 nin^{11}tɛ^{42}
上半年 syuŋ$^{213-44}$puɔn$^{35-55}$nin^{11}
下半年 a$^{213-44}$puɔn$^{35-55}$nin^{11}
全年暝 tsu（-n）^{11}nin^{11}maŋ^{11} 整年（常用）
　全年 tsun^{11}nin^{11}
　蜀年暝 si（-k）$^{1-44}$nin^{11}maŋ^{11}
正月 tsiaŋ^{44}ŋut^1
十二月 sɛ（-t）$^{1-44}$n maŋ^{11}i^{213}ŋut^1 腊月
月头 ŋut^{1}t^{h}au^{11} 月初
月中 ŋut^{1}toŋ^{44} 月半
月尾 ŋut^{1}møy^{42} 月底

蜀□日 si（-k）$^{1-44}$kau$^{35-55}$net$^{1-5}$ 一个月
蜀只月 si（-k）$^{1-44}$（ts-）ʒiɛk^{5}ŋut$^{1-5}$
前只月 sɛn^{11}（ts-）ʒiɛk^{5}ŋut$^{1-5}$ 前个月，上个月
上只月 syuŋ^{213}（ts-）ʒiɛk^{5}ŋut$^{1-5}$
头只月 t^{h}au^{11}（ts-）ʒiɛk^{5}ŋut$^{1-5}$
这只月 tsa^{35}（ts-）ʒiɛk^{5}ŋut$^{1-5}$ 这个月
这蜀只月 tsai^{35}（ts-）ʒiɛk^{5}ŋut$^{1-5}$
下只月 a^{213}（ts-）ʒiɛk^{5}ŋut$^{1-5}$ 下个月
每只月 møy^{42}（ts-）ʒiɛk^{5}ŋut$^{1-5}$ 每月
今早 kiɛn^{44}（ts-）na^{42} 今天早上
□晡 saŋ^{11}（p-）ŋu^{44} 昨天
明旦 ma（-ŋ）^{11}（t-）nan^{35} 明天
　明旦 maŋ^{35}
后日 au^{213}net^1 后天
大后日 tuɔ^{213}au^{213}net$^{1-3}$ 大后天
落后日 louk^{5}au^{213}net^1 大大后天
第二工 tɛ^{44}nɛ$^{213-44}$（k-）øŋ^{44} 次日，某日的下一天
头工 t^{h}au^{11}（k-）øŋ^{44} 前一天
前日 sɛn^{11}net^1 前天
大前日 tuɔ$^{213-44}$sɛn^{11}net^1 大前天
前几工 sɛn^{11}køy$^{42-44}$（k-）øŋ^{44} 前几天
星期日 siŋ^{44}（k-）ŋɛ^{11}net^1 星期天
礼拜日 lɛ$^{42-55}$pai$^{35-55}$net$^{1-5}$
蜀礼拜 si^{1}lɛ$^{42-44}$pai^{35} 一星期
蜀星期 si（-k）$^{1-44}$siŋ^{44}（k-）ŋɛi$^{11-44}$
全工 tsuŋ^{11}køŋ^{44} 整天
每工 møy^{42}køŋ^{44} 每天

工工 køŋ⁴⁴køŋ⁴⁴
十几工 sɛt¹køy⁴²køŋ⁴⁴
天光 tʰin⁴⁴（k-）ŋuŋ⁴⁴ 清晨、上午
　天光头 tʰin⁴⁴（k-）ŋuŋ⁴⁴⁻⁵⁵（tʰ-）nau¹¹⁻⁵⁵
日头昼 nit¹（tʰ-）au¹¹（t-）wau³⁵ 中午
日昼头 nit¹（t-）au³⁵⁻¹¹（tʰ-）wau¹¹ 下午
日昼 nit¹（t-）au³⁵ 下午
半日 puɔn³⁵⁻⁵⁵net¹ 半天
　半工 puɔn³⁵⁻⁵⁵køŋ⁴⁴
大半日 tuɔ²¹³⁻⁴⁴puɔn³⁵⁻⁵⁵net¹ 大半天
天快光 tʰin⁴⁴kʰe³⁵⁻⁴⁴kuŋ⁴⁴ 凌晨，天快亮
　天见光 tʰin⁴⁴kin³⁵kuŋ⁴⁴
昼兜 tau³⁵⁻⁵⁵（tʰ-）lau⁴⁴ 午前，十一点左右
当昼 toŋ⁴⁴（t-）nau³⁵ 正午
昼后 tau³⁵⁻⁵⁵xɛu²¹³ 午后
日中 net¹toŋ⁴⁴ 白天
暝见晏 maŋ¹¹kin³⁵an³⁵ 天刚黑
暝晡边 maŋ¹¹（p-）ŋu⁴⁴pin⁴⁴ 黄昏，傍晚
　晡边头 pu⁴⁴pin⁴⁴（tʰ-）nau¹¹⁻⁴⁴
暝晡 maŋ¹¹（p-）ŋu⁴⁴ 夜晚
　暝晡头 maŋ¹¹（p-）ŋu⁴⁴（tʰ-）wau¹¹⁻⁴⁴
半暝 puɔn³⁵⁻⁵⁵maŋ¹¹⁻⁵⁵ 半夜
上半暝 syuŋ²¹³⁻⁴⁴puɔn³⁵⁻⁵⁵maŋ¹¹ 上半夜
下半暝 a²¹³⁻⁴⁴puɔn³⁵⁻⁵⁵maŋ¹¹ 下半夜
全暝 tsun¹¹maŋ¹¹ 整夜
　全暝晡 tsun¹¹maŋ¹¹（p-）ŋu⁴⁴
全暝透天光 tsun¹¹maŋ¹¹tʰau³⁵tʰin¹¹kun⁴⁴ 从天黑到天亮
暝暝晡 maŋ¹¹maŋ¹¹（p-）ŋu⁴⁴ 每天晚上
每工暝晡 møy⁴²køŋ⁴⁴maŋ¹¹（p-）ŋu⁴⁴ 每天晚上
隔暝 kak⁵maŋ¹¹ 隔夜；过夜
年 nin¹¹ 年份（指某一年）
月 ŋut¹ 月份（指某一月）
日 net¹ 日子（指日期）
呢乇辰候 ni⁴⁴nok⁵sɛn¹¹nau²¹³ 什么时候
　乇辰候 nok⁵sɛn¹¹nau²¹³
快落 kʰe³⁵lɔk⁵ 以前
　以前 i⁴²⁻⁵⁵sɛn¹¹
头先 tʰau¹¹（s-）wɛn⁴⁴ 先前，以前
　□早 poi⁴⁴～pai⁴⁴（ts-）ʒia²¹³
　快 kʰe³⁵
股后 kun³⁵⁻⁵⁵nau²¹³ 后来，指时间
股后 kun³⁵⁻⁵⁵nau²¹³ 后面，指方位
现在 xin²¹³⁻⁴⁴（ts-）ʒai²¹³
晏下 aŋ³⁵⁻⁵⁵ŋa²¹³⁻⁴⁴ 等一会儿的时间
这遑 tsoŋ⁴⁴ 现在（～还没来）
今帮 kin⁴⁴（p-）muɒŋ⁴⁴ 如今（～长胖了点）
头倒 tʰau¹¹to³⁵ 上次，上回
　前倒 sɛn¹¹to³⁵
下倒 a²¹³⁻⁴⁴（t-）lo³⁵ 下次
蜀下团 si⁻¹¹a²¹³kiɛn⁴² 一会儿
　蜀晡团 si⁻¹¹pu⁴⁴kiɛn⁴²
蜀世侬 si⁻⁴⁴si³⁵nœn¹¹⁻⁵⁵ 一辈子，一生

第四节 农业

下种 xa²¹³⁻⁴⁴tsuŋ⁴²
订窟 tiŋ³⁵⁻⁵⁵kʰɔt⁵ 点种
壅头 oŋ³⁵⁻⁵⁵tʰau¹¹ 秧苗根部蘸肥料
菜栽 tsʰai³⁵⁻⁴⁴（ts-）ʒai⁴⁴ 菜苗
下菜栽 xa²¹³tsʰai³⁵⁻⁴⁴（ts-）ʒai⁴⁴ 育菜苗
伏番薯母 pou²¹³⁻⁴⁴xɔn⁴⁴（s-）nɛu¹¹mɔ⁴²
　　下红薯种
　　下番薯种 xa²¹³xɔn⁴⁴（s-）nɛu¹¹tsuŋ⁴²
栽芋卵 tsai⁴⁴u⁴⁴lɔn²¹³ 种马铃薯
　　订芋卵 tiŋ³⁵u⁴⁴lɔn²¹³
做塍式 tso³⁵⁻⁵⁵tsʰɛn¹¹（s-）ek⁵ 耕田
　　（统称）
秧尺 ⁼oŋ⁴⁴tsʰyk⁵ 养育秧苗的田地，可
　　泛指一般的田
作秧尺 ⁼tsɔk⁵oŋ⁴⁴tsʰyk⁵ 平整秧田
拔秧 petˡoŋ⁴⁴ 拔起秧苗，捆成若干
　　小把
担秧 tan⁴⁴oŋ⁴⁴ 插秧时，送秧苗
撒秧 sak⁵oŋ⁴⁴ 在秧田上撒谷种
　　撒粟种 sak⁵tsʰuk⁵tsuŋ⁴²
犁塍 lɛ¹¹tsʰɛn¹¹ 耕田
牛犁 ŋou¹¹lɛ¹¹ 用牛犁田
侬犁 nœn¹¹lɛ¹¹ 用人拉犁
扛犁 koŋ⁴⁴lɛ¹¹ 两人协作犁田
炸⁼塍 tsa³⁵⁻⁵⁵tsʰɛn¹¹ 用手扶拖拉机犁
　　田（翻土、碎田）

锄塍 tʰɛu¹¹tsʰɛn¹¹ 用锄头在田里翻土
耙塍 pa¹¹tsʰɛn¹¹ 平田
　　镋塍 tʰoŋ³⁵⁻⁵⁵tsʰɛn¹¹
作塍墘 tsɔk⁵tsʰɛn¹¹（k-）ŋin¹¹ 筑田埂
抪塍 pu³⁵⁻⁵⁵tsʰɛn¹¹⁻⁵⁵ 插秧
抪进 pu³⁵tsin³⁵ 插秧时，向前进的方式
抪退 pu³⁵tʰøy³⁵ 插秧时，向后退的方式
浮株 pʰo¹¹tau⁴⁴ 插秧时，秧苗插不深而
　　浮起
死株 si⁴²⁻⁴⁴tau⁴⁴ 插秧后，烂死的秧苗
补株 pu⁴²⁻⁵⁵tau⁴⁴ 填补烂死的秧苗
煞塍□ sak⁵tsʰɛn¹¹køŋ³⁵ 插秧收尾
掘窟 kok¹kʰɔt⁵ 打埯
薅草 xau⁴⁴（tsʰ-）ʒau⁴²⁻⁴⁴ 水田里除草
拾草 kʰaʔ⁵tsʰau⁴² 园地里除草
摸草 ma⁴⁴tsʰau⁴² 用手在田里除草
　　拔草 pɛ(-t)¹⁻⁴⁴tsʰau⁴²
拉塍 latˡtsʰɛn¹¹ 通过拨拉禾苗的方法将
　　田里的小蚊子拍打到水田里淹死
拉露 latˡlu³⁵ 第一个走在山路上的都需
　　要除露水开路
关塍 kuŋ⁴⁴tsʰɛn¹¹⁻⁴⁴ 禾苗生长的关键期
　　防止鸭子踩踏将鸭子隔离起来
划营 pʰuɔʔ⁵kan⁴⁴ 割牛草
　　割营 kaʔ⁵kan⁴⁴
讨柴 tʰɔ⁴²⁻⁵⁵（tsʰ-）ʒa¹¹⁻⁵⁵ 砍柴

刈柴 tsʰøy³⁵⁻⁵⁵（tsʰ-）ʒa¹¹⁻⁵⁵
柴□ tsʰa¹¹tsᴇ¹¹ 砍作柴火的灌木
划曝 puɔt⁵pʰuk¹ 生柴火比较重，一般砍来放原地晾干了再背下山
扭 nᴇu⁴² 捆柴用的柔韧的藤条；捆绑
䄻穗 teu²¹³⁻⁴⁴sui³⁵ 稻穗
割䄻 kat⁵teu²¹³ 割稻子
割麦 kaʔ⁵mak¹ 割麦子
驮䄻 tɔ¹¹teu²¹³ 将割下的水稻搬去脱粒
担粟 tan⁴⁴tsʰuk⁵ 挑稻谷
晾粟 loŋ³⁵⁻⁵⁵tsʰuk⁵ 晾干稻谷的水分
反粟 pᴇn⁴²⁻⁵⁵tsʰuk⁵ 翻晒稻谷
拍粟 pʰa（-ʔ）⁵⁻⁴⁴tsʰuk⁵ 打场
秤䄻 puɔn²¹³⁻⁴⁴teu²¹³ 给稻子脱粒
箅粟 tʰai⁴⁴tsʰuk⁵ 用筛子除去稻子叶
曝粟 pʰu（-k）¹⁻⁴⁴tsʰuk⁵ 晒谷子
曝粟坪 pʰu（-k）¹⁻⁴⁴tsʰuk⁵paŋ¹¹ 晒场
簟坪 tᴇn²¹³⁻⁴⁴（p-）maŋ¹¹ 专门晒粮食的地方
锄园 tʰᴇu¹¹xun¹¹ 锄地
掘园 kok¹⁻⁴xun¹¹ 开荒
调 tᴇu¹¹ 搅拌（肥料）
下料 xa²¹³⁻⁴⁴lᴇu²¹³ 施肥，肥料为固体
　追肥 tui⁴⁴poi¹¹
　下肥 xa²¹³⁻⁴⁴poi¹¹
壅料 oŋ³⁵⁻⁵⁵lᴇu²¹³ 浇粪
泼屎 pʰuɔt⁵sai⁴² 泼肥
泼尿 pʰuɔt⁵niu²¹³ 洒尿肥
屎坑 sai⁴²⁻⁴⁴kʰaŋ⁴⁴ 粪坑

屎穴 sai⁴²⁻⁵⁵xœok¹ 菜地里用于储存粪料的坑
拾猪屎 kʰa（-k）⁵⁻⁴⁴ty⁴⁴sai⁴² 拾猪粪
担屎 tan⁴⁴sai⁴² 挑大粪
担粪 tan⁴⁴pun³⁵ 送肥料
粪袋 pun³⁵（t-）nɒi²¹³ 插秧时称送肥料的人
　屎袋 sai⁴²⁻⁵⁵tɒi²¹³
担火灰 tan⁴⁴xøy⁴²⁻⁵⁵ʒu⁴⁴ 挑草木灰
担塍土 tan⁴⁴tsʰᴇn¹¹tʰɔu¹¹ 挑晒干田土
淹粪 ak⁵pun³⁵ 把大粪、草木灰、田土按一定比例混合起来，沤成插秧的肥料
淹猪粪 ak⁵ty⁴⁴pun³⁵ 沤猪粪
□粪 noi¹¹pun³⁵ 用脚踩的方式和粪肥
粪堆 pun³⁵（t-）noi⁴⁴ 一堆堆插秧用的肥料
遮粪 tᴇ²¹³⁻⁴⁴pun³⁵ 把粪肥遮盖起来
拍虫 pʰak⁵tʰœŋ¹¹ 用农药在田间除虫
讨菜 tʰɔ⁴²⁻⁵⁵（tsʰ-）ʒai³⁵ 摘菜
收菜 siu⁴⁴（tsʰ-）ʒai³⁵
钉萝卜 tiŋ³⁵⁻⁵⁵la¹¹pok¹（挖坑）种萝卜
晛水 e³⁵⁻⁵⁵tsøy⁴² 管理浇灌事宜
壅水 oŋ³⁵⁻⁵⁵tsøy⁴² 浇水
放水 poŋ³⁵⁻⁵⁵tsøy⁴² 灌水（使水入地）
□水 kʰɔ⁴²⁻⁵⁵tsøy⁴² 排水（使水出地）
　挡水 toŋ⁴²⁻⁵⁵tsøy⁴²
　破水 pʰuɔ³⁵⁻⁵⁵tsøy⁴²
划水 pʰuɔ（-k）¹⁻⁴⁴tsøy⁴² 打水（从井

里或河里取水）

掼水 kuɔn²¹³⁻⁴⁴tsøy⁴² 提水

水井 tsøy⁴²⁻⁵⁵tsaŋ⁴² 水井

水桶 tsøy⁴²⁻⁵⁵tʰœŋ⁴² 水桶（汲水用的木桶）

桶囝 tʰœŋ⁴²⁻⁵⁵ŋiɛn⁴² 家用的水桶

井索 tsaŋ⁴²⁻⁴⁴sɔk⁵ 井绳

水勾 tsøy⁴²⁻⁴⁴kau⁴⁴ 竹制的打水的勾

黄甲"车 uŋ¹¹（k-）ŋaʔ⁵tsʰiɛ⁴⁴ 人力水车

车囝 tsʰiɛ⁴⁴kiɛn⁴² 木制大车，板车

牛拢 ŋou¹¹lœŋ⁴² 牛笼嘴

牛鼻穿 ŋou¹¹pʰi³⁵⁻⁵⁵（tsʰ-）un⁴⁴ 牛鼻桊

牛胫架 ŋou¹¹（t-）lau²¹³⁻⁴⁴ka³⁵ 牛轭

犁 lɛ¹¹

犁柴 lɛ¹¹tsʰa¹¹ 犁身

犁头柴 lɛ¹¹tʰau¹¹tsʰa¹¹ 犁身

犁柄 lɛ¹¹paŋ³⁵ 犁把

犁头 lɛ¹¹（tʰ-）au¹¹ 犁尖

犁壁 lɛ¹¹piɛk⁵ 犁铧

□ se³⁵ 大耙子

锐板 tʰoŋ³⁵⁻⁵⁵pɛn⁴² 用于碎土的平田板，比耙子小

草耙 tsʰau⁴²⁻⁵⁵（p-）βa¹¹⁻⁵⁵ 小于平田板的钉耙

风枞 xuŋ⁴⁴sin⁴⁴ 扇车

砻 lœŋ¹¹ 脱去稻谷外皮的农具

礒磨 xu⁴⁴mɔ²¹³ 石磨

磨盘 mɔ²¹³⁻⁴⁴puɒŋ¹¹⁻⁴⁴

礒磨手 xu⁴⁴mɔ²¹³⁻⁴⁴tsʰeu⁴² 磨把

磨空 mɔ²¹³⁻⁴⁴kʰøŋ⁴⁴ 磨眼

礒磨心 xu⁴⁴mɔ²¹³⁻⁴⁴（s-）lin⁴⁴ 磨扇中心的铁轴

磨槽 mɔ²¹³⁻⁴⁴sɔ¹¹ 磨齿

舂米 tsuŋ⁴⁴mei⁴² 把糙米放在石臼中捣烂米皮

舂臼 tsuŋ⁴⁴（kʰ-）ɔu²¹³⁻⁴⁴ 舂米臼

米槌 mi⁴²⁻⁵⁵tʰoi¹¹⁻⁵⁵ 舂米的槌子（石制）

糍槌 se¹¹tʰoi¹¹ 舂糍粑的槌子（木制）

柴米槌 tsʰa¹¹mi⁴²⁻⁵⁵（tʰ-）loi¹¹⁻⁵⁵ 杵棒

筛 tʰai⁴⁴ 筛子

涂筛 tʰou¹¹（tʰ-）lai⁴⁴ 土筛

罗 lɔ¹¹ 筛粉末状细物用的罗

罗米 lɔ¹¹mei⁴² 用罗筛去米皮，留下白米

米 mei⁴² 去谷壳后的白米

糠罗 kʰoŋ⁴⁴lɔ¹¹⁻⁴⁴ 筛米糠的罗

番薯匾 xɔn⁴⁴（s-）nɛu¹¹⁻⁴⁴pin⁴² 晒地瓜米的竹匾

番薯笐 xɔn⁴⁴（s-）nɛu¹¹⁻⁴⁴xoŋ³⁵ 架竹匾的架子

农镐 noŋ¹¹kɔ⁴²⁻⁴⁴ 镐

锄头 tʰy¹¹（tʰ-）lau¹¹ 锄（松土、锄草用，扁形）

曲锄 kʰu⁵⁵⁻⁵⁵tʰɛu¹¹⁻⁵⁵ 面积窄的、厚的、挖石头用的锄头

铡刀 tsak¹to⁴⁴

柴刀 tsʰa¹¹to⁴⁴ 砍柴刀

长柄刀 toŋ¹¹paŋ³⁵⁻⁵⁵to⁴⁴ 长柄的砍刀
膆刀 tsʰɛn¹¹to⁴⁴ 田埂上劈草的刀
刀鞘 to⁴⁴siu³⁵
簸箕 puɔ³⁵⁻⁵⁵（k-）i⁴⁴ 盛粮食用的簸箕
畚斗 pun³⁵⁻⁵⁵（t-）nau⁴² 撮箕（撮垃圾、撮粮食用）
畚箕 pun³⁵⁻⁵⁵（k-）ŋi⁴⁴ 粪箕
屑 sok⁵ 垃圾
篮 lan¹¹ 篮子
箩 luɔ¹¹ ～ lai¹¹

篓□ lai⁴²⁻⁵⁵pi⁴⁴ 采茶篓
番薯篮 xuɔn⁴⁴（s-）nɛu¹¹lan¹¹ 红薯筐
扁担 pɛn⁴²⁻⁵⁵（t-）nan⁴⁴
担担 tan⁴⁴（t-）nan³⁵ 挑担子
柴帚 tsʰa¹¹（ts-）iu⁴² 扫帚
秫䄕楻 puɔn²¹³⁻⁴⁴teu²¹³（x-）uŋ¹¹ 脱粒用的木桶
䄕接 teu²¹³⁻⁴⁴tsik⁵ 脱粒木桶上插的竹帘子
䄕梯 teu²¹³⁻⁴⁴tʰai⁴⁴ 打谷用的梯子

第五节　植物

麦 maʔ¹
荞麦 kiu¹¹maʔ¹
麦秆 maʔ¹kan⁴² 麦茬
犬尾粟 kʰɛn⁴²⁻⁵⁵møy⁴²⁻⁵⁵lu³⁵ 莠（狗尾巴草，种子可食）
䄕 teu²¹³ 谷子（指植株，子实是小米）
番豆 xuɔn⁴⁴tau⁴⁴ 玉米
黍 sœ⁴² 高粱
粟 tsʰuʔ⁵ 稻子（指子实）
稗 pʰe³⁵ 稗子
米 mei⁴² 稻的子实；经过舂碾的米
糯米 nɔ²¹³⁻⁴⁴mei⁴² 籼米（米粒长而细，黏性小）
糯米絮 nɔ²¹³⁻⁴⁴mei⁴²（tsʰ-）œ³⁵ 糯米粉团
糙米 tsʰo³⁵⁻⁵⁵mei⁴² 未舂碾过的米

棉花 min¹¹（x-）nuɔ⁴⁴
棉桃 min¹¹tʰɔ¹¹ 棉花桃儿
麻秆 muɔ¹¹kan⁴²
苎 tœ²¹³ 苎麻
苎根 tœ²¹³⁻⁴⁴kyn⁴⁴ 苎麻根
洋麻 yuŋ¹¹muɔ¹¹ 脂麻，芝麻
向日葵 xœŋ⁻⁵⁵nyk¹⁻⁵kɛi¹¹ 向日葵（植物），葵花籽
薯 sɛu¹¹ 薯，山药
糯米薯 nɔ²¹³⁻⁴⁴mi⁴²⁻⁵⁵（s-）lɛu¹¹⁻⁵⁵ 肉质柔软的薯
柴□薯 tsʰa¹¹tuŋ³⁵sɛu¹¹ 木薯，肉质坚硬像树桩
番薯 xuɔn⁴⁴（s-）nɛu¹¹⁻⁴⁴ 番薯
黄心番薯 uŋ¹¹（s-）nin⁴⁴xuɔn⁴⁴（s-）nɛu¹¹⁻⁴⁴ 黄心番薯

铁薯 tʰiʔ⁵sɛu¹¹ 一种结实的番薯
白薯 pa(-k)⁵⁻⁴⁴sɛu¹¹ 白皮番薯
红薯 œŋ¹¹sɛu¹¹⁻⁴⁴ 红皮番薯
心□瓜 sin⁴⁴(ts-)nyuŋ⁻⁴⁴kuɔ⁴⁴ 另一种黄心的地瓜
生红卵络 saŋ⁴⁴œŋ¹¹lɔŋ²¹³⁻⁴⁴lɔk⁵ 番薯在地里时被其他植物所缠绕，可能导致长不大
番薯煞 xuɔn⁴⁴(s-)nɛu¹¹⁻⁴⁴sak⁵ 番薯挖完以后地里剩的歪瓜裂枣
番芋卵 xuɔn⁴⁴u²¹³⁻⁴⁴lɔn²¹³ 马铃薯
膣芋卵 tsʰɛn¹¹u²¹³⁻⁴⁴lɔn²¹³ 芋（指这种植物）
芋卵头 u²¹³⁻⁴⁴(l-)ɔn²¹³⁻⁴⁴(tʰ-)nau¹¹ 芋头（芋块茎的总称）
芋卵 u²¹³⁻⁴⁴(l-)ɔn²¹³ 种在水田的芋头
山□落 san⁴⁴mœ⁻⁴⁴lœok¹ 种在山地的芋头
番团芋 xuɔn⁴⁴(k-)ŋiɛn⁴²⁻⁵⁵ŋu²¹³ 果实长得像田七，也有些像姜，可食
蕨 kut⁵ 蕨菜（各种蕨菜名称）
蕨芒 kuʔ⁵mɔŋ¹¹⁻⁴⁴ 芒萁
胡毛蕨 xo¹¹mɔ¹¹kut⁵ 猴腿菜
龙蕨 lɔŋ¹¹kut⁵ 大的蕨菜
蕨芒蕨 kuʔ⁵mɔŋ⁻⁴⁴kut⁵ 生于山涧的多毛的蕨菜
□蕨 tsiɛn⁴²⁻⁴⁴kut⁵ 当地最常吃的一种蕨菜
雉鸡尾 ty⁴⁴(k-)i⁴⁴møy⁴²⁻⁴⁴ 肾蕨

藠头 kiu²¹³⁻⁴⁴(tʰ-)lau¹¹⁻⁴⁴ 野蒜
豆藤菜 tau²¹³ten¹¹tsʰai³⁵ 木耳菜
蒟 ku⁴² 魔芋
藕 ŋau²¹³ 莲藕，本地无
莲子 lɛn¹¹(ts-)nei⁴²
豆荚 tau²¹³kik⁵ 黄豆
绿豆 lu(-k)¹⁻⁴⁴(t-)au²¹³
乌豆 u⁴⁴(t-)au²¹³ 黑豆
米豆 mi⁴²⁻⁵⁵(t-)au²¹³ 很小的一种豆子
洋米□ yuŋ¹¹mi⁴²⁻⁴⁴siu⁴⁴ 红小豆
麦前豆 ma(-k)¹⁻⁴⁴lan¹¹(t-)lau²¹³ 豌豆
豇豆 kɔŋ⁴⁴(t-)nau²¹³
棉豆 min¹¹tau²¹³ 扁豆
茶豆 ta¹¹(t-)lau²¹³ 蚕豆
茄 ky¹¹ 茄子
瓜 kuɔ⁴⁴ 黄瓜
刺萝 tshiɛ³⁵⁻⁵⁵lœ¹¹⁻⁵⁵ 丝瓜
八角萝 petˢ⁵køuk⁵lœ¹¹ 有八条杠的丝瓜
苦瓜 kʰu⁴²⁻⁴⁴(k-)uɔ⁴⁴
金匏 kim⁻⁴⁴(p-)mo¹¹⁻⁴⁴ 南瓜
冬瓜 tøŋ⁴⁴(k-)ŋuɔ⁴⁴
白匏 pak¹(p-)ɔu¹¹ 葫芦
葱 tsʰøŋ⁴⁴
番葱 xuɔn⁴⁴(tsʰ-)nøŋ⁴⁴ 洋葱
葱箬 tsʰøŋ⁴⁴nyk¹⁻⁴ 葱叶
葱头 tsʰøŋ⁴⁴tʰau¹¹
蒜 sɔŋ³⁵

蒜头 soŋ³⁵⁻⁵⁵（tʰ-）nau¹¹ 蒜头

蒜头苗 soŋ³⁵⁻⁵⁵（tʰ-）nau¹¹miu¹¹ 蒜苗，青蒜

蒜头酱 soŋ³⁵⁻⁵⁵（tʰ-）nau¹¹tsyɔŋ³⁵ 蒜泥

韭菜 kiu⁴²⁻⁴⁴tsʰai³⁵

韭黄 kiu⁴²⁻⁵⁵uŋ¹¹

苋菜 xen⁵⁻⁵⁵（tsʰ-）nai³⁵

番柿 xuɔn⁴⁴（kʰ-）ŋɛi²¹³ 西红柿

姜 kyuŋ⁴⁴

番椒匏 xuɔn⁴⁴（t-）niu⁴⁴pɔu¹¹⁻⁴⁴ 柿子椒

橘椒 kik⁵tiu⁴⁴

番椒 xuɔn⁴⁴（t-）niu⁴⁴ 辣椒

芥菜 kuai³⁵⁻⁵⁵（tsʰ-）ʒai³⁵

胡椒 xo¹¹（t-）iu⁴⁴

红头菜 œŋ¹¹（tʰ-）nau¹¹（tsʰ-）ʒai³⁵ 菠菜

白菜 pak¹（tsʰ-）ʒai³⁵

包菜 pau⁴⁴（tsʰ-）ʒai³⁵ 洋白菜（叶子卷成球状的）

小白菜 sɛu⁴²⁻⁵⁵pa（-k）¹⁻⁴⁴（tsʰ-）ʒai³⁵

莴笋 uɔ⁴⁴søn⁴² 莴笋茎部

莴笋箬 uɔ⁴⁴søn⁴²⁻⁵⁵nyk¹ 莴笋叶

玻璃菜 pʰo⁴⁴le¹¹⁻⁴⁴（tsʰ-）nai³⁵ 生菜

莙蓬菜 kuŋ⁴⁴（pʰ-）moŋ¹¹⁻⁴⁴（tsʰ-）ʒai³⁵

芹菜 kʰøn¹¹（tsʰ-）nai³⁵

萝卜 la¹¹pok¹

泛空掉 pʰaŋ³⁵⁻⁵⁵（kʰ-）ŋøŋ⁴⁴li（萝卜）糠了

萝卜甲 ˉla¹¹pok¹kak⁵ 萝卜缨儿

萝卜脯 la¹¹po（-k）¹⁻⁴⁴pʰu⁴² 晒干的萝卜干

萝卜橘 la¹¹po（-k）¹⁻⁴⁴kik⁵ 腌制的萝卜干

红萝卜 œŋ¹¹la¹¹pok¹ 胡萝卜

茖笋 kan⁴⁴（s-）nøn⁴² 茭白

花瓶菜 xuɔ⁴⁴pen¹¹（tsʰ-）nai³⁵ 油菜（做蔬菜用）

调羹菜 tiu¹¹keŋ⁴⁴（tsʰ-）nai³⁵

油菜 ieu¹¹（tsʰ-）ai³⁵ 油菜苔

油菜籽 ieu¹¹（tsʰ-）ai³⁵tsi⁴² 油菜子（榨油用）

蕹菜 uŋ³⁵⁻⁴⁴（tsʰ-）nai³⁵ 空心菜

艾蒿菜 ŋiɛ³⁵⁻⁵⁵（k-）o⁴⁴（tsʰ-）ʒai³⁵ 茼蒿

葵菜 kɛi¹¹（tsʰ-）ai³⁵ 葵菜，有黏性

菜蕨 tsʰai³⁵⁻⁵⁵kut⁵ 油菜花

母箬 mɔ⁴²⁻⁵⁵nyk¹ 植物最先长出的叶子，老叶

新叶 sin⁴⁴nyk¹ 植物最后长出的叶子

菜饴 tsʰai³⁵⁻⁵⁵ɛi¹¹ 野菜煮熟磨浆后加米汤凝结而成的菜冻

柴林 tsʰa¹¹lan¹¹ 树林

柴栽 tsʰa¹¹tsai⁴⁴ 树苗

柴垛 tsʰa¹¹tɔ¹¹ 树干

柴尾 tsʰa¹¹møy⁴² 树梢

柴蠢 tsʰa¹¹tsʰœn⁴² 新长的枝叶

柴根 tsʰa¹¹kyn⁴⁴ 树根

柴箬 tsʰa¹¹nyk¹ 树叶

柴痕 tsʰa¹¹xɔn¹¹ 年轮

柴节 tsʰa¹¹tsɛt⁵ 木节
□ na⁴⁴ 树疤
柴枝 tsʰa¹¹ki⁴⁴ 树枝
柴团 tsʰa¹¹（k-）iɛn⁴² 小树枝
柴櫼 tsʰa¹¹tsʰiɛn⁴⁴ 小柴片
栽柴 tsai⁴⁴tsʰa¹¹ 种树（动宾）
剉柴 tsʰøy³⁵⁻⁵⁵（tsʰ-）ʒa¹¹ 砍树（动宾）
松柴 søŋ¹¹（tsʰ-）ŋa¹¹ 松树
松柴毛 søŋ¹¹（tsʰ-）ŋa¹¹mɔ¹¹ 松针
松柴卵 søŋ¹¹（tsʰ-）ŋa¹¹lɔŋ²¹³ 松球
柴明 tsʰa¹¹miaŋ¹¹ 松香
杉柴 san⁴⁴（tsʰ-）na¹¹⁻⁴⁴ 杉树
杉柴刺 san⁴⁴（tsʰ-）na¹¹（tsʰ-）i³⁵ 杉针
抱团柴 pɔ²¹³⁻⁴⁴kiɛn⁴²⁻⁵⁵（tsʰ-）na¹¹⁻⁵⁵ 树头分长出另一棵小树的树
桑树 sɔŋ⁴⁴（tsʰ-）neu³⁵
桑薦 sɔŋ⁴⁴pʰo⁴⁴ 桑葚
桑箬 sɔŋ⁴⁴nyk¹⁻⁴ 桑叶
杨树 yuŋ¹¹（tsʰ-）neu³⁵
柳 liau⁴² 柳树
荆条 kʰeŋ¹¹tɛu¹¹
桐籽树 tʰœŋ¹¹（ts-）ei⁴²⁻⁵⁵（tsʰ-）eu³⁵ 桐油树
桐籽 tʰœŋ¹¹（ts-）ei⁴² 桐子
桐油 tʰœŋ¹¹ieu¹¹ 桐油
苦槠 kʰu⁴²⁻⁵⁵（ts-）y⁴⁴ 苦槠树
苦槠柴 kʰu⁴²⁻⁵⁵（ts-）y⁴⁴（tsʰ-）a¹¹⁻⁴⁴ 苦槠树
红豆杉 œŋ¹¹tau²¹³⁻⁴⁴san⁴⁴ 红豆树

槭柴 tsʰik⁵tsʰa¹¹ 枫树
胡天柴 xo¹¹tʰin⁴⁴（tsʰ-）na¹¹⁻⁴⁴ 当地一种叶子变红的树
桃沥 tʰɔ¹¹let¹ 桃树的黏液
竹 tyʊk⁵ 竹子
毛竹 ma¹¹tyʊk⁵
竹团 tyʊk⁵kiɛn⁴² 小竹子
观音竹 kuɔn⁴⁴in⁴⁴tyʊk⁵ 矮小可制碱的竹子
苦竹 kʰu⁴²⁻⁵⁵tyʊk⁵ 苦笋长成的竹子
黄竹 uŋ¹¹tyʊk⁵ 黄皮的竹子
□竹 sy¹¹tyʊk⁵ 另一种小竹子
锤竹 tʰoi¹¹tyʊk⁵ 根部粗大的竹子
几⁼竹 ki⁴²⁻⁴⁴tyʊk⁵ 几笋长成的竹子
溪竹 kʰe⁴⁴tyʊk⁵ 芦竹
笋 søn⁴² 竹笋
冬笋 tøŋ⁴⁴søn⁴²⁻⁴⁴
春笋 tsʰun⁴⁴søn⁴²⁻⁴⁴
麻笋 ma¹¹søn⁴²
白笋糕 pak¹søn⁴²⁻⁴⁴ŋo⁴⁴ 一种长在黄土里的肉很白的春笋
白梅糕 pak¹mui¹¹ŋo⁴⁴
笋壳 søn⁴²⁻⁵⁵（kʰ-）øuk⁵
箨 tʰɛi²¹³ 较大的笋壳，可用于编织器物
筕 ɔŋ²¹³ 竹竿
龙筕枝 lɔŋ¹¹tsʰɛn⁴²⁻⁵⁵ki⁴⁴ 留着枝杈用于挂竹竿的竹架
竹箬 tyʔ⁵nyk¹⁻⁵ 竹叶
篾 mit¹ 篾片（竹子劈成的薄片）

火竹 xøy$^{42-44}$tyuk^5 点火用的竹篾
屎篾 sai$^{42-55}$mit$^{1-5}$ 擦屁股用的篾条
篾囊 mi（-t）$^{1-44}$nɔŋ^{11} 篾黄
二重篾 ne$^{213-44}$tʰoŋ^{11}mit^1 篾去除篾皮和
　　篾囊的部分
青篾 tsʰaŋ^{44}mit^1 篾青
　　篾皮 mit^{1}pʰui^{11}
洋参 yuŋ^{11}（s-）nen^{44} 人参
八百光 pɛt^{5}pak^{5}kuŋ^{44} 一种人参的须
水果 tsøy$^{42-5}$kou^{42}
干果 kan^{44}ku^{42}
桃 tʰɔ^{11}
杏 xøŋ^{35}
殕李 pʰu$^{42-55}$lei^{42} 李子
李干 li$^{42-55}$（k-）an^{44} 李子做的干果，
　　味甜
苹果 peŋ^{11}ku^{42}
枹 pʰau^{44} 柚子
椪 pʰœŋ^{213} 小个的柚子
红枣 œŋ^{11}tsɔ^{42}
梨 lɛi^{11}
枇杷 pi^{11}（p-）βa^{11}
红珠 œŋ^{11}tsu^{44} 杨梅
柿 kʰɛi^{213} 柿子
柿饼 kʰɛi$^{213-44}$piaŋ^{42}
柿软 kʰɛi$^{213-44}$nøn^{35} 成熟的柿子
覆柿 pʰok^{5}kʰɛi^{213} 放坛子里腌制的柿子
　　盐柿 sin$^{35-55}$kʰɛi^{213}
石榴 tsʰyʔ^{1}leu^{11}

橘 kik^5 橘子
橘纱 kik^{5}sa^{44} 橘瓣上的丝
金橘 kin^{44}（k-）ŋik^5
　　橘囷 kik^{5}kiɛn^{42}
柑橘 kan^{44}kik^5
木瓜 mok^{1}kuɔ^{44}
宝丸 pɔ$^{42-55}$un$^{11-55}$ 龙眼
宝丸肉 pɔ$^{42-55}$un$^{11-55}$nøuk^1 去壳去核的
　　龙眼干
荔枝 lɛ$^{213-44}$（k-）i^{44}
杧果 moŋ^{11}（k-）ŋu^{42}
菠萝 pʰo^{44}lɔ$^{11-44}$
橄榄 ka$^{42-55}$lan^{42}
银杏 ŋøn^{11}xøŋ^{35}
锥 tsy^{44} 栗子（大个和小个）
核桃 xɔt^{1}tʰɔ^{11}
榛子 tsen^{44}（ts-）nei^{42}
苦锥 kʰu$^{42-55}$tsy^{44} 鸳鸯果
西瓜 se^{44}（k-）uɔ^{44}
瓜子 kuɔ^{44}（ts-）ei$^{42-44}$
甜瓜 tin^{44}kuɔ^{44}
　　香瓜 xyɔŋ^{44}kuɔ^{44}
茶 nai^{213} 油茶
甘蔗 kan^{44}（ts-）niɛ^{35}
花生 xuɔ^{44}（s-）leŋ^{44}
花生肉 xuɔ^{44}（s-）leŋ^{44}nøuk$^{1-4}$ 花生米
花生皮 xuɔ^{44}（s-）leŋ^{44}pʰui^{11} 花生皮
木樨 mok^{1}se^{44} 桂花
桂花 ki$^{35-55}$xuɔ^{44}

菊花 køuk⁵xuɔ⁴⁴
梅花 mui¹¹xuɔ⁴⁴
指甲花 tsiaŋ⁴²⁻⁴⁴（k-）ŋak⁵（x-）uɔ⁴⁴
　　凤仙花
莲花 lɛn¹¹（x-）nuɔ⁴⁴ 荷花
莲叶 lɛn¹¹nyk¹ 荷叶
莲蓬 lɛn¹¹（pʰ-）moŋ¹¹
水仙 tsøy⁴²⁻⁵⁵siɛn⁴⁴
茉莉花 mɔ¹¹lɛi²¹³⁻⁴⁴xuɔ⁴⁴ 茉莉花儿
呵□草 xœ¹¹kiʔ⁵tsʰau⁴² 含羞草
喇叭花 la⁻⁴⁴pa⁴⁴xuɔ⁴⁴ 牵牛花
天笑花 tʰin⁴⁴（tsʰ-）niu³⁵⁻⁵⁵xuɔ⁴⁴ 杜鹃花
　　春晓花 tsʰun⁴⁴nɛu⁴²⁻⁵⁵xuɔ⁴⁴
满山红 man⁴²⁻⁵⁵san⁴⁴œŋ¹¹ 红色杜鹃花
耳聋花 ŋi²¹³⁻⁴⁴lœŋ¹¹xuɔ⁴⁴ 紫色杜鹃花，
　　传言有毒，吃了致耳聋
芙蓉 xu¹¹ioŋ¹¹ 木芙蓉
锦上添花 ken⁴²（s-）nyuŋ²¹³tʰin⁴⁴xuɔ⁴⁴
　　蟹爪兰
万年青 uɔn²¹³⁻⁴⁴nin¹¹tsʰaŋ⁴⁴
仙人掌 sin⁴⁴iɛn¹¹⁻⁴⁴tsyɔŋ⁴²
海棠 xai⁴²⁻⁵⁵（t-）lɔŋ¹¹⁻⁵⁵
臭海棠 tsʰau³⁵⁻⁵⁵xai⁴²⁻⁵⁵（t-）lɔŋ¹¹⁻⁵⁵ 天
　　竺葵
百合 pa（-k）⁵⁻⁴⁴（x-）ak¹
樱花 iŋ⁴⁴xuɔ⁴⁴
紫云英 tsi⁴²⁻⁵⁵xon¹¹iŋ⁴⁴
茶梨花 ta¹¹lɛi¹¹xuɔ⁴⁴ 山茶花
松油 sœŋ¹¹ieu¹¹ 山茶油

茶梨泡 ta¹¹lɛi¹¹pʰau²¹³ 山茶泡
绣球 siu³⁵⁻⁵⁵keu¹¹⁻⁵⁵
昙花 tan¹¹（x-）nuɔ⁴⁴
美人蕉 mi⁴²⁻⁵⁵iɛn¹¹⁻⁵⁵tsiu⁴⁴
鸭骹裂 aʔ⁵kʰa⁴⁴let¹ 鸭跖草
日头虹 ⁼ni¹¹（tʰ-）au¹¹kʰoŋ²¹³
金针 kin⁴⁴（ts-）nen⁴⁴ 可食的萱草
溪荾 kʰe⁴⁴sui⁴⁴ 石菖蒲
野金针 ia⁴²⁻⁵⁵kin⁴⁴（ts-）nen⁴⁴ 不可食
　　的萱草
土金针 kin⁴⁴（ts-）nen⁴⁴
水刺菜 tsy⁴²⁻⁵⁵（tsʰ-）i³⁵⁻⁵⁵（tsʰ-）ʒai³⁵
　　小蓟草
臭草 tsʰau³⁵⁻⁵⁵（tsʰ-）au⁴² 一种叶子很
　　臭的草
□□ puŋ¹¹ŋi⁴⁴ 类似蒲公英的草
兔脆草 tʰu³⁵⁻⁴⁴nen³⁵⁻⁵⁵tsʰau⁴² 叶茎有白
　　汁，牲畜可食
面草 min²¹³⁻⁴⁴tsʰau⁴² 长条柔软的草，喂
　　养牲畜常用
铜珓杯 tœŋ¹¹ka³⁵⁻⁵⁵pui⁴⁴ 天胡荽，又叫
　　铜钱草，圆叶
蛇舌囝 siɛ¹¹sit¹kiɛn⁴² 鸭舌草，蛇舌草
刺头 tsʰi³⁵（tʰ-）lau¹¹ 菝葜
柴头梨 tsʰa¹¹tʰau¹¹lɛi¹¹ 沙梨
黄栀 uŋ¹¹（k-）ŋi⁴⁴ 栀子花
野苋菜 iɛ⁴²xen³⁵⁻⁴⁴（tsʰ-）nai³⁵ 马齿苋，
　　刺苋
莙蓬草 kun⁴⁴pʰoŋ¹¹tsʰau⁴² 飞蓬

节节断 tsek⁵tsek⁵tɔn²¹³ 空心莲子草、
　陌上菜
红灯笼 œŋ¹¹teŋ⁴⁴lœŋ¹¹⁻⁴⁴ 牛茄子
鸡肫皮 ki⁴⁴ken²¹³⁻⁴⁴pʰui¹¹ 鸡内金
石坤 ⁼tsʰyʔ¹（kʰ-）ɔn⁴⁴ 石斑木
犬骰迹 kʰɛn⁴²⁻⁵⁵kʰa⁴⁴tsiɛk⁵ 石龙尾
七粒珠 tsʰik⁵la⁻⁴⁴tsu⁴⁴ 果实有七个圆形
　果实
七姊妹 tsʰik⁵tsi⁴²⁻⁵⁵mui³⁵ 末端一片，左
　右三对对生叶子的草
乞食碗 kʰyʔ⁵⁻⁵⁵siɛ（-ʔ）¹⁻⁴uɔn⁴² 积雪草
千侬拔 tsʰen⁴⁴nœŋ¹¹pɛt¹ 牛筋草
□□ ki¹¹niaŋ⁴⁴ 金樱子
□茄 tu¹¹ky¹¹ 形似山竹的小野果，味
　甜多籽
树籽 tsʰiu³⁵⁻⁵⁵（ts-）i⁴² 乌饭子
年 ⁼竹 nin¹¹tøuk⁵
油藨 ieu¹¹（pʰ）o⁴⁴ 赤楠，牛金子
　白兜藨 pak¹lau⁻⁴⁴pʰo⁴⁴
沙 ⁼罗 ⁼藌 sa⁴⁴lɔ¹¹⁻⁴⁴øŋ³⁵ 酸筒杆
蒳 na¹¹ 五叶木通
蒳必 na¹¹pit⁵ 三叶木通
墙蕨 tsʰyuŋ¹¹kut⁵ 长在墙座石缝里的蕨
　类植物
红菜 œŋ¹¹tsʰai³⁵ 补血菜
养心草 yɔŋ⁴²⁻⁴⁴sin⁴⁴tsʰau⁴² 救心菜
夜来香 iɛ²¹³lai¹¹xyɔŋ⁴⁴ 钻地老鼠、紫
　茉莉
鸡血藤 ki⁴⁴xet⁵ten¹¹⁻⁵⁵

草聂 ⁼tsʰau⁴²⁻⁴⁴niɛk⁵ 鱼腥草
鸡母伏 ki⁴²⁻⁴⁴mɔ⁴²⁻⁵⁵po²¹³ 金刚藤
犁头草 lɛ¹¹（tʰ-）au¹¹tsʰau⁴² 早开堇菜
鸡角髻 ki⁴⁴（k-）øuk⁵kui³⁵ 堇菜科，花
　朵形成弯钩，小孩常用其果实互
　斗，可做草药清凉去火
鸡肉骨 ki⁴⁴nøu（-k）¹⁻⁴⁴kɔt⁵
白畬 ⁼pak¹siɛ⁴⁴
金线吊葫芦 kin⁴⁴siɛn³⁵tiu³⁵⁻⁵⁵xɔu¹¹lɔu¹¹
　果实长得像葫芦的一种草
老蟹夹 lau²¹³⁻⁴⁴œ⁻⁴⁴kiɛt⁵ 鬼针草
木笔 mok¹pit⁵ 玉兰，辛夷
紫薇 tsi⁴²⁻⁵⁵mɛi¹¹
穿山龙 tsʰun⁴⁴san⁴⁴lɔŋ¹¹⁻⁴⁴
灯心草 teŋ⁴⁴（s-）nin⁴⁴tsʰau⁴²
半夏 puɔn³⁵⁻⁵⁵xa²¹³
石膏 tsʰyʔ¹ko⁴⁴ 药用石膏
杏仁 xøŋ³⁵⁻⁵⁵ien¹¹⁻⁵⁵ 白果
莎草 suɔ⁴⁴tsʰau⁴² 香附
佛手 xot¹tsʰeu⁴²
沙葛 suɔ⁴⁴kak⁵ 断肠草，雷公藤
野苎 iɛ⁴²⁻⁵⁵tœ²¹³ 荨麻
土薄荷 tʰu⁴²⁻⁵⁵paʔ¹ɔ¹¹ 野薄荷
蝦蟆草 xa¹¹ku⁴⁴（tsʰ-）au⁴² 夏姑草
臭子 tsʰau³⁵⁻⁵⁵（ts-）ei⁴² 山苍子
　通子 tʰuŋ（ts-）ei⁴²
糊豆 kɔu¹¹tau²¹³ 果实似豆荚，有毛易
　黏物，用于贴字画
马兰畬 ⁼ma⁴²⁻⁵⁵lan¹¹siɛ⁴⁴ 马兰

刺菜 tsʰi³⁵⁻⁵⁵（tsʰ-）ai³⁵ 荠菜
金银花 kin⁴⁴ŋøn¹¹xuɔ⁴⁴
洋蟆衣 yuŋ¹¹mɛ¹¹ui⁴⁴ 车前草
水脆 tsøy⁴²⁻⁴⁴nen³⁵ 太阳花、垂盆草
野菊花 iɛ⁴²⁻⁵⁵køuk⁵xuɔ⁴⁴ 三脉紫菀
土洋参 tʰu⁴²⁻⁵⁵yuŋ¹¹（s-）nɛn⁴⁴ 商陆
牛茶 ŋɔu¹¹ta¹¹ 算盘子、野南瓜
金匏猪 ki（-n）⁴⁴（p-）mɔu¹¹⁻⁴⁴ty⁴⁴ 南瓜花
金匏花 ki（-n）⁴⁴（p-）mo¹¹⁻⁴⁴xuɔ⁴⁴ 木槿花，可食
玉簪花 ŋøuk¹tsan⁴⁴xuɔ⁴⁴
三角草 san⁴⁴køuk⁵tsʰau⁴²
丝线花 si⁴⁴siɛn³⁵⁻⁵⁵xuɔ⁴⁴ 石蒜，彼岸花
天蓼 tʰin⁴⁴lɛu²¹³ 红蓼，蓼草
熊＝草 xen¹¹tsʰau⁴² 甜根子草、茅草
熊＝草根 xen¹¹tsʰau⁴²⁻⁵⁵kyn⁴⁴ 茅草根
□菜 xøuk¹tsʰai³⁵ 长在田里，有些像水葫芦，可喂猪
龙舌 loŋ¹¹sik¹ 眼子菜
龙芽头 loŋ¹¹ŋa¹¹tʰau¹¹ 龙芽草
洋蟆弄＝yuŋ¹¹mɛ¹¹lœŋ²¹³ 叶似荸荠的水生植物
水浮莲 tsy⁴²⁻⁵⁵pʰɔu¹¹lɛn¹¹ 凤眼兰，又叫水葫芦
雀团麦 tsi（-k）⁵⁻⁴（k-）iɛn⁴²⁻⁵⁵maʔ¹⁻⁵ 鸟类可食、果实似麦的野草
三角梅 san⁴⁴køuk⁵mui¹¹ 光叶子花
落地生根 lɔk¹tɛi²¹³saŋ⁴⁴kyn⁴⁴ 白牡丹

酸丝 son⁴⁴（s-）ni⁴⁴ 红花炸酱草
墙泊 tsʰyuŋ¹¹pɔk¹ 爬山虎
浡＝浡＝草 pʰok¹pʰok¹tsʰau⁴² 灯笼草，果实空心，挤压果实可发出响声
灯笼 teŋ⁴⁴lœŋ¹¹⁻⁴⁴
乌茄 u⁴⁴ky¹¹ 龙葵
箬下珠 nyk¹xa²¹³tsu⁴⁴ 叶下珠
土恩龟 tʰu⁴²⁻⁵⁵œn⁴⁴（k-）ŋui⁴⁴ 接骨草
鼠麹团 tsi⁴²⁻⁴⁴køuk⁵（k-）iɛn⁴² 鼠耳草、卷耳；也指可去感冒的"天青地白"
花蕊 xuɔ⁴⁴løy⁴²⁻⁴⁴ 花蕾
花箬 xuɔ⁴⁴nyk¹ 花瓣
花心 xuɔ⁴⁴sin⁴⁴ 花蕊
菅 kan⁴⁴ 寒芒
菅槁 kan⁴⁴kɔ⁴² 菅草，类似芦苇
芒 moŋ¹¹ 菅草花
香菇 xyɔŋ⁴⁴（k-）ŋu⁴⁴
蘑菇 muɔ¹¹（k-）u⁴⁴
冬菇 tøŋ⁴⁴（k-）ŋu⁴⁴
青苔 tsʰaŋ⁴⁴ŋɛi¹¹⁻⁴⁴
柄 paŋ³⁵ 瓜果或花与枝相连的小柄
□ tsʰiɛn³⁵ 主茎旁生的侧茎
二倒花 nɛ²¹³to³⁵xuɔ⁴⁴（豆荚等的）第二轮开花
汁 tsek⁵ 花木汁液
□ i³⁵ 花木水果因失去水分而萎缩
瘤 leu¹¹ 根瘤

第六节 动物

头牲 tʰau¹¹（s-）laŋ⁴⁴ 牲口
马牯 ma⁴²⁻⁵⁵kou⁴² 公马
马母 ma⁴²⁻⁵⁵mɔ⁴² 母马
牛牯 ŋou¹¹kou⁴² 公牛
刬牯 kyk⁵kou⁴² 犍牛，阉过的公牛
母牛 ŋou¹¹mɔ⁴²
黄牛 uŋ¹¹ŋou¹¹
水牛 tsøy⁴²⁻⁵⁵ŋou¹¹⁻⁵⁵
牛囝 ŋou¹¹kiɛn⁴² 牛犊
□浆 ɔn²¹³⁻⁴⁴tsyɔŋ⁴⁴ 猪牛羊等在泥水里打滚
驴 lœ¹¹
驴牯 lœ¹¹kou⁴² 公驴
驴母 lœ¹¹mɔ⁴² 母驴
骡 lɔ¹¹
骆驼 lœ(-k)¹¹⁻⁴⁴tɔ¹¹～tʰɔ¹¹ 骆驼
绵羊 min¹¹yuŋ¹¹
羊 yuŋ¹¹
羊囝 yuŋ¹¹（k-）ŋiɛn¹¹ 羊羔
麂 kei⁴² 麂子
獐 tsyuŋ⁴⁴
鹿 lœok¹
犬 kʰɛn⁴²
犬牯 kʰɛn⁴²（k-）ŋou⁴² 公狗
犬母 kʰɛn⁴²mɔ⁴² 母狗
犬囝 kʰɛn⁴²⁻⁴⁴（k-）ŋiɛn⁴²⁻⁴⁴ 小狗儿、幼犬

猫狸 ma¹¹ni³⁵ 猫
猫狸雄 ma¹¹ni³⁵⁻⁵⁵hœn¹¹⁻⁵⁵ 公猫
猫狸母 ma¹¹ni³⁵⁻⁵⁵mɔ⁴² 母猫
□ ɔn²¹³ 猫蹭人腿
□ lɛ¹¹
野猫 iɛ⁴²⁻⁵⁵ma¹¹⁻⁵⁵ 野猫
猪狮 ty⁴⁴（s-）lai⁴⁴ 种猪
牯猪 kou⁴²⁻⁵⁵ty⁴⁴ 阉公猪，菜猪
猪母 ty⁴⁴mɔ⁴²⁻⁴⁴ 母猪
母猪 mɔ⁴²⁻⁵⁵ty⁴⁴ 阉母猪，菜猪
猪囝 ty⁴⁴（k-）iɛn⁴²⁻⁴⁴ 猪崽
猪豚 ty⁴⁴（t-）lɔn¹¹⁻⁴⁴ 半大的猪
刬猪 kyk⁵ty⁴⁴ 阉猪（动宾）
猪喙斗 ty⁴⁴tsʰy³⁵⁻⁵⁵（t-）lau⁴² 猪向外突出的唇吻部位
猪屎糜 ty⁴⁴sai⁴²⁻⁵⁵mui¹¹⁻⁵⁵ 猪消化不良拉稀的屎
□腹下 nɛn¹¹pukˀ⁵a²¹³ 猪牛等动物腹部肥而松垮的地方
兴遘 xiŋ³⁵kau³⁵ 动物发情
起苗 kʰi⁴²⁻⁵⁵miu¹¹⁻⁵⁵
潘水 pʰun⁴⁴（ts-）nøy⁴²⁻⁴⁴ 猪食
歇潘 xyt⁵pʰun⁴⁴ 猪因发情而停止进食
姣遘 xɛu¹¹kau³⁵ 雌（雄）性动物发情
放 puŋ³⁵ 给家禽、小动物配种

兔 tʰu³⁵
鸡 ki⁴⁴
鸡角 ki⁴⁴（k-）øuk⁵ 成年的打鸣的
　　公鸡
鸡角囝 ki⁴⁴（k-）øuk⁵（k-）iɛn⁴² 未成
　　年的小公鸡
刐牯 kyk⁵kou⁴² 阉过的公鸡
　刐鸡 kyk⁵ki⁴⁴
刐鸡 kyk⁵ki⁴⁴ 阉鸡（动宾）
鸡母 ki⁴⁴mɔ⁴²
伏鸡母 pou²¹³⁻⁴⁴ki⁴⁴mɔ⁴² 抱窝鸡（正在
　　孵蛋的母鸡）
鸡健 ki⁴⁴lan³⁵ 未成年的小母鸡
　鸡母囝 ki⁴⁴mɔ⁴²⁻⁴⁴（k-）iɛn⁴²
鸡豚 ki⁴⁴lɔn¹¹ 中等大小的鸡
鸡囝 ki⁴⁴（k-）iɛn⁴²⁻⁴⁴ 小鸡
鸡卵 ki⁴⁴lɔn²¹³ 鸡蛋
生卵 saŋ⁴⁴lɔn²¹³ 下蛋
伏 pou²¹³ 孵（～小鸡儿）
鸡角髻 ki⁴⁴（k-）øuk⁵⁻⁴kui³⁵ 鸡冠
鸡骹爪 ki⁴⁴（kʰ-）a⁴⁴（ts-）au⁴² 鸡
　　爪子
鸡爪 ki⁴⁴tsau³⁵
寻鸡 sen¹¹ki⁴⁴ 唤鸡
翻 pʰen⁴⁴ 鸡找食
鸭 at⁵
鸭雄 a（-t）⁵⁻⁵⁵xœŋ¹¹ 公鸭
鸭母 a（-t）⁵⁻⁵⁵mɔ⁴² 母鸭
鸭囝 a（-t）⁵（k-）iɛn⁴² 小鸭子

鸭卵 a（-t）⁵⁻⁵⁵lɔn²¹³ 鸭蛋
鹅 ŋiɛ¹¹
鹅囝 ŋiɛ¹¹kiɛn⁴² 小鹅
鹅健 ŋiɛ¹¹lan³⁵ 还未下蛋的母鹅
□□ lu³⁵lu⁰ 唤狗
㕤㕤 tsu³⁵tsu⁰ 唤鸡
□□ pi³⁵pi⁰ 唤小鸭
□□ ak¹ak¹ 唤大鸭
□□ tœ³⁵tœ⁰ 唤猪
斤鸡 kyn⁴⁴ki⁴⁴ 一斤重的鸡，最滋补
模卵 tɛn²¹³⁻⁴⁴lɔn²¹³ 受精蛋
头生卵 tʰau¹¹（s-）laŋ⁴⁴lɔn²¹³ 母鸡下的
　　第一个蛋
野兽 iɛ⁴²⁻⁵⁵（s-）liu³⁵
狮 sai⁴⁴ 狮子
老虎 lau⁴⁴
老虎母 la⁴²⁻⁴⁴xu⁴²⁻⁵⁵mɔ⁴² 母老虎
　　（雌虎）
猴 kau¹¹
熊 xen¹¹
豹 pau³⁵
白鼻兔 pak¹pʰi³tʰu³⁵ 蟹獴
狐狸 ku¹¹lɛi¹¹
□豚 tu⁴⁴（tʰ-）lɔn¹¹⁻⁴⁴ 竹鼠，竹豚
鼠狼 tsʰy⁴²⁻⁵⁵（l-）nɔŋ¹¹⁻⁵⁵ 黄鼠狼
老鼠 la⁴⁻⁴⁴（tsʰ-）y⁴²
山老鼠 san⁴⁴la⁴⁻⁴⁴（tsʰ-）y⁴² 田鼠
水鼠 tsøy⁴²⁻⁵⁵（tsʰ-）y⁴² 水老鼠
厝老鼠 tsʰu³⁵⁻⁵⁵la⁴⁻⁴⁴（tsʰ-）y⁴² 家鼠

老蛇 lau²¹³⁻⁴⁴（s-）iɛ¹¹ 蛇

老鼠袋 la⁻⁴⁴（tsʰ-）y⁴²⁻⁵⁵tɒi²¹³ 爬墙吃鼠等小动物的毒蛇，灰色，身有红圈

双头蛇 soŋ⁴⁴（tʰ-）au¹¹siɛ¹¹ 钝尾两头蛇

青竹笐 tsʰaŋ⁴⁴tyʊk⁵kɔŋ²¹³ 竹叶青蛇，无毒

红目珠 œŋ¹¹muk¹tsiu⁴⁴ 竹叶青蛇，眼红，剧毒

金环 kin⁴⁴kʰuɔn¹¹ 金环蛇

银环 ŋøn¹¹kʰuɔn¹¹ 银环蛇

蕲蛇 kɛi¹¹（s-）iɛ¹¹ 蝮蛇

水蛇 tsøy⁴²⁻⁵⁵（s-）iɛ¹¹⁻⁵⁵

涂蛇 tʰou¹¹（s-）iɛ¹¹ 比水蛇大一些，在土里活动

菜花蛇 tsʰai³⁵⁻⁵⁵xuɔ⁴⁴（s-）iɛ¹¹⁻⁴⁴

乌老 u⁴⁴lau²¹³⁻⁴⁴ 乌梢蛇，无毒

钱串 tsin¹¹（tsʰ-）non³⁵ 小蜥蜴

墿□ tu²¹³⁻⁴⁴nɛn²¹³ 胖蜥蜴

蜞 kʰɛi¹¹ 蜓蚰

猪母蜞 ty⁴⁴mɔ⁴²⁻⁵⁵kʰɛi¹¹ 一种白色的软体虫子

扁担蜞 pen⁴²⁻⁵⁵nan⁴kʰɛi¹¹ 水蛭

壁虎 piɛ（-k）⁵xu⁴²

獭 tʰit⁵ 水獭

山猪 san⁴⁴（t-）ny⁴⁴ 野猪

寻骹迹 sen¹¹kʰa⁴⁴tsiɛk³⁵ 寻找野兽踪迹

问卦 mun³⁵⁻⁵⁵kuɔ³⁵ 打猎前的占卜

请神 tsʰiaŋ⁴²⁻⁵⁵sen¹¹ 祭山神，祈求打猎平安

围山 uoi¹¹san⁴⁴ 围猎

□山 xœ²¹³⁻⁴⁴san⁴⁴ 制造噪声引兽出动

徛位 kʰiɛ²¹³⁻⁴⁴uoi²¹³ 定位等待

开铳 kʰui⁴⁴tsʰuŋ³⁵ 野兽跑到谁面前谁就开火

分份 pun⁴⁴xon²¹³ 分配猎物

雀囝 tsi（-k）⁵⁻⁵⁵kiɛn⁴² 鸟儿

屎榾燕 sai⁴²⁻⁵⁵xuŋ¹¹in³⁵ 一种吃蛆虫的益鸟

老鸦 lɔ⁴²⁻⁵⁵a⁴⁴ 乌鸦

吉鹊 kik⁵tsʰyɔk⁵ 喜鹊

黄□ uŋ¹¹mit⁵ 麻雀

燕 in³⁵ 燕子

雁 ŋan²¹³

斑鸠 pɛn⁴⁴（ts-）ny⁴⁴

白鸽 pak¹（k-）ak⁵ 鸽子

鹧鸪 tsɛ⁻⁴⁴（k-）u⁴⁴

□伯鸟 siɛ¹¹pak⁵tsɛu⁴² 布谷鸟

啄木鸟 tɔk⁵mo（-k）⁵⁻⁴⁴tsɛu⁴²

驮鱼雀囝 tɔ¹¹ŋɛu¹¹tsik⁵kiɛn⁴² 翠鸟

鵒雀 ku⁻⁵⁵on⁻⁵⁵ 猫头鹰

鹦鹉 iŋ⁴⁴ŋu⁴²

□□ pa¹¹pa³⁵ 八哥

鹤 xɔk¹

九节狸 kau⁴²⁻⁵⁵（ts-）ɛ（-k）⁵⁻⁴⁴lɛ¹¹ 九节狸，大灵猫

果子猫 kui³⁵⁻⁵⁵tsei⁴²⁻⁴⁴ma¹¹⁻⁴⁴

老鹞 la⁻⁴⁴iu²¹³ 老鹰
　　□□ lɔŋ⁻⁵⁵mE⁻⁵⁵
雉鸡 ty⁴⁴（k-）i⁴⁴ 野鸡
　　屈鸡 kʰuk⁵（k-）i⁴⁴
水鸭 tsøy⁴²⁻⁴⁴at⁵ 一种很小的鸭子
白鹭 pak¹lou²¹³ 鹭鸶
□□蝠 pi¹¹（p-）βɔ¹¹pik⁵ 蝙蝠
翼 siɛk¹ 翅膀
喙 tsʰoi³⁵ 嘴（鸟类之嘴）
雀囝岫 tsi⁴⁴kiɛn⁴²⁻⁵⁵siu³⁵ 鸟窝
蚕 tsʰɛn¹¹
花生肉 xuɔ⁴⁴（s-）lɛŋ⁴⁴nøuk¹⁻⁴ 蚕蛹
蚕屎 tsʰɛn¹¹sai⁴² 蚕沙，家蚕的屎
窗蛛 tʰuŋ⁴⁴（t-）ny⁴⁴ 蜘蛛
老蟢 lau²¹³⁻⁴⁴xei⁴² 蟢子
蚁 ŋiɛ²¹³ 蚂蚁
墿＝猴 ＝tu²¹³⁻⁴⁴（k-）lau¹¹ 蝼蛄
地鳖虫 ti²¹³⁻⁴⁴pik⁵tʰœŋ¹¹⁻⁵⁵ 土鳖（可入药，又叫地鳖）
猴＝蚓 kau¹¹tsʰɔn⁴² 蚯蚓
蜞螺 kʰɛi¹¹lɒi¹¹ 蜗牛
屎核 sai⁴²⁻⁵⁵（x-）ɜɔt¹⁻⁵ 蜣螂
金龟 kin⁴⁴kui⁴⁴ 金龟子
白字 pak¹tsei²¹³ 蛴螬
蜈蚣 ŋiɛ¹¹kɒŋ⁴⁴
番薯猪 xɔn⁴⁴（s-）nɛu¹¹ty⁴⁴ 长尾大蚕蛾
刺□ tsʰiɛ³⁵nuo⁴² 扁刺蛾幼虫，毒性强
青□ tsʰaŋ⁴⁴lɛu¹¹⁻⁴⁴ 刺蛾

蝴蝶刺 xu¹¹（t-）li（-k）¹lat⁵ 毛虫
茶刺 ta¹¹nat⁵ 茶毛虫
蛤 tai¹¹ 米里的米色虫子
串 ＝tsʰun³⁵ 米里的黑色虫子
粟蛘 tsʰu（-ʔ）⁵⁻⁵⁵yuŋ¹¹⁻⁵⁵ 谷堆里的小黑虫
虮 køy⁴² 蚜虫
蜉蝇 pu¹¹（s-）jeŋ¹¹ 苍蝇
蠓 muŋ⁴² 黑的小飞虫（不吸血）
捂蠓虫 u⁴²muŋ¹¹（tʰ-）nœn¹¹ 烟熏蚊子
蠓囝 muŋ⁴²⁻⁵⁵（k-）ŋiɛn⁴² 蚊子
竹蠓 tyuk⁵muŋ⁴² 咬人很疼的大蚊子，腹部黑白相间
犬屎蠓 kʰɛn⁴²⁻⁵⁵（s-）lai⁴²⁻⁵⁵muŋ⁴² 狗屎上边飞着的小黑虫
蚼头□ pu¹¹lau¹¹nɔk¹ 小黑虫，咬后过敏反应比蚊子厉害
□□ kam⁴⁴mi⁴⁴ 无翅，蜘蛛大小的虻，吸食牲畜血，咬后肿痛经久不消
百骹虫 pa（-k）⁵kʰa⁴⁴tʰœŋ¹¹ 马陆
虫卵 tʰœŋ¹¹lɔn²¹³ 虫卵
鬏 tsʰiu⁴⁴ 触须
针 tsen⁴⁴ 螯针
骸丝虫 kʰa⁴⁴（s-）li⁴⁴（tʰ-）œŋ¹¹⁻⁴⁴ 孑孓
虱母 sɛʔ（-t）⁵mɔ⁴² 虱子
虱虮 sɛʔ（-t）⁵køy⁴² 小虱子
虱母卵 sɛʔ（-t）⁵mɔ⁴²⁻⁵⁵lɔn²¹³ 虱子卵
臭□ tsʰau³⁵⁻⁵⁵koi²¹³ 臭虫
木虱 mo（-k）¹⁻⁴⁴set⁵

水□ tsøy⁴²⁻⁵⁵（k-）oi²¹³ 臭大姐
虼蚤 ka⁻⁴⁴（ts-）lau⁴² 跳蚤
牛虻 ŋou¹¹maŋ¹¹
灶鸡 tsau³⁵⁻⁵⁵（k-）i⁴⁴ 蟋蟀
天牛 tʰin⁴⁴ŋɔu¹¹⁻⁴⁴
□ sak¹ 蟑螂
　寻⁼母 sen¹¹mɔ⁴²
草蜢 tsau⁴²⁻⁵⁵maŋ⁴² 蝗虫
螳螂（t-）lɔŋ¹¹lɔŋ¹¹ 螳螂
　老虎肚 lo³⁵⁻⁵⁵to²¹³
碓米□ tai³⁵⁻¹¹mi⁴²⁻⁵⁵kʰɔk¹ 叩头虫
眷米□ lœŋ¹¹mi⁴²⁻⁵⁵suk¹ 龙虱
蛾角 ŋiɛ¹¹（k-）ouk⁵ 公蛾
蛾母 ŋiɛ¹¹mɔ⁴² 母蛾
臭蛾 tsʰau³⁵⁻⁵⁵ŋiɛ¹¹⁻⁵⁵ 踩死后很臭的一
　种蛾
猪母蛾 ty⁴⁴mɔ⁴²⁻⁵⁵ŋiɛ¹¹⁻⁵⁵ 腹部很大的一
　种蛾
黄蛾 uŋ¹¹ŋiɛ¹¹ 雨后出现的一种蛾
蝉 sin¹¹
蜂 pʰuŋ⁴⁴ 蜜蜂
匏头蜂 pu¹¹（tʰ-）lau¹¹pʰuŋ⁴⁴ 马蜂
墙蜂 tsʰyuŋ¹¹pʰuŋ⁴⁴ 一种短腹蜂，钻墙
　洞为窝
猴猪耳 kau¹¹ty⁴⁴ŋɛi²¹³ 毒性小的一种蜂
土里蜂 tʰu¹¹⁻⁵⁵ti⁴²⁻⁴⁴pʰuŋ⁴⁴ 蜂窝在土里
　的一种蜂
长□□ tɔŋ¹¹tiu⁻⁴⁴œn²¹³ 在地上筑窝、天
　冷时活动天热时藏于地的细腰蜂

叮 tiŋ³⁵（马蜂）蛰人
蜂岫 pʰuŋ⁴⁴（s-）neu³⁵ 蜂窝
蜜 met¹ 蜂蜜
猫狸蜞 ma¹¹ni⁻⁵⁵ɛ⁻⁵⁵ 萤火虫
飞毒 pui⁴⁴（tʰ-）œok¹ 蛾
蝴蝶 xu¹¹（t-）lik¹
蜻家⁼ tsʰiŋ⁴⁴（k-）ŋa⁴⁴ 蜻蜓
红蜻蜓 œŋ¹¹tsʰiŋ⁴⁴（k-）ŋa⁴⁴
嫩蜻家⁼ nɔn²¹³⁻⁴⁴tsʰiŋ⁴⁴（k-）ŋa⁴⁴ 蝐
新妇 sim⁴⁴（p-）mɔu²¹³⁻⁴⁴ 瓢虫
　瓢虫 pʰiu¹¹（tʰ-）lœŋ¹¹
鱼 ŋɛu¹¹
鲤鱼 li⁴²⁻⁵⁵ŋɛu¹¹⁻⁵⁵
□子 tʰiɛn³⁵⁻⁵⁵tsi⁴² 嘴小有突刺的鱼，鱼
　鳞偏黑
赤□ tsʰiɛ³⁵⁻⁵⁵nuɔ⁴² 身上有淡绿色条纹，
　嘴上、眼圈旁有白色突起的鱼
溪白 kʰe⁴⁴（p-）mak¹ 全身银白色的鱼
沙鲤 suɔ⁴⁴lei⁴²⁻⁵⁵ 塘鲤鱼
鲂鱼团 pɔŋ¹¹ŋɛu¹¹kiɛn⁴² 田里一种红绿
　相间的小鱼
塍虹 tsʰɛn¹¹kʰoŋ²¹³ 麦穗鱼
光⁼鱼 kuŋ⁴⁴ŋɛu¹¹⁻⁴⁴ 本地产，胸鳍有
　红点的一种鱼，肉质鲜美，深受
　喜爱
涂鲫 tʰou¹¹（ts-）lik⁵ 鲫鱼
鲳扁 tsʰyɔŋ⁴⁴（p-）mɛn⁴²⁻⁴⁴ 鲳鱼
草鱼 tsʰau⁴²⁻⁵⁵ŋɛu¹¹⁻⁵⁵
鲢鱼 lɛn¹¹ŋɛu¹¹

白鲢 pak¹lɛn¹¹ 鱼鳞为白色的鲢鱼
青鲢 tshaŋ⁴⁴lɛn¹¹⁻⁴⁴ 鱼鳞为青色的鲢鱼
大头鲢 tuɔ²¹³⁻⁴⁴（tʰ-）au¹¹lɛn¹¹ 胖头鱼
黄花 uŋ¹¹（k-）ŋuɔ⁴⁴ 黄花鱼
目鱼 mok¹ŋɛu¹¹ 比目鱼
　　比目鱼 pi⁴²⁻⁵⁵mok¹ŋɛu¹¹
桂花鱼 ki³⁵⁻⁵⁵xuɔ⁴⁴ŋɛu¹¹ 鳜鱼
鳗鱼 muɔn¹¹ŋɛu¹¹ 海鳗鱼
溪鳗 kʰe⁴⁴muɔn¹¹⁻⁴⁴ 淡水鳗
溪滑 kʰe⁴⁴（k-）ɔt¹⁻⁴ 传闻可以利用身
　　上黏液爬上山的一种鳗鱼
带鱼 tai³⁵⁻⁵⁵ŋɛu¹¹
鲈鱼 lou¹¹ŋɛu¹¹
鲗鱼 sɛi¹¹ŋɛu¹¹
塍鲵 tsʰɛn¹¹（s-）ɛk⁵ 胡子鲶
白鲦鱼 pa（-k）¹⁻⁴⁴tɛu¹¹ŋɛu¹¹
黄甲 uŋ¹¹（k-）ŋak⁵ 黄颡鱼
鲇鮍 kuk⁵nai⁴⁴
乌贼 u⁴⁴tsʰɛk¹¹ 墨鱼
鱿鱼 ieu¹¹ŋɛu¹¹
金鱼 kin⁴⁴ŋɛu¹¹⁻⁴⁴
涂鳅 tʰu¹¹（tsʰ-）liu⁴⁴ 泥鳅
□ lœ²¹³ 泥鳅、蚂蟥等身上的黏液
□ køn³⁵ 泥鳅、蛇等小动物的洞
老鳝 lau²¹³⁻⁴⁴（tsʰ-）ʒiɛn²¹³ 鳝鱼
鲞 syɔŋ⁴² 剖开晒干的鱼
海猪 xai⁴²⁻⁴⁴ty⁴⁴ 河豚
鱼鳞 ŋɛu¹¹siaŋ¹¹
鱼刺 ŋɛu¹¹tsʰi³⁵

鱼鳔 ŋɛu¹¹pʰa²¹³
鱼翼 ŋɛu¹¹siɛk¹ 鳍
鳃 tsʰi⁴⁴ 鱼腮
鱼卵 ŋɛu¹¹lɔn²¹³ 鱼子（鱼的卵）
鱼苗 ŋɛu¹¹miu¹¹
钓鱼 tiu³⁵⁻⁵⁵ŋɛu¹¹⁻⁴⁴
钓竿 tiu³⁵⁻⁵⁵（k-）an⁴⁴ 钓鱼竿
鱼钓 ŋɛu¹¹tiu³⁵ 钓鱼钩
浮麦 pʰou¹¹maʔ¹ 浮标
浮蹄 ⁼pʰou¹¹tɛ¹¹
鱼篓 ŋɛu¹¹lai⁴²
鱼网 ŋɛu¹¹mœŋ²¹³ 鱼网
虾 xa¹¹
虾□ xa¹¹mi³⁵ 鲜虾仁
　　虾□櫼 xa¹¹mi³⁵tsʰiɛn⁴⁴
鲑虀 ki¹¹（k-）o³⁵ 干虾米
乌丁虀 u⁴⁴tiŋ⁴⁴（k-）ŋo³⁵ 银黑色沙丁
　　鱼做成的鱼干
鲨 xau³⁵
虾籽 xa¹¹tsi⁴² 虾卵
恩龟 øŋ⁴⁴（k-）ŋui⁴⁴ 龟
鼋鱼 puɔn¹¹ŋɛu¹¹ 鳖
老蟹 lau²¹³⁻⁴⁴xɛ²¹³ 蟹
蟳 sen¹¹ 一般酒桌上吃的螃蟹
蠘 tsʰit¹ 梭子蟹、海蟹
蟛 ai⁴² 小海蟹
螃蜞 paŋ¹¹（k-）ŋei¹¹ 一种扁钳蟹
蟹膏 xɛ²¹³⁻⁴⁴ko⁴⁴ 蟹黄
青蛙 tsʰaŋ⁴⁴（k-）ŋi⁴⁴

水蛙 tsøy$^{42-55}$（k-）i^{44}
垟蟆 yuŋ^{11}mɛ^{11} 土蛙
垟蟆锤 yuŋ^{11}mɛ^{11}tʰoi^{11} 蝌蚪
石崙 tsʰyʔ$^{1-5}$loŋ^{35} 棘腹蛙
寒蛤 kan^{11}（k-）ŋak^{5} 蟾蜍
　蟾鱼 sin^{11}ŋɛu^{11}
牛蛙 nɛu^{11}uɔ^{44}
蛤 kat^{5} 海蛤蜊

花蛤 xuɔ^{44}kat^{5}
蚶 xan^{44} 蚶子
蛤团 kaʔ^{5}kiɛn^{42} 淡水蛤蜊
膡螺 tsʰɛn^{11}lɒi^{11} 螺蛳
螺螺 soi^{44}loi$^{11-44}$ 河螺
鲶肉 nin^{11}nøuk^{1} 只有黄豆大小的螺蛳
膡蚶 lɒi^{11}nan^{44} 蚌

第七节　房舍

厝 tsʰu^{35} 住宅
起 kʰiɛ^{35} 造（房子）
厝 tsʰu^{35}（整座）房子
两庑 lyuŋ$^{42-55}$ŋu^{-55} 中庭的左右两边
间 kin^{44}（单间）屋子
楼梯 lau^{11}tʰai^{44}
梯团 tʰai^{44}kiɛn$^{42-44}$ 可移动的梯子
阳台 yuŋ^{11}（t-）nai^{11}
　晾台 loŋ$^{35-55}$（t-）nai^{11}
草寮 tsʰau$^{42-55}$lɛu$^{11-55}$ 茅草搭起的草房
栋骨 tøŋ$^{35-44}$kɔt^{5} 房脊
厝栋头 tsʰu$^{35-44}$（t-）løŋ$^{35-55}$（tʰ-）
　nau$^{11-55}$ 房顶（站在～上）
栋头狮 tøŋ$^{35-55}$（tʰ-）nau^{11}（s-）lai^{44}
　置于屋顶镇灾辟邪的陶制狮子
檐尾 sin^{11}møy^{42} 房檐
硋笕 xai^{11}kɛn^{42} 放在天井上接屋檐水
　的陶制用具

硋筒 xai^{11}tœŋ^{11} 天井上的陶制排水管
梁 lyuŋ^{11}
桁 aŋ^{11} 檩
椽 tʰun^{11} 椽子
柱 tʰeu^{213} 柱子
柱子 tʰeu$^{213-44}$tsei^{42} 在地面的柱石
磉石 sɔŋ$^{42-55}$tsʰyʔ$^{1-5}$ 埋在地下的柱下石
岭座齿 liaŋ$^{42-44}$tsɔ^{213}kʰi^{42} 一步步式的
　台阶
岭齿座 liaŋ$^{42-44}$kʰi^{42}tsɔ^{213} 斜坡式的
　台阶
吊筒 tɛu$^{35-55}$tœŋ^{11} 伸出雕花的部分
枋 puŋ^{44} 方柱形木材
楣枋 mɛi^{11}puŋ^{44} 门楣上雕花的木板
椽头 tʰun^{11}（tʰ-）nau^{11} 方形木材结合
　处伸凸出来的部分，可贴木雕
天花板 tʰin^{44}（x-）uɔ^{44}（p-）βɛn^{42}
大门 tuɔ$^{213-44}$mun$^{11-44}$ 正门

后门 a²¹³⁻⁴⁴mun¹¹⁻⁴⁴

旁门 puɔn¹¹mun¹¹ 边门

小门 sɛu⁴²⁻⁴⁴mun¹¹⁻⁴⁴ 旁门和后门的统称

后门垄 a²¹³⁻⁴⁴mun¹¹lœŋ¹¹ 后门的田垄

门隊 mun¹¹（t-）nɛŋ²¹³ 门坎

门头角 mun¹¹（tʰ-）nau¹¹⁻⁴⁴（k-）øuk⁵ 门后（门扇后面）

门串 mun¹¹（tsʰ-）on³⁵ 门闩

门扇 mun¹¹sin³⁵

锁 sɔ⁴²

锁匙 sɔ⁴²⁻⁵⁵（s-）i¹¹⁻⁵⁵ 钥匙

窗对 tʰuŋ⁴⁴（t-）nøy³⁵ 门土木结构房屋墙上用于采光的洞

窗对门 tʰuŋ⁴⁴（t-）nøy³⁵⁻⁵⁵mun¹¹⁻⁴⁴ 墙上的窗门

窗台 tsʰoŋ⁴⁴（t-）nai¹¹⁻⁴⁴

走廊 tsau⁴²⁻⁵⁵lɔŋ¹¹⁻⁵⁵

墿弄 tu²¹³⁻⁴⁴lœŋ²¹³ 过道

楼廊 lau¹¹lɔŋ¹¹ 楼道

楼坪板 lau¹¹（p-）waŋ¹¹pɛn⁴² 楼板

当篙 toŋ⁴⁴ko⁴⁴ 建房时用于丈量尺寸的竹竿，每间房屋的当篙都不太相同

下基 xa²¹³ki⁴⁴ 打地基

埕基 tiaŋ¹¹ki⁴⁴ 地基

掘座基 kok¹tsɔ²¹³⁻⁴⁴（k-）i⁴⁴ 挖地基

墙基 tsʰyuŋ¹¹ki⁴⁴ 专指土木结构房屋的石块砌成的部分

做座 tso³⁵⁻⁵⁵（ts-）ɔ²¹³ 砌墙基

环梁 kʰuɔn¹¹lyuŋ¹¹ 圈梁

扇 sin³⁵ 房屋纵向的四根柱子形成的面，一般用"扇"的数量衡量房屋大小

扶扇 pʰu¹¹sin³⁵ 将柱子和已安装好的桁条竖起以形成垂直于水平面的"扇"

扶柱 pʰu¹¹tʰeu²¹³

垫磉 tɛŋ²¹³⁻⁴⁴sɔŋ⁴² 埋磉石

龙锤 loŋ¹¹tʰoi¹¹ 木工师傅用的专用于扶扇的木锤

上梁 syuŋ²¹³⁻⁴⁴lyuŋ¹¹

喝诗 xa（-k）⁵⁻⁴⁴si⁴⁴ 动工前木工师傅颂诗以祈福祝愿

雀团□ tsi⁵⁵（k-）iɛn⁴²⁻⁵⁵kœn²¹³ 土墙体上的常有鸟儿筑窝毛竹筒洞

绸 tʰeu¹¹ 布条绳

攘篙 naŋ¹¹ko⁴⁴ 用于竖柱的长竹竿

菪梁 tak⁵lyuŋ¹¹ 将红布袋装的稻谷和红字条放在梁上祈求五谷丰登

七宝 tsʰik⁵pɔ⁴² 房屋落成后将七样物品用笋壳包裹起来吊在梁上以祝愿美好生活

灶兜 tsau³⁵⁻⁴⁴（t-）au⁴⁴ 厨房

厨房 to¹¹（p-）oŋ¹¹

灶 tsau³⁵

柴灶 tsʰa¹¹tsau³⁵ 烧柴的灶

煤灶 mui¹¹tsau³⁵

灶门喙 tsau³⁵⁻⁵⁵mun¹¹（tsʰ-）ny³⁵ 灶门

灶门 tsau³⁵⁻⁵⁵mun¹¹⁻⁵⁵ 灶门口上安的一块铁门，让火势更旺

炉藤 lou¹¹teŋ¹¹ 灶炉底部安放的弯弯曲曲的粗铁线或钢筋制造的网，用来支撑木炭和柴火，保持通风，过滤火灰

炉藤灶 lou¹¹teŋ¹¹tsau³⁵ 安置了炉藤的一种灶

前灶 sɛn¹¹tsau³⁵ 灶的烧火的部分

后灶 au²¹³⁻⁴⁴tsau³⁵ 利用余火的部分灶

前鼎 sɛn¹¹tiaŋ¹¹ 前灶的锅

后鼎 au²¹³⁻⁴⁴tiaŋ¹¹ 后灶的锅

鼎面头 tiaŋ⁴²⁻⁴⁴min³⁵⁻⁵⁵（tʰ-）nau¹¹⁻⁵⁵ 后灶拐角处可利用排烟烘干柴火的部分

囥烟灶 kʰoŋ³⁵⁻⁵⁵in⁴⁴tsau³⁵ 鼎面头盖成封闭式的一种灶

灶额头 tsau³⁵⁻⁵⁵ŋiɛ（-k）¹⁻¹¹（tʰ-）lau¹¹ 灶门挡烟的地方

灶前 tsau³⁵sɛn¹¹ 灶烧火的部分

灶后 tsau³⁵au²¹³ 灶后方煮饭人站的地方

灶洞 tsau³⁵tœŋ²¹³ 灶旁边四方形装柴火的地方

灶坑 tsau³⁵kʰaŋ⁴⁴ 灶门底下用来装灰的坑

灶里 tsau³⁵⁻⁵⁵tɛ⁴² 灶堂

直灶 te（-k）¹⁻⁴⁴tsau³⁵ 灶门、前灶和后灶在一条直线上的灶

点心灶 tøn⁴²⁻⁴⁴（s-）nin⁴⁴tsau³⁵ 点心店里煮面、烫扁食的灶

风箱灶 xuŋ⁴⁴（s-）nyɔŋ⁴⁴tsau³⁵ 带风箱的灶

炉 lou¹¹

炭炉 tʰan³⁵⁻⁵⁵lou¹¹

煤炉 mui¹¹lou¹¹

炉囝 lou¹¹（k-）iɛn⁴² 柴炉

钱炉 tsin¹¹lou¹¹ 寺庙外烧纸钱或经条的炉子

铁炉 tʰit⁵lou¹¹⁻⁵⁵ 打铁用的炉子

鼎炉 tiaŋ⁴²⁻⁴⁴lou¹¹⁻⁵⁵ 铸锅用的炉

开炉 kʰui⁴⁴lou¹¹⁻⁴⁴（工厂）开始烧炉

停炉 teŋ¹¹lou¹¹（工厂）停止烧炉

肉墩 nøu（-k）¹⁻⁴⁴tɔn⁴² 剁肉的木墩

柴墩头 tsʰa¹¹tɔn⁴²⁻⁵⁵（tʰ-）nau¹¹⁻⁵⁵ 劈柴的木墩

厨坪 tou¹¹paŋ¹¹ 办酒席准备菜料的大木板

屎楻栏 sai⁴²⁻⁵⁵xuŋ¹¹lan¹¹⁻⁵⁵ 厕所

屎楻 sai⁴²⁻⁵⁵xuŋ¹¹ 拉屎用的大木桶

屎楻面 sai⁴²⁻⁵⁵xuŋ¹¹men³⁵ 拉屎木桶身

屎楻底 sai⁴²⁻⁵⁵xuŋ¹¹tɛ⁴² 拉屎木桶圆底

屎楻箍 sai⁴²⁻⁵⁵xuŋ¹¹kʰu⁴⁴ 长条竹片做成的用来固定拉屎木桶的圆箍

屎楻垫 sai⁴²⁻⁵⁵xuŋ¹¹tɛn²¹³ 防止桶底木头腐烂用来透气的石头

屎楻板 sai⁴²⁻⁵⁵xuŋ¹¹pɛn⁴² 盖在拉屎木桶上的厚木板，供人站立用

石砟 tsʰy（-ʔ）¹⁻⁴⁴tak⁵ 固定拉屎木桶上厚木板的石头
屎馱□ sai⁴²⁻⁵⁵（t-）lɔ¹¹（t-）li³⁵ 斜放在拉屎木桶内防止排泄物飞溅的长木板
屎梯 sai⁴²⁻⁴⁴tʰai⁴⁴ 爬上拉屎木桶的短梯
磨房 mɔ²¹³⁻⁴⁴pɔŋ¹¹
马栏 ma⁴²⁻⁵⁵lan¹¹ 马棚
牛栏 ŋou¹¹lan¹¹ 牛圈
猪栏 ty⁴⁴lan¹¹⁻⁴⁴ 猪圈
羊栏 yuŋ¹¹lan¹¹ 羊圈
潘斗 pʰun⁴⁴（t-）nau⁴²⁻⁴⁴ 猪食槽

猪槽 ty⁴⁴sɔ¹¹ 猪食槽
犬岬 kʰɛn⁴²⁻⁴⁴（s-）neu³⁵ 狗窝
犬退 ˉkʰɛn⁴²⁻⁴⁴tʰøy³⁵ 狗洞
鸡岬 ki⁴⁴seu³⁵ 鸡窝
鸡笼 ki⁴⁴lœŋ¹¹⁻⁴⁴
鸡罩 ki⁴⁴tau³⁵
涂鳅□ tu¹¹（tsʰ-）liu⁴⁴lœŋ²¹³ 捉泥鳅用的竹制器具
老鳝□ lau²¹³⁻⁴⁴（tsʰ-）ʒiɛn²¹³⁻⁴⁴lœŋ²¹³ 捉鳝鱼用的竹制器具
猪笼 ty⁴⁴lœŋ¹¹⁻⁴⁴ 装猪仔的小笼子
柴堆 tsʰa¹¹toi⁴⁴ 柴草垛

第八节　器具用品

柜 koi²¹³ 柜（矮的、单层的）
橱 teu¹¹ 橱（两层以上的）
悬矮橱 kɛn¹¹ɛ⁴²⁻⁵⁵teu¹¹⁻⁵⁵ 高矮橱
三门橱 san⁴⁴mun¹¹teu¹¹ 三个门的橱子
组合橱 tsu⁴²⁻⁵⁵xa（-k）¹⁻⁴⁴teu¹¹
书橱 tsy⁴⁴teu¹¹⁻⁴⁴
菜橱 tsʰai³⁵⁻⁵⁵teu¹¹ 厨房用的橱子
墙橱 tsʰyuŋ¹¹teu¹¹ 墙内安放的橱子
桌 tɔk⁵ 桌子
桌轞 tɔk⁵kuɒŋ⁴⁴ 桌面下方横条
圆桌 in¹¹（t-）nɔk⁵
四角桌 si³⁵⁻⁴⁴køuk⁵tɔk⁵ 方桌
幞头桌 pu¹¹（tʰ-）au¹¹tɔk⁵ 四角雕虎头的方桌

桌团 tɔ（-k）⁵⁻⁵⁵（k-）iɛn⁴² 条案，一种狭长的桌
办公桌 pɛn²¹³⁻⁴⁴kuŋ⁴⁴tɔk⁵
食饭桌 tsʰiɛ（-k）¹⁻⁴⁴maŋ³⁵tɔk⁵ 饭桌
祭桌 ki³⁵⁻⁴⁴tɔk⁵ 放祭祀用品的桌子
八仙桌 pɛ（-t）⁵⁻⁴⁴sin⁴⁴tɔk⁵
桌布 tɔk⁵pu³⁵ 台布（铺在桌面上的布）
桌围 tɔk⁵uoi¹¹ 围桌（挂在桌子前面的布）
桌柜 tɔk⁵⁻⁴⁴（k-）oi²¹³⁻⁴⁴ 抽屉
拉手 la⁴⁴tsʰeu⁴² 抽屉的把手
椅 i⁴² 椅子
睏椅 kon³⁵⁻⁴⁴i⁴² 躺椅
靠腰 kʰuɔ³⁵⁻⁴⁴iu⁴⁴ 椅子背

凳轊 tiŋ³⁵kuɒŋ⁴⁴ 椅子樽

凳 tiŋ³⁵ 板凳（长条形的）

长凳 toŋ¹¹tiŋ³⁵ 板凳（长条形的）

凳豚 tiŋ³⁵（t-）nɔn¹¹ 中等大小的方凳

凳团 tiŋ³⁵（k-）ŋiɛn⁴² 小板凳儿

圆凳 in¹¹（t-）niŋ³⁵

悬凳 kɛn¹¹（t-）niŋ³⁵ 高凳子（包括高凳子和长凳子）

悬凳头 kɛn¹¹（t-）niŋ³⁵⁻⁵⁵（tʰ-）nau¹¹⁻⁵⁵ 单人坐的高凳子

活动椅 xuɔ（-t）¹⁻⁴⁴toŋ²¹³⁻⁴⁴ i⁴² 马扎

坐垫 sɒi²¹³⁻⁴⁴tɛn²¹³ 蒲团

床 tsʰɔŋ¹¹

床板 tsʰɔŋ¹¹（p-）mɛn⁴² 用来拼搭床铺的木板

棕荐 tsøŋ⁴⁴（ts-）nen³⁵ 棕绷

竹床 tyʊk⁵tsʰɔŋ¹¹

蠓帐 muŋ¹¹⁻⁴⁴（t-）nyuŋ³⁵ 帐子

蠓帐钩 muŋ¹¹⁻⁴⁴（t-）nyuŋ³⁵⁻⁴⁴（k-）ŋau⁴⁴ 帐钩

帐楣 tyuŋ³⁵⁻⁴⁴mɛi¹¹ 帐檐儿

毯 tʰan⁴² 毯子

被 pʰui²¹³ 被子

被空里 pʰui²¹³（kʰ-）øŋ⁴⁴tɛ⁴²⁻⁴⁴ 被窝

被里 pʰui²¹³⁻⁴⁴li⁴²

被面 pʰui²¹³⁻⁴⁴min³⁵

棉被 min¹¹（pʰ-）mui²¹³ 棉被的胎

床单 tsʰɔŋ¹¹（t-）nan⁴⁴ 床单

垫被 tɛn²¹³⁻⁴⁴（pʰ-）mui²¹³ 褥子

舒床被 su⁴⁴tsʰɔŋ⁴²（pʰ-）mui²¹³

席 tsʰyʔ¹ 草席（草编的）

竹席 tyʊk⁵tsʰyʔ¹ 竹席（竹蔑编的）

篾席 mi（-t）¹⁻⁴⁴tsʰyʔ¹ 竹席（竹篾编）

床头 tsʰɔŋ¹¹（tʰ-）nau¹¹ 枕头

床头络 tsʰɔŋ¹¹（tʰ-）nau¹¹lɔk⁵ 枕套

床头心 tsʰɔŋ¹¹（tʰ-）nau¹¹sin⁴⁴ 枕头心

梳妆台 sœ⁴⁴tsoŋ⁴⁴（t-）nai¹¹

青帕 tsʰaŋ⁴⁴（pʰ-）ma³⁵ 老年妇女裹头发的黑布

镜 kiaŋ³⁵ 镜子

手提箱 tsʰeu⁴²⁻⁵⁵tʰɛi¹¹syɔŋ⁴⁴

衣裳架 i⁴⁴（s-）yuŋ¹¹（k-）ŋa³⁵ 衣架（立在地上的）

晾衣裳架 lɔŋ³⁵⁻⁵⁵i⁴⁴（s-）yuŋ¹¹⁻⁴⁴（k-）ŋa³⁵ 晾衣架

桶 tʰœŋ⁴² 水桶

耳桶 ŋiɛ¹¹tʰœŋ⁴² 马桶

尿桶 niu²¹³⁻⁴⁴tʰœŋ⁴² 马桶

尿桶掼 niu²¹³⁻⁴⁴tʰœŋ⁴²⁻⁵⁵kuɔn²¹³ 马桶的提手

尿勺 niu²¹³⁻⁴⁴iɛk¹

尿勺柄 niu²¹³⁻⁴⁴iɛk¹paŋ³⁵

尿筒 niu²¹³⁻⁴⁴tœŋ¹¹ 竹筒做的尿壶

尿筒头 niu²¹³⁻⁴⁴tœŋ¹¹（tʰ-）nau¹¹ 浇菜用的尿勺

壅桶 oŋ³⁵⁻⁵⁵（tʰ-）nœŋ⁴² 放在尿桶里的小木桶，可用于浇菜

尿壶 niu²¹³⁻⁴⁴（x-）ɔu¹¹ 夜壶

火笼 xøy⁴²⁻⁵⁵lœŋ¹¹⁻⁵⁵ 篾条外壳的烤手炉
火钵 xøy⁴²⁻⁴⁴puɔt⁵ 火盆
□篮 lɔ⁴²⁻⁵⁵lan¹¹⁻⁴⁴ 摇篮
徛樘 kʰiɛ²¹³⁻⁴⁴（x-）uŋ¹¹⁻⁴⁴ 站桶
汤壶 tʰoŋ⁴⁴（x-）ŋɔu¹¹⁻⁴⁴ 汤壶（盛热水放被窝取暖）
茶壶 ta¹¹xɔu¹¹ 暖水瓶
开水瓶 kʰai⁴⁴（ts-）ʒøy⁴²⁻⁵⁵pen¹¹⁻⁵⁵
茶筒 ta¹¹tœŋ¹¹ 装茶水的竹筒
风箱 xuŋ⁴⁴（s-）yɔŋ⁴⁴
铁钳 tʰit⁵kin¹¹ 火钳
铁箸 tʰit⁵ttu²¹³ 火筷子
火□ xøy⁴²⁻⁵⁵lœ²¹³⁻⁴⁴ 火铲
柴草 tsʰa¹¹tsʰau⁴²
秞秆 teu²¹³⁻⁴⁴（k-）an⁴² 稻秆
麦秆 mak¹kan⁴² 麦秸
豆树 tau²¹³⁻⁴⁴tsʰeu³⁵ 豆秸
锯粉 ky³⁵⁻⁵⁵xøn⁴² 锯末
柴柿 tsʰa¹¹pʰui³⁵ 刨花
火烛 xøy⁴²luk⁵ 火柴、自制火炬
熏筒头 xoŋ⁴⁴tœŋ¹¹（tʰ-）nau¹¹ 锅烟子
烟通 in⁴⁴（tʰ-）nøŋ⁴⁴ 烟囱
鼎 tiaŋ⁴² 锅
鼎烟 tiaŋ⁴²in⁴⁴ 锅灰
□锅 kʰiŋ⁴⁴kʰu⁴⁴ 铝锅
沙锅 sa⁴⁴kʰu⁴⁴ 沙锅
大鼎 tuɔ²¹³⁻⁴⁴tiaŋ⁴² 大锅
海鼎 xai¹¹tiaŋ⁴² 特大锅
鼎囝 tiaŋ⁴²⁻⁵⁵（k-）ŋiɛn⁴²⁻⁵⁵ 小锅
鼎墘 tiaŋ⁴²⁻⁵⁵（k-）ŋin¹¹⁻⁵⁵ 锅口
鼎壁 tiaŋ⁴²⁻⁵⁵piɛk⁵ 锅身
鼎底 tiaŋ⁴²⁻⁵⁵tɛ¹¹ 锅底
鼎脐 tiaŋ⁴²⁻⁵⁵tsai¹¹ 铸锅时锅底留的印记
鼎盖 tiaŋ⁴²⁻⁵⁵kan⁴² 锅盖
鼎面 tiaŋ⁴²⁻⁵⁵min³⁵⁻⁵⁵
□鼎刀 tʰy⁴²⁻⁴⁴tiaŋ⁴²⁻⁴⁴（t-）no⁴⁴ 锅铲
鼎□ tiaŋ⁴²⁻⁵⁵tʰœ⁴²
铜壶 tœŋ¹¹ŋɔu¹¹ 铜制烧水壶
海碗 xai¹¹uɔn⁴² 特大碗
耳斠 ŋi²¹³⁻⁴⁴kau³⁵ 瓷碗
大斗 tuɔ²¹³⁻⁴⁴tau⁴² 海碗，很大的碗
碗爿 uɔn⁴²⁻⁵⁵pɛn¹¹ 打碎的碗
碗爿银 ⁼uɔn⁴²⁻⁵⁵pɛn¹¹ŋøn¹¹ 碗的碎片
茶瓯 ta¹¹eu⁴⁴ 茶杯（瓷的，带把和不带把的）
碟 tit¹ 碟子
饭匙 pun²¹³⁻⁴⁴（tsʰ-）ni¹¹⁻⁴⁴ 饭勺（盛饭用的）
调羹 tiu¹¹（k-）waŋ⁴⁴ 羹匙（瓷的，小的）
箸 tɛu²¹³ 筷子
箸笼 tɛu²¹³⁻⁴⁴lœŋ¹¹ 筷笼（放筷子用的）
碟囝 tit¹（k-）iɛn⁴² 茶托（瓷的，碟形的）
茶□ ta¹¹kʰen³⁵ 盖碗
酒瓯 tseu⁴²⁻⁴⁴eu⁴⁴ 酒杯
盘 puɔn¹¹ 盘子

酒壶 tseu⁴²⁻⁵⁵（x-）o¹¹⁻⁵⁵ 酒壶（茶壶形的）
酒瓮 tseu⁴²⁻⁵⁵øŋ³⁵ 酒坛子
酒□ tseu⁴²⁻⁵⁵（ts-）ik⁵ 大酒坛子
茶瓶 ta¹¹pen¹¹ 当地特色器具，小口、小底、大瓶身，烧水泡茶用的陶罐
斛□ kau³⁵⁻⁴⁴luk⁵ 小茶瓶
　斛□团 kau³⁵⁻⁵⁵luk⁵kiɛn⁴²
石蝓瓮 tsʰyʔ¹loŋ³⁵⁻⁵⁵øŋ³⁵ 装棘腹蛙的陶瓷坛子
盐斛 sin¹¹（k-）ŋau³⁵ 装盐的陶瓷小罐
油斛 ieu¹¹（k-）au³⁵ 装油的陶瓷小罐
坛 tʰan¹¹~tan¹¹ 坛子
罐 kuɔn³⁵ 罐子
匏头 p(-ɔu)u¹¹（tʰ-）lau¹¹ 舀水用的瓢
笊篱 tsiɛ³⁵⁻⁵⁵li¹¹
簸箕 puɔ³⁵⁻⁵⁵（k-）i⁴⁴
米升 mi⁴²⁻⁴⁴tsiŋ 竹筒做的量具，约一小两
　竹□ tyuk⁵xun³⁵
老鼠□ la⁻⁴⁴（tsʰ-）y⁴²⁻⁴⁴xun³⁵ 竹筒捕鼠器
□ xɛn²¹³ 竹筒捕鼠器上放绳索的缺口
□子 xui³⁵⁻⁵⁵（ts-）ei⁴² 竹筒捕鼠器的触发机构
瓶 pen¹¹ 瓶子
甌 kan⁴² 瓶盖

番薯推 xuɔn⁴⁴（s-）nɛu¹¹⁻⁴⁴tʰøy⁴⁴ 礤床
灶刀 tsau³⁵⁻⁵⁵（t-）lo⁴⁴ 菜刀
菜板 tsʰai³⁵⁻⁵⁵pɛn⁴² 砧板
水桶 tsy⁴²⁻⁵⁵tʰœŋ⁴² 水桶（挑水用的）
研船 ŋiɛn⁴²⁻⁵⁵son¹¹
饭甑 pun²¹³⁻⁴⁴（ts-）iŋ³⁵ 装饭的桶
硋饭甑 xai¹¹pun²¹³⁻⁴⁴（ts-）iŋ³⁵ 陶瓷制装饭的桶
床 tsɔŋ¹¹ 蒸笼
屈 tʰe³⁵ 箅子（蒸食物用的）
水瓨 tsøy⁴²⁻⁴⁴pʰaŋ⁴⁴ 水缸
　水缸 tsy⁴²⁻⁴⁴kɔŋ⁴⁴
潘水 puŋ⁴⁴（ts-）nøy⁴²⁻⁴⁴ 泔水
潘桶 puŋ⁴⁴tʰœŋ⁴² 泔水桶
潘水瓨 puŋ⁴⁴（ts-）nøy⁴²⁻⁴⁴pʰaŋ⁴⁴ 泔水缸
灶布 tsau³⁵⁻⁴⁴pu³⁵ 抹布
秆絮 kan⁴²⁻⁴⁴tsʰø³⁵ 稻草制的抹布
拖把 tʰuɔ⁴⁴pa⁴²
推刀 tʰøy⁴⁴to⁴⁴ 刨子
斧头 pu⁴²⁻⁵⁵（tʰ-）lau¹¹⁻⁵⁵ 斧子
曲柄斧头 kʰuk⁵paŋ³⁵pu⁴²⁻⁵⁵（tʰ-）lau¹¹⁻⁵⁵ 做木桶用的曲柄斧子
锯 ky³⁵ 锯子
凿 tsʰœk¹ 凿子
圆凿 in¹¹tsʰœk¹ 刀口有弧度的凿子
刀头 to⁴⁴（tʰ-）lau¹¹⁻⁴⁴ 木雕刻刀的金属部分，有各种型号
尺 tsʰyk⁵ 尺子

曲尺 kʰu（-k）⁵⁻⁴⁴（tsʰ-）yk⁵
握尺 o（-k）⁵⁻⁴⁴tsʰyk⁵ 摺尺
卷尺 kyn⁴²⁻⁴⁴（tsʰ-）nyk⁵
　□尺 seu¹¹tsʰyk⁵
　皮尺 pʰui¹¹tsʰyk⁵
墨斗 mœok¹tau⁴²
墨斗线 mœok¹tau⁴²⁻⁵⁵siɛn³⁵
钉 tiŋ⁴⁴ 钉子
钳囝 kʰin¹¹（k-）ŋiɛn⁴² 钳子
老虎钳 la（o）⁴²⁻⁴⁴xu⁴²⁻⁵⁵kin¹¹ 老虎钳
铁锤 tʰit⁵toi¹¹ 锤子
镊 niɐk⁵ 镊子
索 sɔk⁵ 绳子
缧 loi⁴⁴ 绳子打的结
合钱 xa（-k）¹⁻⁴tsin¹¹ 合叶
砖刀 tsun⁴⁴to⁴⁴ 瓦刀
泥匙 nɛ¹¹（s-）li¹¹ 抹子
托板 tʰɔt⁵pɛn⁴² 泥板
苎刀 tœ²¹³⁻⁴⁴to⁴⁴ 麻刀、碎麻
錾 tsan²¹³ 錾子
铁墩 tʰit⁵tɔn⁴² 砧子（打铁时垫铁块用）
剃刀 tʰi³⁵⁻⁵⁵to⁴⁴
洋剪 yuŋ¹¹tsɛn⁴² 推子
剃头剪 tʰi³⁵⁻⁵tʰau⁴²⁻⁴⁴tsɛn⁴² 理发剪
单手剪 tan⁴⁴tsʰeu⁴²⁻⁵⁵tsɛn⁴² 单手用的理发剪
头梳 tʰau¹¹sø⁴⁴ 梳子
篦梳 pi³⁵⁻⁴⁴sø⁴⁴ 篦子
剃刀布 tʰi³⁵⁻⁴⁴to⁴⁴pu³⁵ 鐾刀布

剃头椅 tʰi³⁵⁻⁴⁴tʰau¹¹⁻⁴⁴iɛ⁴² 理发椅
洋凳 yuŋ¹¹teŋ³⁵ 缝纫机
　机器 ki⁴⁴kʰi³⁵
铰刀 ka⁴⁴（t-）lo⁴⁴ 剪子
熨斗 ot⁵tau⁴²
烙□ lɔ（-k）¹⁻⁴⁴（p-）βi⁴⁴ 烙铁
纺车 pʰuŋ⁴²⁻⁵⁵（tsʰ-）iɛ⁴⁴
织布机 tsʰi（-k）⁵⁻⁴⁴pu³⁵⁻⁵⁵ki⁴⁴ 旧式织布机
经 kaŋ⁴⁴ 织布时的经线
纬 xui³⁵ 织布时的纬线
经布 kaŋ⁴⁴pu³⁵ 织布
梭 so⁴⁴
弓 kyuŋ⁵⁵（弹棉花）弓子
弹棉被 tan¹¹min¹¹（pʰ-）mui²¹³
夹纱 kak¹sa⁴⁴ 棉被跟棉花相脱离
牵纱 kʰen⁴⁴sa⁴⁴ 用棉纱将棉絮固定住
碾盘 ŋiɛn⁴²⁻⁵⁵puɔn¹¹ 弹棉花用的木制工具
柴马 tsʰa¹¹ma⁴² 用于架长条木材的上短下长的"X"形木架
柴锤 tsʰa¹¹tʰoi¹¹ 木锤
乇 nɔk⁵ 东西
汤 tʰoŋ⁴⁴ 洗脸水
面桶 min³⁵⁻⁵⁵（tʰ-）nœŋ⁴² 脸盆
面桶架 min³⁵⁻⁵⁵（t-）nœŋ⁴²⁻⁴⁴（k-）ŋa³⁵ 脸盆架
大骸桶 tuɔ²¹³⁻⁴⁴kʰa⁴⁴（tʰ-）lœŋ⁴² 澡盆
香胰皂 xyɔŋ⁴⁴y¹¹（ts-）o²¹³ 香皂

胰皂 o¹¹（ts-）o²¹³ 肥皂
胰皂粉 o¹¹（ts-）o²¹³xøn⁴² 洗衣粉
面布 min³⁵⁻⁴⁴（p-）mu³⁵ 毛巾
骸桶 kʰa⁴⁴tʰœŋ⁴² 脚盆
拭骸布 tsʰi（-t）⁵⁻⁵⁵（kʰ-）a⁴⁴pu³⁵ 擦脚布
气灯 kʰi³⁵⁻⁵⁵（t-）eŋ⁴⁴
蜡烛 lak¹tsuk⁵
洋油灯 yuŋ¹¹ieu¹¹teŋ⁴⁴ 有玻璃罩的煤油灯
风不动 xuŋ⁴⁴pu（-t）⁵⁻⁵⁵toŋ²¹³ 马灯
马灯 ma⁴²⁻⁴⁴teŋ⁴⁴
灯心 teŋ⁴⁴sin⁴⁴
灯罩 teŋ⁴⁴（t-）nau³⁵
油台 ieu¹¹（t-）lɒi¹¹ 煤油灯的灯盏
灯芯 teŋ⁴⁴（s-）in⁴⁴ 灯芯草
松油 søŋ¹¹ieu¹¹ 山茶油，灯油
灯笼 teŋ⁴⁴lœŋ¹¹⁻⁴⁴
手提包 tsʰeu⁴²⁻⁵⁵tʰɛi¹¹pau⁴⁴
皮袋 pʰui¹¹（t-）lɒi²¹³ 钱包
荷包 xɔ¹¹pau⁴⁴
印 in³⁵ 私人用的图章
千里镜 tsʰen⁴⁴li⁴²⁻⁵⁵kiaŋ³⁵ 望远镜
糊 kɔu¹¹ 糨糊
醎 kin⁴⁴ 用草木灰泡出来的碱水
皮子 pʰui¹¹tsei⁴² 顶针
车□ tsʰiɛ⁴⁴suk¹ 线轴
针鼻 tsen⁴⁴pʰi³⁵ 针上引线的孔
针尾 tsen⁴⁴møy⁴²⁻⁴⁴ 针尖

针骹 tsen⁴⁴kʰa⁴⁴ 针脚
吊被针 tiu³⁵⁻⁵⁵pʰui²¹³⁻⁴⁴tsen⁴⁴ 缝被子用针
羊毛针 yuŋ¹¹mɔ¹¹tsen⁴⁴ 织毛衣用针
钩针 kau⁴⁴tsen⁴⁴ 一种较大的编织用针
上下针 syuŋ²¹³⁻⁴⁴a²¹³⁻⁴⁴tsen⁴⁴ 一针上一针下的毛衣织法
平针 paŋ¹¹tsen⁴⁴ 平直走的毛衣织法
元宝针 ŋun¹¹pɔ⁴²⁻⁵⁵tsen⁴⁴ 元宝形的针法
蜂岫针 pʰuŋ⁴⁴（s-）neu³⁵ tsen⁴⁴ 中间留一个洞的针法
阿尔巴尼亚针 a⁴⁴ni³⁵pa⁴⁴nɛi¹¹a³⁵tsen⁴⁴ "S"形针法
蜈蚣骸 ŋɔu¹¹（k-）øŋ⁴⁴kʰa⁴⁴ 有一条突出的主干的毛衣花型
插花 tsʰak¹xuɔ⁴⁴ 织毛衣时掺杂其他颜色毛线的织法
白菜花 pak¹（tsʰ-）ai³⁵xuɔ⁴⁴ 纹路像白菜秆的毛衣花型
八字花 pɛk⁵tsɛi²¹³⁻⁴⁴xuɔ⁴⁴ 左边缝四针换右边缝四针的毛衣织法
人字花 ien¹¹tsɛi²¹³xuɔ⁴⁴ "人"字形的花型
橄榄花 ka⁴²⁻⁵⁵lan⁴²⁻⁵⁵xuɔ⁴⁴ 上下小中间大的毛衣花型
泛针 pʰan³⁵tsen⁴⁴ 间距大的毛衣织法
模针 tɛn²¹³⁻⁴⁴tsen⁴⁴ 间距小的毛衣织法
起头 kʰi⁴²⁻⁵⁵（tʰ-）lau¹¹⁻⁵⁵ 织毛衣的开头几针

收针 siu⁴⁴tsen⁴⁴ 织毛衣的收尾几针
穿针 tsʰuŋ⁴²⁻⁵⁵tsen⁴⁴ 穿针（动宾）
钻 tson³⁵ 锥子
耳耙 ŋ（ɛi）i²¹³⁻⁴⁴pa¹¹⁻⁴⁴ 耳挖子
衣裳板 i⁴⁴（s-）yuŋ⁴⁴pɛn⁴² 洗衣板
槌 tʰoi¹¹ 棒槌（洗衣服用的）
鸡毛刷 ki⁴⁴mɔ¹¹（s-）lɔt⁵ 鸡毛掸子
扇 sin³⁵ 扇子
蒲扇 pu¹¹（s-）in³⁵ 蒲扇

撑槌 tʰuŋ⁴⁴toi¹¹ 拐杖（中式的）
拐杖 kuoi⁴²⁻⁵⁵tyuŋ²¹³ 手杖（西式的）
粗纸 tsʰu⁴⁴tsiɛ⁴²⁻⁴⁴ 手纸，一般为竹浆制成
甲纸 kak⁵tsiɛ⁴²
柴□□ tsʰa¹¹ly⁻⁵⁵pɛ⁻⁴⁴ 打屁股的竹板，戒尺
□□ ly⁻⁵⁵pɛ⁻⁴⁴

第九节 称谓

侬 nœŋ¹¹ 人（泛指）
贼囝 tsʰɛ（-t）¹⁻⁴⁴kiɛn⁴² 对人的贬称
诸母侬 tsy⁴⁴mu⁴²⁻⁵⁵nœŋ¹¹⁻⁵⁵ 女人
　妇女侬 xu²¹³⁻⁴⁴ny⁴²⁻⁵⁵nœŋ¹¹⁻⁵⁵
女性 ny⁴²⁻⁵⁵（s-）liŋ³⁵ 女人（尊称）
妇女屄 xu²¹³⁻⁴⁴ny⁴²⁻⁵⁵pe⁴⁴ 女人（贬称）
男性 nan¹¹（s-）liŋ³⁵ 男人（尊称）
丈夫侬 tɔŋ¹¹（x-）u⁴⁴nœŋ¹¹⁻⁴⁴ 男人
老侬 lau²¹³⁻⁴⁴nœŋ¹¹ 老年人（中性）
老伯 lau²¹³⁻⁴⁴pak⁵ 老年人（尊称）
老货 lau²¹³⁻⁴⁴xu³⁵ 老年人（贬称、中性）
老屄 lau²¹³⁻⁴⁴pe⁴⁴ 老年男人、老年女人（贬称）
阿母 a¹¹mu⁴² 老年女人（尊称）
后生囝 xau²¹³⁻⁴⁴（s-）laŋ⁴⁴（k-）ŋiɛn⁴² 中青年人（中性、尊称）
侬囝 nœŋ¹¹kiɛn⁴² 小孩

傀儡豚 køy⁴²⁻⁴⁴løy⁴²⁻⁴⁴tɔn¹¹⁻⁵⁵ 半大孩子
　大傀儡 tuɔ²¹³⁻⁴⁴køy⁴²⁻⁵⁵løy⁴²⁻⁴⁴
各底位侬 køy⁻⁴⁴（t-）løy³⁵⁻⁵⁵nœŋ¹¹⁻⁵⁵ 外地人
骨头毛 kɔt⁵（tʰ-）lau¹¹nɔt⁵ 指代难做的事
本地侬 puɔn⁴²⁻⁴⁴tɛi²¹³nœŋ¹¹ 本地人
外国侬 ŋui²¹³⁻⁴⁴kuk⁵nœŋ¹¹⁻⁵⁵ 外国人
侪自侬 tsɛi¹¹（ts-）nɛi²¹³⁻⁴⁴nœŋ¹¹ 自己人
各侬 køuk⁵nœŋ¹¹ 外人（不是自己人）
侬客 nœŋ¹¹（kʰ-）ŋak⁵ 客人
同年哥 tɔŋ¹¹nin¹¹ko⁴⁴ 同庚
内行 nɒi²¹³⁻⁴⁴（x-）ɔŋ¹¹⁻⁴⁴
繪内行 mɛ²¹³⁻⁴⁴nɒi²¹³⁻⁴⁴（x-）ɔŋ¹¹⁻⁴⁴ 外行
半桶屎 puɔn³⁵⁻⁵⁵tœŋ⁴²⁻⁵⁵sai⁴² 半瓶醋（比喻性说法）

半刜猪 puɔn³⁵⁻⁵⁵kyk⁵⁻⁴⁴ty⁴⁴
假解 ka⁴²⁻⁵⁵ᴇ²¹³ 不懂装懂
伢侬 ŋa¹¹nœŋ¹¹ 中间人、介绍人
单身哥 tan⁴⁴（s-）nin⁴⁴（k-）ŋo⁴⁴ 单身汉
老姑婆 lao²¹³⁻⁴⁴ku⁴⁴（p-）ɔ¹¹⁻⁴⁴ 老姑娘
大贱＝囝 tuɔ²¹³⁻⁴⁴tsin⁴⁴（k-）ŋiɛn⁴²
新妇囝 sin⁴⁴（p-）mɔu²¹³⁻⁴⁴kiɛn⁴² 童养媳
□嫁侬 ai³⁵⁻⁵⁵ka³⁵⁻⁵⁵nœŋ¹¹ 寡妇再嫁
□ tsʰan¹¹ 强壮
□霸 tsʰan¹¹（p-）ma³⁵ 强壮的人
好角色 xɔ⁴²⁻⁵⁵kyk⁵（s-）lɛk⁵
三工两头病 san⁴⁴køŋ⁴⁴laŋ²¹³⁻⁴⁴tʰau¹¹paŋ²¹³ 体弱的人
病人 paŋ²¹³⁻⁴⁴nœŋ¹¹ 生病的人
好睨 xɔ⁴²⁻⁴⁴e³⁵ 好看
生应＝侬 tsʰaŋ⁴⁴ŋeŋ³⁵nœŋ¹¹ 难看
□□ ŋai¹¹ŋøn²¹³
有形 o²¹³⁻⁴⁴（x-）eŋ¹¹ 俊俏的人
无形 mɔ¹¹（x-）eŋ¹¹ 丑人
盘面龙 pʰuɔn¹¹min³⁵⁻⁵⁵lɔŋ¹¹ 大胡子
大目□ tuo²¹³⁻⁴⁴mo（-k）¹⁻⁴⁴kʰok¹ 眼睛大的人
大喉咙 tuo²¹³⁻⁴⁴x（-ɛu）œ¹¹lœŋ¹¹ 声音大的人
睏儃醒 kʰon³⁵⁻⁵⁵mɛ²¹³⁻⁴⁴tsʰaŋ⁴² 瞌睡的（人）
爱食婆 øy³⁵（tsʰ-）iɛ（-k）¹⁻⁴⁴pɔ¹¹ 馋嘴的人，一般是小孩

□□ tʰe³⁵⁻⁵⁵œŋ¹¹ 贪玩的人
□□□ u¹¹lan¹¹tsiɛ²¹³ 肮脏的人
乌侬 u⁴⁴nœŋ¹¹⁻⁴⁴
愚囝 kʰœ¹¹kiɛn⁴² 傻子
愚货 kʰœ¹¹（x-）u³⁵
发癫侬 puk⁵tin⁴⁴nœŋ¹¹⁻⁴⁴ 疯子
姣婊 xɛu¹¹piɛu⁴² 贱人
卵鸟 nɒi¹¹iau⁴² 男生殖器；浑蛋，流氓
驼□ tɔ¹¹pou¹¹ 驼背者
曲腰 kʰu（-k）⁵⁻⁴⁴iu⁴⁴
病风 paŋ⁴⁴xuŋ⁴⁴ 瘫子
病风猪 paŋ⁴⁴xuŋ⁴⁴ty⁴⁴
耳聋 ŋ（-ɛi）i²¹³⁻⁴⁴lœŋ¹¹ 聋子
跛手 pai⁴²⁻⁵⁵tsʰeu⁴²⁻⁵⁵ 手残者
无手槌 mɔ¹¹tsʰeu⁴²⁻⁵⁵（tʰ-）loi¹¹⁻⁵⁵
白目 pa（-k）¹⁻⁴⁴mœok¹ 瞎子
四目珠 si³⁵m（-o）u（-k）¹⁻⁴⁴tsiu⁴⁴ 近视戴眼镜的
□□ xɛ⁴²⁻⁵⁵lɛ⁴²⁻⁵⁵ 斜视的人
□□支 xɛ⁴²⁻⁵⁵lɛ⁴²⁻⁵⁵tsi⁴⁴
□盲 xɛ⁴²⁻⁵⁵maŋ¹¹
斜目 tsʰiɛ¹¹mœok¹
愚□手 kʰœ¹¹ma⁴⁴tsʰeu⁴² 左撇子
缺喙 kʰiɛk⁵tsʰy³⁵ 豁唇的人
无牙□ mɔ¹¹ŋa¹¹øŋ³⁵ 缺门牙的人
斑面□ pen⁴⁴min³⁵（s-）na¹¹ 长麻子的人
大头 tuo²¹³（tʰ-）lau¹¹ 大脑袋的人

大头个 tuo²¹³（tʰ-）lau¹¹ko³⁵
阔喙鬏 kʰuɔt⁵tsʰy³⁵pʰaŋ⁴⁴ 大嘴巴的人
暴牙支 pau³⁵ŋa¹¹tsi⁴⁴ 龅牙的人
大胫管 tuo²¹³⁻⁴⁴（t-）a²¹³⁻⁴⁴（k-）øn⁴²
　　大脖子（甲状腺肿大）
鼻头埕 pʰi³⁵⁻⁵⁵（tʰ-）lau¹¹tʰuk⁵ 鼻子不
　　灵（嗅觉不灵）
细腰 se³⁵⁻⁵⁵iu⁴⁴ 水蛇腰
单眼龙 tan⁴⁴ŋan⁴²⁻⁵⁵lɔŋ¹¹⁻⁵⁵ 一只眼儿
　　（一只眼睛瞎）
近视 køn²¹³⁻⁴⁴tsʰɛi²¹³ 近视眼
目珠花掉 mok¹tsiu⁴⁴xuɔ⁴⁴li⁰ 老花眼
□盲 xɛ⁴²⁻⁵⁵maŋ¹¹⁻⁵⁵ 斗鸡眼
　　青盲 tsʰaŋ⁴⁴maŋ¹¹⁻⁵⁵
暴目珠 pau³⁵⁻⁵⁵mok¹⁻⁴tsiu⁴⁴ 鼓眼泡
愚症 kʰœ¹¹tsiŋ³⁵ 小儿惊风
发猪头□ put⁵ty⁴⁴（tʰ-）lau¹¹tsɛk¹ 抽风
　　（意识消失，抽搐）
中风 tuŋ³⁵⁻⁴⁴xuŋ⁴⁴
　　病风 paŋ⁴⁴xuŋ⁴⁴
瘫痪 tʰan⁴⁴xuɔn³⁵
瘸骹 kʰɛu¹¹kʰa⁴⁴ 瘸子
耳聋 ŋ（-ɛi）i²¹³⁻⁴⁴lœŋ¹¹ 聋子
病哑 paŋ²¹³⁻⁴⁴ŋa⁴² 哑巴
结舌 kyk⁵tsʰit¹ 结巴
　　拗硬 au³⁵⁻⁵⁵ŋœŋ²¹³
癞头 lat⁵tʰau¹¹ 秃子
耳野精 ŋɛi²¹³iɛn²¹³tsiŋ⁴⁴ 听觉好
病耳聋 paŋ²¹³⁻⁴⁴ŋi²¹³⁻⁴⁴lœŋ¹¹ 耳背

鼻空灵 pʰi³⁵⁻⁵⁵（kʰ-）øŋ⁴⁴leŋ¹¹ 嗅觉好
嗅獪着 xeu³⁵mɛ²¹³⁻⁴⁴tyk¹ 嗅觉差
□喙 ŋau¹¹tsʰy³⁵ 歪嘴
喙无味 tsʰy³⁵mɔ¹¹mɛi²¹³ 嘴乏味
发反 puk⁵pɛn⁴² 倒胃口
　　反吐 xuɔn⁴²⁻⁴⁴tʰo³⁵
臭喙 tsʰau³⁵⁻⁴⁴tsʰy³⁵ 口臭
落头发 lɵuk⁵tʰau¹¹xut⁵ 脱髪
大骸柄 tuɔ⁴⁴kʰa⁴⁴paŋ³⁵ 八字脚
平蹄 paŋ¹¹tɛ¹¹ 扁平足
膣螺头 tsʰɛn¹¹lɒi¹¹tʰau¹¹ 白内障
癔病 i³⁵paŋ³⁵ 心理疾病，患心理障碍
青鸡盲 tsʰaŋ⁴⁴ki⁴⁴maŋ¹¹⁻⁴⁴ 夜盲
生虫 saŋ⁴⁴tʰœŋ¹¹ 患寄生虫
无喙鬚 mɔ¹¹tsʰy³⁵⁻⁴⁴（s-）liu⁴⁴ 老公嘴
　　儿（成人不生须的）
十一指 sɛ（-t）¹⁻⁴⁴ik⁵tsʰai⁴² 六指儿
愁劳侬 tɛu¹¹lɔ¹¹nœŋ 忧愁的人
红头赤额 œŋ¹¹tʰau¹¹tsʰiɛ（-k）⁵⁻⁴⁴ŋiɛk¹
　　精神的人
帮头 pɔŋ⁴⁴（tʰ-）nau¹¹⁻⁴⁴ 朋友
　　朋友阵 pœn¹¹iu⁴²（t-）len²¹³
朋友 pœn¹¹iu⁴²
兄弟哥 xiaŋ⁴⁴ti²¹³⁻⁴⁴ko⁴⁴ 好朋友
当头 tɔŋ⁴⁴（tʰ-）nau¹¹ 领头的人
驮当篙个侬 tɔ¹¹tɔŋ⁴⁴ko⁴⁴i⁰nœŋ¹¹ 出主意
　　的人
共帮 kœn²¹³pɔŋ⁴⁴ 同伙
病团诸娘 paŋ²¹³⁻⁴⁴kiɛn⁴²tsi⁻⁴⁴nyuŋ¹¹ 孕妇

带身 tai³⁵⁻⁵⁵sin⁴⁴

长命侬 toŋ¹¹mian²¹³⁻⁴⁴nœŋ¹¹ 长命的人

短命囝 tøy⁴²⁻⁵⁵mian²¹³⁻⁴⁴kiɛn⁴² 短命的人

死侬 sei⁴²⁻⁵⁵nœŋ¹¹⁻⁵⁵ 死去的人

那蜀下发财个侬 tso³⁵si⁻⁴⁴a²¹³xuɔt⁵tsai¹¹i⁰nœŋ¹¹ 暴发户

暴发户 po³⁵⁻⁵⁵xuɔt⁵xo²¹³

长鼻 toŋ¹¹pʰi³⁵ 赖皮的人

官伯 kuɔn⁴⁴pak⁵ 地位高的人

替罪 tʰe³⁵tsɒi²¹³ 替罪者

做愚囝 tso³⁵kʰœ¹¹kiɛn⁴² 被出卖者

乞侬挑猴戏 kʰyk⁵nœŋ¹¹tʰiu⁴⁴kau¹¹⁻⁴⁴xi³⁵ 被捉弄者

行时 kiaŋ¹¹sɛi¹¹ 幸运的（人）

衰侬 soi⁴⁴nœŋ¹¹⁻⁴⁴ 倒霉的（人）

单身侬 tan⁴⁴（s-）nin⁴⁴nœŋ¹¹⁻⁴⁴ 孤独的（人）

□囝 lat⁵kiɛn⁴² 游手好闲的人

□侬 ɔ（-ʔ）⁵⁻⁵⁵nœŋ¹¹ 聪明机灵的（人）

愚拙 kʰœ¹¹tʰut⁵ 笨拙的（人）

□□ mai¹¹son¹¹ 愚笨的（人）

二百五 nɛi²¹³⁻⁴⁴pak⁵ŋɔu²¹³ 糊涂的（人）

乞食钵 kʰyk⁵（tsʰ-）tsiɛk¹⁻⁴puɔt⁵ 口齿伶俐的（人）

喙解 tsʰy³⁵ɛ²¹³ 口齿伶俐的（人）

簸缚掉 mik¹puk¹tik⁵ 嘴笨的（人）

解侬 ɛ²¹³⁻⁴⁴nœŋ¹¹ 能干的（人）

𠁞侬 mɛ²¹³⁻⁴⁴nœŋ¹¹ 无能的（人）

随侬样 soi¹¹nœŋ¹¹yuŋ²¹³ 没主见的（人）

讲老蛇就老蛇，讲秆索就秆索 kɔŋ⁴²lau²¹³⁻⁴⁴（s-）iɛ¹¹tso²¹³⁻⁴⁴lau²¹³⁻⁴⁴（s-）iɛ¹¹，kɔŋ⁴²kan⁴²⁻⁴⁴（s-）nɔk⁵tso²¹³⁻⁴⁴kan⁴²⁻⁴⁴（s-）nɔk⁵ 没主见的（人）

老手 lɔ⁴²⁻⁵⁵tsʰeu⁴²

生手 tsʰaŋ⁴⁴tsʰeu⁴² 新手

蜀腹肚都是字 si⁻⁴⁴puk⁵（t-）lou⁴²to⁰sɛi²¹³⁻⁴⁴tsɛi²¹³ 识字的（人）

蜀腹肚都是老蛇囝 si⁻⁴⁴puk⁵（t-）lou⁴²to⁰sɛi²¹³⁻⁴⁴lau²¹³⁻⁴⁴（s-）iɛ¹¹kiɛn⁴²

白目 pa（-k）¹⁻⁴⁴mœok¹ 不识字的（人）

中意读书个侬 tuŋ³⁵⁻⁵⁵ŋi³⁵tʰœo（-k）¹⁻⁴⁴（ts-）y⁴⁴ᴇ⁰nœŋ¹¹ 爱读书的（人）

秤砣落水 tsʰen³⁵（t-）noi¹¹lɔk¹tsøy⁴² 不会游泳的（人）

败家囝 pai²¹³⁻⁴⁴（k-）a⁴⁴kiɛn⁴² 败家子

草鞋 tsʰau⁴²⁻⁵⁵ɛ¹¹⁻⁵⁵ 难以伺候的（人）❶

假□ ka⁴²⁻⁴⁴ɔʔ⁵ 自以为是的（人）

侪自𠍲，教徒弟 tsɛi¹¹nɛi²¹³mɛ²¹³，ka³⁵⁻⁵⁵tʰu¹¹tɛ²¹³ 自以为是的（人）

拗硬 au³⁵⁻⁵⁵ŋœŋ²¹³ 固执的（人）

拗逆 au³⁵⁻⁵⁵ŋœok¹

胆大 tan⁴²tuɔ²¹³ 胆大的（人）

---

❶ 草鞋绑松了鞋会掉，绑紧了鞋磨脚，形容难伺候。

胆细 tan⁴²sɛ³⁵ 胆小的（人）
八传事 pu⁻⁵⁵tyuŋ¹¹so²¹³ 老成的（人）
嬷八传事 mu⁻⁵⁵tyuŋ¹¹so²¹³ 不懂世故的（人）
细腻 sɛ³⁵⁻⁵⁵nɛi²¹³ 谨慎的（人）
无头教 mɔ¹¹tʰau¹¹kau³⁵ 没头脑的（人）
生冒 tsʰaŋ⁴⁴mau³⁵ 莽撞，不畏惧的（人）
姣 xɛu¹¹ 轻浮的（人）
粗 tsʰu⁴⁴ 粗心（人）
半天飞 puɔn³⁵⁻⁵⁵tʰin⁴⁴pui⁴⁴ 做事不牢靠的（人）
□灾 tsʰiɛn³⁵⁻⁵⁵tsai⁴⁴ 惹麻烦的（人）
　撩事 lɛu¹¹sou²¹³
轻便 kʰin⁴⁴pin²¹³⁻⁴⁴ 利索的（人）
拖生拔死 tʰuɔ⁴⁴saŋ⁴⁴pet¹sei⁴² 不利索的（人）
惊苦 kiaŋ⁴⁴kʰou⁴² 不能吃苦的（人）
屎虫缘股川去唔忖拔 sai⁴²⁻⁵⁵tʰœŋ¹¹⁻⁵⁵ sun¹ku²¹³⁻⁵⁵luŋ⁴⁴ŋ²¹³⁻⁴⁴tshɔn⁴²pet¹ 咀 爬出了屁股还不想拔，指懒人
臭硬 tsʰau³⁵ŋœŋ²¹³ 坚强的（人）
惊死个 kiaŋ⁴⁴si⁴²ɛ⁰ 软弱的（人）
大屎讲 tuɔ⁴⁴pe⁴⁴kɔŋ⁴² 吹牛的（人）
　大支讲 tuɔ⁴⁴tsi⁴⁴kɔŋ⁴²
假屎□ ka⁴²⁻⁵⁵pe⁴⁴(s-)liu⁴⁴ 自负的（人）
无屎使 mɔ¹¹pe⁴⁴sai⁴²⁻⁴⁴ 自卑的（人）
　无支使 mɔ¹¹tsi⁴⁴sai⁴²

乱屁讲 lɔn²¹³⁻⁴⁴pe⁴⁴kɔŋ⁴² 胡说八道的（人）
夹支 kiɛt⁵tsi⁴⁴ 胡说八道的
金蜉蝇 kin⁴⁴pu¹¹(s-)eŋ¹¹ 花哨的（人）
破麻竹，乒乓瞋 pʰuɔ³⁵ma¹¹tyʊk⁵, piŋ¹¹pɔŋ¹¹tɛn¹¹ 爱说话的（人）
　稽喙 sɛ²¹³⁻⁴⁴tsʰy³⁵
木㤪 mok¹tok¹ 内向孤僻的（人）
无事愁 mɔ¹¹sɔ²¹³tɛu¹¹ 开朗的（人）
唔合 ŋ⁻⁵⁵ŋak¹ 得罪人的（人）
□灾 tsʰiɛn³⁵⁻⁵⁵tsai⁴⁴ 搬弄是非的（人）
就要有毛得 tso²¹³øy³⁵o²¹³⁻⁴⁴nɔk⁵tɛk⁵ 势利的（人）
赖皮支 lai²¹³⁻⁴⁴pʰui¹¹tsi⁴⁴ 耍赖的（人）
徒赖 tʰo¹¹lai²¹³ 耍赖的（人）
　徒赖簿 ⁻tʰo¹¹lai²¹³⁻⁴⁴pu²¹³
小气鬼 siau⁴²⁻⁴⁴kʰi³⁵k²¹³y⁴² 吝啬鬼
鼻屎捻做鲶肉干 pʰi³⁵⁻⁵sai⁴²nɔn¹¹tso³⁵⁻⁵⁵ nin¹¹nøu(-k)¹⁻⁴⁴(k-)an⁴⁴ 吝啬鬼
狡猾 kau⁴⁴kɔt¹ 油滑的（人）
糖团喙，剃刀心 thɔŋ¹¹kiɛn⁴²⁻⁴⁴tshy³⁵, thi³⁵⁻⁴⁴(t-)lɔ⁴⁴sin⁴⁴ 奸诈的（人）
犬咬嬷号 kʰɛn⁴²ka²¹³mɛ²¹³⁻⁴⁴au¹¹ 温和的（人）
急性 kik⁵saŋ³⁵ 暴躁的（人）
性急 saŋ³⁵kik⁵ 急性子的（人）
心艳⁼轻 sin⁴⁴iɛn²¹³kʰin⁴⁴ 热心的（人）
柴头侬 tsʰa¹¹(tʰ-)lau¹¹nœŋ¹¹ 冷漠

的（人）

解号袋 ɛ²¹³⁻⁴⁴au¹¹tɒi²¹³ 爱哭的（孩子）

拉尿床 na¹¹niu²¹³⁻⁴⁴tsʰɔŋ¹¹ 尿床的（孩子）

獪听讲 mɛ²¹³⁻⁴⁴tʰiaŋ⁴⁴kɔŋ⁴²⁻⁴⁴ 淘气的（孩子）

做拘 ⁼tso³⁵⁻⁵⁵ky⁴⁴ 撒娇的（孩子）

好惜 xɔ⁴²⁻⁵⁵syk⁵ 可爱的（孩子）

老贼 lau²¹³⁻⁴⁴tsʰet¹ 吓唬小孩的虚构人物（用于要小孩别哭闹时）

猪狶 ty⁴⁴（s-）ai⁴⁴ 好色的男人

破鞋 pʰuɔ³⁵ɛ¹¹ 淫荡的女人

妇女侬相个 xu²¹³⁻⁴⁴ny⁴²⁻⁵⁵（n-）œŋ¹¹⁻⁵⁵syuŋ³⁵ɛ⁰ 女人气的男人

歹诸娘 ŋai¹¹tsi⁴⁴nyuŋ¹¹⁻⁴⁴ 泼辣的女人

泼妇 pʰuɔt⁵xɔ²¹³

乌龟 u⁴⁴kui⁴⁴ 妻子有外遇的人

姘头 pʰiŋ³⁵⁻⁵⁵（tʰ-）nau¹¹

嫁侬婆 ka³⁵nœŋ¹¹pɔ¹¹ 二婚头

婊团 pɛu⁴²⁻⁵⁵（k-）iɛn⁴²⁻⁵⁵ 婊子

铁 ⁼侬团 tit⁵nœŋ¹¹kiɛn⁴² 私生子、随娘子

犯侬 xuɔn²¹³⁻⁴⁴nœŋ¹¹ 囚犯

乞食 kʰyk⁵（tsʰ-）tsiɛk¹ 乞丐

　乞食骨 kʰyk⁵（tsʰ-）tsiɛk¹kɔt⁵

烂□ lan²¹³⁻⁴⁴tsɛ²¹³ 流氓、无赖

拍铁铜 pak⁵tʰit⁵kann³⁵ 走江湖的

骗子 pʰin³⁵⁻⁵⁵tsu⁴²

□团 pʰai³⁵⁻⁵⁵kiɛn⁴² 流氓

土匪 tʰu⁴²⁻⁵⁵pʰi⁴²⁻⁵⁵

贼 tsʰet¹ 强盗，贼

溜团 liu³⁵kiɛn⁴² 扒手

做工个 tso³⁵⁻⁴⁴køŋ⁴⁴ɛ⁴⁴ 工人

讨工 tʰɔ⁴²⁻⁵⁵køŋ⁴⁴

长年哥 tɒŋ¹¹nin¹¹kɔ⁴⁴ 长工

临时工 leŋ¹¹sɛi¹¹køŋ⁴⁴ 短工

碎工 tsʰøy³⁵⁻⁵⁵køŋ⁴⁴ 零工

农民 nɒŋ¹¹men¹¹

　做农个 ɛ¹nɒŋ¹¹ɛ⁰

戏团 xi³⁵⁻⁵⁵（k-）iɛn⁴² 戏曲演员（旧称）

戏师傅 xi³⁵⁻⁵⁵sai⁴⁴（x-）ɔu²¹³⁻⁴⁴ 戏曲演员（尊称）

挂鬚 kuɔ³⁵⁻⁵⁵sy⁴⁴ 老生

小生 sɛu⁴²⁻⁵⁵seŋ⁴⁴

武生 u⁴²⁻⁵⁵seŋ⁴⁴

白鼻空 pa（-k）¹⁻⁴⁴pʰi³⁵⁻⁵⁵（kʰ-）øŋ⁴⁴ 花脸

三花 san⁴⁴xuɔ⁴⁴ 小丑

武旦 u⁴²⁻⁴⁴tan³⁵ 刀马旦

老旦 lau²¹³⁻⁴⁴tan³⁵

青衣 tsʰaŋ⁴⁴i⁴⁴

主角 tsu⁴²⁻⁴⁴kyk⁵

□台角 xœ²¹³⁻⁴⁴tai¹¹kyk⁵ 配角，助喊的

拾死侬师傅 kʰak⁵⁻⁴si⁴²⁻⁴⁴nœŋ¹¹⁻⁵⁵sai⁴⁴（x-）o²¹³⁻⁴⁴ 殡葬工

孝顺团 xau³⁵⁻⁵⁵（s-）lɒŋ²¹³⁻⁴⁴kiɛn⁴² 孝子

鸦片鬼 a⁴⁴pʰin³⁵⁻⁵⁵køy⁴² 吸毒者
恶霸 ou（-ʔ）⁵⁻⁴⁴pa³⁵
鸡 ki⁴⁴ 妓女
鸭 at⁵ 男妓
鸡头 ki⁴⁴（tʰ-）lau¹¹⁻⁴⁴ 色情业中介
变把戏 pin³⁵pa⁻¹¹xi³⁵ 卖艺者
代笔 tai²¹³⁻⁴⁴pit⁵ 代书者（写状子或写信）
鱼贩 ŋɛu¹¹xuɔn³⁵ 卖鱼人
收破烂 siu⁴⁴puɔ³⁵lan²¹³ 收废品者
拾破烂 kʰak⁵puɔ³⁵lan²¹³ 捡破烂的
老板 lɔ⁴²⁻⁵⁵pɛn⁴²⁻⁵⁵ 做买卖的，老板
东家 tuŋ⁴⁴（k-）ŋa⁴⁴
东家嫂 tuŋ⁴⁴（k-）ŋa⁴⁴sɔ⁴²⁻⁵⁵ 年轻的女东家
客店母 kʰa（-k）⁵⁻⁴⁴tɛn³⁵⁻⁵⁵mɔ⁴² 老板娘（开客店的），贬称
后生囝 xɛu²¹³⁻⁴⁴（s-）laŋ⁴⁴（k-）ŋiɛn⁴² 伙计（店员或长工）
学徒 xɔk¹tо¹¹
徒弟 to¹¹tɛ²¹³
侬客 nœŋ¹¹（kʰ-）ŋak⁵ 顾客
贩囝 xuɔn³⁵⁻⁵⁵（k-）iɛn⁴² 小贩
先生 sin⁴⁴（s-）naŋ⁴⁴（私塾）教书先生
先生 sin⁴⁴（s-）naŋ⁴⁴（学校）教员
学生 xɔ（-k）¹⁻⁴⁴（s-）lɛŋ⁴⁴
同学 tuŋ¹¹xɔk¹
兵 pin⁴⁴

警察 kin⁴²⁻⁴⁴（tsʰ-）nak⁵
先生 siŋ⁴⁴（s-）naŋ⁴⁴ 医生
师傅 sai⁴⁴xɔu²¹³ 司机，手艺人等
做木师傅 tso³⁵⁻⁵⁵mok¹sai⁴⁴xɔu²¹³ 木匠
做泥师傅 tso³⁵⁻⁵⁵nɛi¹¹sai⁴⁴xɔu²¹³ 瓦匠（砌墙、抹墙的）
焊锡师傅 an²¹³syuk⁵sai⁴⁴xɔu²¹³ 锡匠
拍铜师傅 pa（-k）⁵⁻⁴⁴tœŋ¹¹sai⁴⁴xɔu²¹³ 铜匠
拍铁师傅 pa（-k）⁵⁻⁴⁴tʰit⁵sai⁴⁴xɔu²¹³ 铁匠
补鼎师傅 pu⁴²⁻⁵⁵tiaŋ⁴²⁻⁵⁵sai⁴⁴xɔu²¹³ 补锅的
焊锡师傅 an⁴⁴syuk⁵sai⁴⁴xɔu²¹³ 焊洋铁壶的人
□缸补鼎师傅 kʰɛi¹¹kɔ⁴⁴pu⁴²⁻⁵⁵tiaŋ⁴²⁻⁵⁵sai⁴⁴xɔu²¹³ 补锅的
做衣裳师傅 tso³⁵⁻⁵⁵i⁴⁴（s-）yuŋ¹¹⁻⁴⁴sai⁴⁴xɔu²¹³ 裁缝（做衣服的）
剃头师傅 tʰi³⁵⁻⁵⁵（tʰ）lau¹¹sai⁴⁴xɔu²¹³ 理发员（调查旧名称）
治猪师傅 tʰai¹¹ty⁴⁴sai⁴⁴xɔu²¹³ 屠户
担担个侬 tan⁴⁴tan³⁵（k-）ɛ¹¹⁻⁰nœŋ¹¹ 挑夫
扛轿师傅 koŋ⁴⁴kiu²¹³⁻⁴⁴sai⁴⁴xɔu²¹³ 轿夫
老□ lau²¹³⁻⁴⁴tʰa³⁵ 艄工
管家 kuɔn⁴²⁻⁵⁵（k-）ŋa⁴⁴
帮头 poŋ⁴⁴（tʰ-）nau¹¹⁻⁴⁴ 伙计（合作的人）

厨师 tɔu¹¹（s-）lu⁴⁴

奶娘 nɛ⁴²⁻⁵⁵nyuŋ¹¹ 奶妈

老爹❶ lau²¹³⁻⁴⁴tiɛ⁴⁴ 奶爷（奶妈之夫）

丫头 a⁴⁴（tʰ-）lau¹¹⁻⁴⁴ 女仆、丫鬟

拾囝婆 kʰa(-k)⁵⁻⁴⁴kiɛn⁴²⁻⁵⁵（p-）mɔ¹¹⁻⁵⁵ 接生婆

和尚 xu¹¹（s-）yuŋ²¹³

尼姑 nɛ¹¹ku⁴⁴ 自幼在庵里长大的尼姑

菜姊 tsʰai³⁵⁻⁵⁵（ts-）ei⁴² 半路出家的尼姑

道士 tɔ²¹³⁻⁴⁴（s-）lɔu²¹³

大事 tuɔ²¹³⁻⁴⁴（t-）lai²¹³ 火居的道士

尪师 uŋ¹¹（s-）nai⁴⁴ 法师

做大事个 tso³⁵⁻⁵⁵tuɔ²¹³⁻⁴⁴tai²¹³ɛ⁰ 法师

第十节　亲属

厝下侬 tsʰu³⁵⁻⁵⁵a²¹³nœn¹¹ 本家族的亲戚

太翁 tʰai³⁵⁻⁴⁴øŋ⁴⁴ 曾祖父

太婆 tʰai³⁵⁻⁴⁴（p-）βɔ¹¹ 曾祖母

太舅翁 tʰai³⁵⁻⁵⁵ku²¹³⁻⁴⁴øŋ⁴⁴ 父亲的舅公

太舅婆 tʰai³⁵⁻⁵⁵ku²¹³⁻⁴⁴（p-）mɔ¹¹ 父亲的舅婆

太姑翁 tʰai³⁵⁻⁵⁵ku⁴⁴øŋ⁴⁴ 父亲的姑爷爷

太姑婆 tʰai³⁵⁻⁵⁵ku⁴⁴（p-）mɔ¹¹ 父亲的姑奶奶

祖翁 tsu⁴²⁻⁵⁵øŋ⁴⁴ 祖父

祖婆 tsu⁴²⁻⁵⁵（p-）βɔ¹¹⁻⁵⁵ 祖母

娘翁 nyuŋ¹¹øŋ⁴⁴ 外祖父

娘婆 nyuŋ¹¹（p-）βɔ¹¹ 外祖母

祖翁 tsu⁴²⁻⁵⁵øŋ⁴⁴ 爷爷

祖婆 tsu⁴²⁻⁵⁵（p-）βɔ¹¹⁻⁵⁵ 奶奶

姑翁 ku⁴⁴øŋ⁴⁴ 父之姑父

姑婆 ku⁴⁴pɔ¹¹⁻⁴⁴ 姑奶奶（父之姑母）

姨婆 ɛi¹¹pɔ¹¹ 姨奶奶（父之姨母）

姨丈翁 ɛi¹¹tyuŋ²¹³øŋ⁴⁴ 父之姨父

舅翁 ku²¹³øŋ⁴⁴ 舅公

妗婆 ken²¹³pɔ¹¹ 舅婆

　舅婆 ku²¹³pɔ¹¹

姨伯 ɛi¹¹pak⁵ 父亲的表兄弟

郎爸 nuŋ¹¹（p-）ma²¹³ 父亲（只背称）

　阿伯 a¹¹pak⁵ 父亲

　大伯 tuɔ²¹³⁻⁴⁴pak⁵

　阿爹 a¹¹tiɛ⁴⁴

叔伯 ts(-øu)uk⁵pak⁵ 继父或养父

姨 ɛi¹¹ 继母、养母或庶母

老爹 lau²¹³⁻⁴⁴tiɛ⁴⁴ 义父

老奶 lau²¹³⁻⁴⁴nɛ⁴² 义母

囝郎爸 kiɛn⁴²⁻⁵⁵nuŋ¹¹ma²¹³ 孩子和父亲

阿奶 a¹¹nɛ⁴² 母亲

　郎奶 nuŋ¹¹nɛ⁴²

---

❶ 周宁的"义子"习俗里，孩子寄养对象都叫作"老爹"，城隍爷、诸宝仙公、算命先生以及奶妈之夫都称为"老爹"。

媌 ia²¹³

丈侬 tyuŋ¹¹nœŋ¹¹ 岳父

嫡奶 tik⁵nɛ²¹³ 岳母

大官 ti⁻¹¹kuɔn⁻⁴⁴ 公公（别人称）

大姐 ti⁻¹¹iɛ⁻⁴⁴ 婆婆（别人称）

阿爹 a¹¹tiɛ⁴⁴ 公公（随夫称）

媌 ia²¹³ 婆婆（随夫称）

 阿奶 a¹¹nɛ⁴²

伯 pak⁵ 伯父

奶 nɛ²¹³ 伯母

 阿奶 a¹¹nɛ²¹³

叔伯 ts（-øu）uk⁵pak⁵ 叔父

婶 sen⁴² 叔母

 阿婶 a¹¹sen⁴²

舅 kɔu²¹³ 舅父

 阿舅 a¹¹kɔu²¹³

娘舅 nyuŋ¹¹（k-）ŋɔu²¹³ 舅父（正式说法）

妗 ken²¹³ 舅母

 阿妗 a¹¹ken²¹³

姑妈 ku⁴⁴ma⁴² 姑妈（父之姐）

姑妈 ku⁴⁴ma⁴² 姑姑（父之妹）

姨 ɛi¹¹ 姨妈

姨 ɛi¹¹ 姨姨

姑丈 ku⁴⁴tyuŋ²¹³ 姑夫

姨丈 ɛi¹¹tyuŋ²¹³ 姨夫

亲家伯 tsin⁴⁴（ŋ-）ka⁴⁴pak⁵ 女婿的兄长

亲家叔 tsin⁴⁴（ŋ-）ka⁴⁴tsyuk⁵ 女婿的弟弟

同年岁 tɔŋ¹¹nin¹¹xui³⁵ 平辈

老公老姥 lau²¹³⁻⁴⁴kuŋ⁴⁴lau²¹³⁻⁴⁴ma⁴² 夫妻

老公 lau²¹³⁻⁴⁴（k-）uŋ⁴⁴ 丈夫

厝里侬 tsʰu³⁵⁻⁵⁵（t-）i⁴²nœŋ¹¹ 家里那位（背称）

伊阿伯 i⁴⁴a¹¹pak⁵

老姥 lau²¹³⁻⁴⁴ma⁴² 妻子，家里那位（背称）

厝里侬 tsʰu³⁵⁻⁵⁵（t-）i⁴²nœŋ¹¹

细娘 se³⁵nyuŋ¹¹ 小老婆

伯 pak⁵ 大伯子（夫之兄）

叔 tsyuk⁵ 小叔子（夫之弟）

姊 tsei⁴² 大姑子（夫之姐）

妹 mui³⁵ 小姑子（夫之妹）

大堂哥 tuɔ²¹³⁻⁴⁴（tʰ-）lɔŋ¹¹⁻⁴⁴ko⁴⁴ 内兄

小舅 siau⁴²⁻⁵⁵ko²¹³ 内弟

大堂姊 tuɔ²¹³⁻⁴⁴（tʰ-）lɔŋ¹¹⁻⁴⁴tsi⁴²（随妻称）大姨子

小姨 siau⁴²⁻⁵⁵ɛi¹¹⁻⁵⁵（随妻称）小姨子

兄弟哥 xiaŋ⁴⁴（t-）ni²¹³⁻⁴⁴（k-）o⁴⁴ 弟兄

兄弟哥 xiaŋ⁴⁴（t-）ni²¹³⁻⁴⁴ 哥们，伙伴

姊妹哥 tsei⁴²⁻⁵⁵mui³⁵⁻⁵⁵（k-）io⁴⁴ 姊妹

哥 ko⁴⁴ 哥哥

嫂 sɔ⁴² 嫂子

弟 ti²¹³ 弟弟

弟新妇 ti²¹³⁻⁴⁴sin⁴⁴（x）mɔu²¹³ 弟媳

姊 tsei⁴² 姐姐

（阿）丈（a¹¹）tyuŋ²¹³ 姐夫
妹 mui³⁵ 妹妹
妹婿 mui³⁵⁻⁵⁵（s-）ʒai³⁵ 妹夫
叔伯兄弟哥 ts（-yu）uk⁵pak⁵xiaŋ⁴⁴
　　（tɛ-）ni²¹³⁻⁴⁴（k-）o⁴⁴ 堂兄弟
叔伯哥 tsu⁴²⁻⁵⁵pak⁵ko⁴⁴ 堂兄
叔伯弟 tsu⁴²⁻⁵⁵pak⁵ti²¹³ 堂弟
祖伯姊妹哥 ts（-yu）uk⁵pak⁵tsi⁴²⁻⁵⁵
　　mui³⁵⁻⁵⁵（k-）o⁴⁴ 堂姊妹
祖伯姊 ts（-yu）uk⁵pak⁵⁻⁴⁴tsei⁴² 堂姐
祖伯妹 ts（-yu）uk⁵pak⁵⁻⁴⁴mui³⁵ 堂妹
表兄弟 piau⁴²⁻⁴⁴xiaŋ⁴⁴tɛ²¹³ 表兄弟
表兄 piau⁴²⁻⁴⁴xiaŋ⁴⁴
表嫂 piau⁴²⁻⁴⁴（s-）lɔ⁴²
表弟 piau⁴²⁻⁵⁵tɛ²¹³
表姊妹 piau⁴²⁻⁵⁵tsi⁴²⁻⁵⁵mui³⁵ 表姊妹
表姊 piau⁴²⁻⁵⁵tsei⁴² 表姐
表妹 piau⁴²⁻⁵⁵mui³⁵
下代 a²¹³⁻⁴⁴tɒi²¹³ 晚辈
囝 kiɛn⁴² 子女（儿子和女儿的总称）；
　　儿子
大只囝 tuɔ²¹³iɛk⁵kiɛn⁴² 大儿子
　　大弟 tuɔ²¹³⁻⁴⁴ti⁵³～ti²¹³
　　大囝 tuɔ²¹³kiɛn⁴²
细囝 se³⁵⁻⁵⁵ kiɛn⁴² 小儿子
　　嫩弟 nɔn²¹³⁻⁴⁴ti⁴²
　　嫩只囝 nɔn²¹³iɛk⁵kiɛn⁴²
继囝 ki²¹³⁻⁴⁴kiɛn⁴² 养子
义囝 ŋi²¹³⁻⁴⁴kiɛn⁴² 义子

囝新妇 kiɛn⁴²⁻⁵⁵sin⁴⁴（p-）mo²¹³ 儿媳
　　妇（儿之妻）
新妇囝 sin⁴⁴（p-）mo²¹³⁻⁴⁴kiɛn⁴² 童
　　养媳
贱"囝 tsin⁴⁴（k-）ŋiɛn⁴² 女儿
儿婿 nin¹¹（s-）ʒai³⁵ 女婿
囝孙 kiɛn⁴²⁻⁴⁴son⁴⁴ 泛指子女和孙子女，
　　具体情境下可单指"孙子"
孙囝 son⁴⁴（k-）ŋiɛn⁴²⁻⁴⁴ 孙子
孙新妇 son⁴⁴sin⁴⁴（p-）mo²¹³ 孙媳妇
诸娘孙 tsy⁴⁴nyuŋ¹¹⁻⁴⁴son⁴⁴ 孙女
孙婿 son⁴⁴（s-）ʒai³⁵ 孙女婿
重孙 toŋ¹¹son⁴⁴
孙孙 son¹¹（s-）non³⁵
孙孙 son¹¹（s-）non³⁵ 重孙女
外甥 ŋiɛ²¹³⁻⁴⁴（s-）aŋ⁴⁴ 外孙（女之子）
外甥女 ŋiɛ²¹³⁻⁴⁴（s-）aŋ⁴⁴ny⁴² 外孙女
　　（女之女）
外甥 ŋiɛ²¹³⁻⁴⁴（s-）aŋ⁴⁴ 外甥（姐妹
　　之子）
外甥女 ŋiɛ²¹³⁻⁴⁴（s-）aŋ⁴⁴ny⁴² 外甥女
　　（姐妹之女）
外甥孙 ŋiɛ²¹³⁻⁴⁴（s-）aŋ⁴⁴（s-）non⁴⁴
　　外甥之子
孙囝 son⁴⁴（k-）ŋiɛn⁴² 侄子
诸娘孙 tsy⁴⁴nyuŋ¹¹⁻⁴⁴son⁴⁴ 侄女
后头孙 au²¹³⁻⁴⁴（tʰ-）au¹¹son⁴⁴ 女性称
　　娘家成员子女
同门丈 toŋ¹¹mun¹¹tyuŋ²¹³ 连襟

亲家 tsin⁴⁴（k-）ŋa⁴⁴
亲家婆 tsin⁴⁴（k-）ŋa⁴⁴pɔ¹¹⁻⁴⁴ 亲家母
亲家公 tsin⁴⁴（k-）ŋa⁴⁴kuŋ⁴⁴ 亲家翁
亲戚 tsin⁴⁴（tsʰ-）nik⁵
行亲戚 kiaŋ¹¹tsin⁴⁴（tsʰ-）nik⁵ 走亲戚
随娘囝 soi¹¹nyuŋ¹¹（k-）ŋiɛn⁴² 带犊儿（妇女改嫁带的儿女）
　继囝 ki²¹³⁻⁴⁴kiɛn⁴² 养子
丈夫侬 tɔŋ¹¹（x-）u⁴⁴nœŋ¹¹⁻⁴⁴ 爷儿们（男子通称）
妇女侬 xu²¹³⁻⁴⁴ny⁴²⁻⁵⁵nœŋ¹¹⁻⁵⁵ 娘儿们（妇女通称）
　诸母侬 tsy⁴⁴mu⁴²⁻⁵⁵nœŋ¹¹⁻⁵⁵
后头家 au²¹³（tʰ-）lau¹¹ka⁴⁴ 娘家
男家 nan¹¹（k-）ŋa⁴⁴ 婆家，男家
女家 ny⁴²ka⁴⁴ 娘家，女家
娘婆个厝 nyuŋ¹¹（p-）mɔ¹¹a⁵tsʰu³⁵ 姥姥家
丈人个厝 tyuŋ¹¹nœŋ¹¹（k-）ŋa⁵tsʰu³⁵ 妻子的娘家

第十一节　身体

浑身 mun¹¹（s-）nin⁴⁴ 身体
　体格 tʰɛ⁴²⁻⁴⁴kak⁵
浑身 mun¹¹（s-）nin⁴⁴ 身材
角色 kyk⁵（s-）lɛk⁵ 体格
头 tʰau¹¹
额头 ŋiɛ¹¹tʰau¹¹ 奔儿头（前额生得向前突）
癞头 latˀtʰau¹¹⁻⁴⁴ 秃头，光头
　光头畅 kuŋ⁴⁴（tʰ-）au¹¹⁻⁴⁴（tʰ-）oŋ³⁵
头里中 tʰau¹¹ti⁴²⁻⁵⁵（t-）noŋ⁴⁴ 头顶
后脑 au²¹³⁻⁴⁴nɔ⁴² 后脑勺子
胫管 tau²¹³⁻⁴⁴（k-）øn⁴² 颈
胫管窟 tau²¹³⁻⁴⁴（k-）øn⁴² kʰɔt 后脑窝子（颈后凹处）；衣服后领处
胫管骨 tau²¹³⁻⁴⁴（k-）øn⁴² kɔt⁵ 颈骨
胫管骨无力 tau²¹³⁻⁴⁴（k-）øn⁴² kɔt⁵mɔ¹¹let¹ 形容年老或疲劳
头发 tʰau¹¹（x-）ut⁵
白头发 pak¹tʰau¹¹（x-）ut⁵ 少白头
落头发 lɔuk⁵tʰau¹¹（x-）ut⁵ 掉头发（动宾）
头发□ tʰau¹¹puʔ（-t）⁵tsʰik⁵ 头皮屑
额 ŋiɛk¹
天顶 tʰin⁴⁴tiŋ⁴² 囟门
头里中 tʰau¹¹ti⁴²⁻⁴⁴toŋ⁴⁴ 头顶
头发骹 tʰau¹¹（x-）ut⁵kʰa⁴⁴ 鬓角
辫头发 pin²¹³⁻⁴⁴tʰau¹¹（x-）u（-t）⁵ 辫子
梳头 sø⁴⁴tʰau¹¹⁻⁴⁴ 将头发扎起来形成团 用网纱裹起的发型
割头发 katˀtʰau¹¹（x-）ut⁵ 齐肩发
髻 kui³⁵ 中老年盘在脑后的发髻

斜眉扇 siɛ¹¹mɛi¹¹sin³⁵ 刘海

面 min³⁵ 脸

面䐑袋 min³⁵⁻⁵⁵nɛ⁴²⁻⁴⁴tɒi²¹³ 脸蛋

面䐑骨 min³⁵⁻⁵⁵nɛ⁴²⁻⁵⁵kɔt⁵ 颧骨

面䐑盘 min³⁵⁻⁵⁵nɛ⁴²⁻⁵⁵puɔn¹¹ 脸庞

头壳 tʰau¹¹kʰøuk⁵ 颅骨

肩头骨 kin⁴⁴（tʰ-）nau¹¹⁻⁴⁴kɔt⁵ 肩胛骨

心间骨 sin⁴⁴（k-）ŋan⁴⁴kɔt⁵ 胸骨

膁骨 pʰiɛn⁴⁴（k-）ŋɔt⁵ 肋骨

后腰骨 au²¹³⁻⁴⁴iu⁴⁴kɔt⁵ 脊柱

手骨 tsʰeu⁴²⁻⁵⁵（k-）ɔt⁵ 肱骨；腕骨；掌骨

指头骨 tsei⁴²⁻⁵⁵（tʰ-）nau¹¹（k-）ɔt⁵ 指骨

大个蜀条手骨 tuɔ²¹³⁻i⁰si¹¹tɛu⁴⁴tsʰeu⁴²⁻⁵⁵（k-）ɔt⁵ 桡骨

嫩个蜀条手骨 nɔ（-n）ŋ²¹³ŋi⁰si¹¹tɛu¹¹tsʰiu⁴²⁻⁵⁵（k-）ɔt⁵ 尺骨

腿骨 tʰai⁴²⁻⁵⁵kɔt⁵ 腿骨的统称

腿头骨 tʰai⁴²⁻⁵⁵（tʰ-）lau¹¹kɔt⁵ 髋骨

骹骨 tœŋ¹¹（k-）ŋɔt⁵ 大腿骨和小腿骨

大腿骨 tuɔ²¹³⁻⁴⁴tʰai⁴²kɔt⁵ 大腿骨

骹髓骨 kʰa⁴⁴tœŋ¹¹kɔt⁵

骹骨 kʰa⁴⁴kɔt⁵ 小腿骨，小腿内侧的长骨，连接膝盖和脚掌

骹头骨 kʰa⁴⁴（tʰ-）lau¹¹kɔt⁵ 膝盖骨

骹头 kʰa⁴⁴（tʰ-）au¹¹ 膝盖

骹头镜 kʰa⁴⁴（tʰ-）lau¹¹kiaŋ³⁵ 髌骨

股川骨 ku⁴²⁻¹¹（tsʰ-）uŋ⁻⁴⁴kɔt⁵ 胯骨，

股骨

八字骨 pɛt⁵tsɛi²¹³kɔt⁵ 耻骨

骹蹄骨 kʰa⁴⁴tɛ¹¹kɔt⁵ 跖骨

骹指头骨 kʰa⁴⁴tsei⁴²⁻⁵⁵（tʰ-）nau¹¹（k-）ɔt⁵ 趾骨

骹跱骨 kʰa⁴⁴（t-）nan⁴⁴kɔt⁵ 跟骨

酒□ tseu⁴²⁻⁴⁴nɛt⁵ 酒窝

人中 ien¹¹tuŋ⁴⁴

鼻空骹 pʰi³⁵⁻⁵⁵（kʰ-）øŋ⁴⁴kʰa⁴⁴

目珠 mok¹tsiu⁴⁴ 眼

目珠臼 mok¹tsiu⁴⁴kʰɔu²¹³ 眼眶

目珠仁 mok¹tsiu⁴⁴nen¹¹⁻⁴⁴ 眼珠

白仁 pak¹nen¹¹⁻⁴⁴ 白眼珠

乌仁 u⁴⁴nen¹¹⁻⁴⁴ 黑眼珠

目珠空 mok¹tsiu⁴⁴kʰøŋ⁴⁴ 瞳人

目珠角 mok¹tsiu⁴⁴køuk⁵ 眼角

目珠环 mok¹tsiu⁴⁴kʰuɔn¹¹ 眼圈

目汁 mok¹tset⁵ 眼泪

目珠屎 mok¹（ts-）iu⁴⁴（s-）lai⁴² 眼哆

目珠皮 mok¹（ts-）iu⁴⁴pʰui¹¹⁻⁴⁴ 眼皮

单重皮 tan⁴⁴tœŋ¹¹pʰui¹¹ 单眼皮

双重皮 søŋ⁴⁴（t-）nœŋ¹¹pʰui¹¹ 双眼皮

目珠毛 mok¹tsiu⁴⁴mɔ¹¹⁻⁴⁴ 眼睫毛

眉毛 mɛi¹¹mɔ¹¹

目珠皮皱身头去 mok¹tsiu⁴⁴pʰui¹¹⁻⁴⁴tseu³⁵sin⁴⁴nau¹¹⁻⁴⁴u⁰ 皱眉头（动宾）

鼻空 pʰi³⁵⁻⁵⁵（kʰ-）øŋ⁴⁴ 鼻子

鼻 pʰi³⁵ 鼻涕（液体）

鼻屎 pʰi³⁵⁻⁵⁵sai⁴² 干鼻涕（鼻垢）

鼻空 pʰi³⁵⁻⁴⁴（kʰ-）øŋ⁴⁴ 鼻孔
鼻毛 pʰi³⁵⁻⁵⁵mɔ¹¹
鼻头 pʰi³⁵⁻⁵⁵tʰau¹¹ 鼻子尖儿（鼻子顶端）
鼻头精 pʰi³⁵⁻⁵⁵tʰau¹¹tsiŋ⁴⁴ 鼻子尖（嗅觉灵敏）
长鼻 tɔŋ¹¹pʰi³⁵ 鼻子尖，面相上认为鼻子尖长的人很狡猾，因此"长鼻"用于形容人圆滑、无赖
鼻头岗 pʰi³⁵⁻⁵（tʰ-）lau¹¹kɔŋ³⁵ 鼻梁
鼻空 pʰi³⁵⁻⁴⁴（kʰ-）øŋ⁴⁴ 鼻翅儿
鼻空骹 pʰi³⁵⁻⁴⁴（kʰ-）øŋ⁴⁴kʰa⁴⁴ 鼻孔下方
红鼻头 œŋ¹¹pʰi³⁵⁻⁵⁵（tʰ-）lau¹¹ 酒糟鼻子
□鼻 mak⁵pʰi³⁵ 塌鼻子
喙 tsʰy³⁵ 嘴
喙皮 tsʰy³⁵⁻⁵⁵pʰui¹¹ 嘴唇
滥 lan⁴² 唾沫
滥丝 lan⁴²⁻⁴⁴si⁴⁴ 唾沫星儿
滥水 lan⁴²⁻⁴⁴tsøy⁴² 涎水
喙舌 tsʰy³⁵⁻⁵⁵（s-）lit¹ 舌头
喙舌苔 tsʰy³⁵⁻⁵⁵（s-）lit¹⁻⁴⁴tʰai⁴⁴ 舌苔
喙舌头 tsʰy³⁵⁻⁵⁵（s-）lit¹⁻⁴⁴tʰau¹¹ 舌根
喙舌尾 tsʰy³⁵⁻⁵⁵（s-）lit¹⁻⁴⁴møy⁴² 舌尖
喙舌下 tsʰy³⁵⁻⁵⁵（s-）lit¹⁻⁴⁴ta²¹³ 舌头下方，一般将药物含在此处
喙齿 tsʰy³⁵⁻⁵⁵kʰei⁴² 牙
门牙 mun¹¹ŋa¹¹

牙白喙齿 ŋa¹¹kʰɔu²¹³tsʰy³⁵⁻⁵⁵kʰei⁴² 大牙
虎牙 xu⁴²⁻⁵⁵ŋa¹¹⁻⁵⁵
喙齿屎 tsʰy³⁵⁻⁴⁴kʰei⁴²⁻⁵⁵sai⁴² 牙垢
喙齿座 tsʰy³⁵⁻⁴⁴kʰei⁴²tsɔ²¹³ 牙床
喙膍 tsʰy³⁵⁻⁵⁵pʰɛ⁴² 口腔内脸的两侧
上颚 syuŋ²¹³⁻⁴⁴ŋok¹
下颔 a²¹³⁻⁴⁴ŋan²¹³ 下巴（从口腔角度讲）
下□ a²¹³⁻⁴⁴lɔŋ¹¹ 下巴（从头部角度讲）
虫牙 tʰœŋ¹¹ŋa¹¹
喙齿蛀掉 tsʰy³⁵⁻⁴⁴kʰei⁴²tsiu³⁵li⁰
耳朵 ŋ（-ɛi）i²¹³⁻⁴⁴（t-）lɔ⁴² 耳朵统称
耳朵箬 ŋ（-ɛi）i²¹³⁻⁴⁴（t-）lɔ⁴²nyk¹⁻⁴ 耳朵外侧像木耳的部分
耳朵空 ŋ（-ɛi）i²¹³⁻⁴⁴（t-）lɔ⁴²⁻⁴⁴kʰøŋ⁴⁴ 耳朵眼
耳屎 ŋ（-ɛi）i²¹³⁻⁴⁴sai⁴²⁻⁵⁵ 耳屎
耳朵锤 ŋ（-ɛi）i²¹³⁻⁴⁴（t-）lɔ⁴²⁻⁵⁵tʰoi¹¹ 耳垂
喉咙 x（-ɛu）œ¹¹lœŋ¹¹
喉咙头 x（-ɛu）œ¹¹lœŋ¹¹nau¹¹
喉咙□ x（-ɛu）œ¹¹lœŋ¹¹nɔt¹ 喉结
里通子 li⁻⁴⁴tʰuŋ⁴⁴tsei⁴² 小舌
滥□ lan⁴²⁻⁵⁵nɔt¹⁻⁵ 喉结
喙鬏 tsʰy³⁵⁻⁴⁴（s-）liu⁴⁴ 胡子
胡喙斗 xo¹¹tsʰoi³⁵tau⁴² 络腮胡子
胡□斗 xo¹¹mak⁵tau⁴²
八字须 pet⁵tsɛi²¹³sy⁴⁴ 八字胡子
肩头 kin⁴⁴（tʰ-）nau¹¹⁻⁴⁴ 肩膀

肩头骨 kin⁴⁴（tʰ-）nau¹¹（k-）ɔt⁵ 肩胛骨

肩头瘤 kin⁴⁴（tʰ-）nau¹¹leu¹¹ 因挑担等肩膀中间长出的肉瘤

斜肩 tsʰiɛ¹¹kin⁴⁴³⁵⁻⁵⁵ 溜肩膀

悬肩 xɛn¹¹kin⁴⁴

快活团 kʰɛu³⁵⁻⁵⁵uɔt¹⁻⁴kiɛn⁴² 富裕人家的孩子，细皮嫩肉、未经劳作

手蕨 ˉtsʰeu⁴²⁻⁵⁵kut⁵ 胳膊

手踭 tsʰeu⁴²⁻⁵⁵nan⁴⁴ 胳膊肘儿

手踭卵 tsʰeu⁴²⁻⁵⁵nan⁴⁴lɔn²¹³ 胳膊肘处突出的骨头

手毛摞 tsʰeu⁴²⁻⁵⁵mo¹¹lɒi¹¹ 手握拳时手指和手掌连接处的突起

胳络下 ko（-k）¹lo⁻⁵⁵a²¹³ 胳肢窝

手脉 tsʰeu⁴²⁻⁵⁵mak¹⁻⁵ 手腕子

愚□手 kʰœ¹¹mo²¹³⁻⁴⁴tsʰeu⁴² 左手

□□手 oʔ⁵mo²¹³⁻⁴⁴tsʰeu⁴² 右手

指头 tsei⁴²⁻⁵⁵（tʰ-）nau¹¹⁻⁵⁵ 手指

指头节 tsei⁴²⁻⁵⁵（tʰ-）nau¹¹（ts-）et⁵（指头）关节

指头缝 tsei⁴²⁻⁵⁵（tʰ-）nau¹¹pʰoŋ³⁵ 手指缝儿

手□ tsʰeu⁴²⁻⁵⁵nɛn⁴⁴ 手茧子

命肉 miaŋ²¹³⁻⁴⁴nøuk¹⁻⁴ 手掌上的一块肉，可以指示身体好坏和命数变化

指头母 tsei⁴²⁻⁵⁵（tʰ-）nau¹¹mɔ⁴² 大拇指

二指头 nɛi²¹³⁻⁴⁴tsei⁴²⁻⁵⁵（tʰ-）nau¹¹⁻⁵⁵ 食指

里中指头 ti⁴²⁻⁴⁴（t-）noŋ⁴⁴tsei⁴²⁻⁵⁵（tʰ-）nau¹¹⁻⁵⁵ 中指

无名指 mɔ¹¹miaŋ¹¹tsei⁴²

指头团 tsei⁴²⁻⁵⁵（tʰ-）nau¹¹（k-）iɛn⁴² 小拇指

指甲 tsei⁴²⁻⁴⁴（k-）ŋak⁵

指甲骸 tsei⁴²⁻⁴⁴（k-）ŋak⁵kʰa⁴⁴ 指甲盖和指尖肌肉连接处

指头尾 tsei⁴²⁻⁵⁵（tʰ-）nau¹¹⁻⁴⁴møy⁴² 手指头肚儿

拳头 kun¹¹（tʰ-）nau¹¹

巴□ pa⁴⁴na⁴⁴ 巴掌

手掌 tsʰeu⁴²⁻⁵⁵tsyɔŋ⁴²

手里中 tsʰeu⁴²⁻⁴⁴ti⁴²⁻⁴⁴（t-）noŋ⁴⁴ 手心

手面 tsʰeu⁴²⁻⁴⁴min³⁵ 手背

手毛ˉ面 tsʰeu⁴²⁻⁵⁵mo¹¹min³⁵

腿 tʰai⁴² 整条腿

大腿 tuɔ²¹³⁻⁴⁴tʰai⁴²

腿头 tʰai⁴²⁻⁵⁵（tʰ-）lau¹¹⁻⁵⁵ 大腿根

骹肚 kʰa⁴⁴tou⁴² 小腿

骹肚袋 kʰa⁴⁴（t-）lou⁴²⁻⁵⁵tɒi²¹³ 腿肚子

骹指头缝 kʰa⁴⁴tsei⁴²⁻⁵⁵（tʰ-）nau¹¹pʰoŋ³⁵ 脚趾间的缝

骹缝下 kʰa⁴⁴pʰoŋ³⁵⁻⁵⁵a²¹³ 裆部（两条腿的中间）

股川髀 ku⁴²⁻⁵⁵（tsʰ-）luŋ⁴⁴（pʰ-）mɛ⁴²⁻⁴⁴ 屁股

股川空 ku⁴²⁻⁵⁵（tsʰ-）luŋ⁴⁴kʰøŋ⁴⁴ 肛门

股川髀 ku⁴²⁻⁵⁵（tsʰ-）luŋ⁴⁴mɛ⁴² 屁股蛋儿
股川槽 ku⁴²⁻¹¹（ts-）luŋ⁻⁴⁴sɔ¹¹ 屁股沟儿
衣 ui⁴⁴ 胎衣
尾骨 møy⁴²⁻⁵⁵kɔt⁵
卵朘 ni⁻⁵⁵nui⁻⁴⁴ 鸡巴（男阴）
　卵 nɒi¹¹
　卵鸟 nɒi¹¹iau⁴²
卵朘囝 ni⁻⁵⁵nui⁻⁴⁴kiɛn⁴² 鸡鸡（赤子阴）
卵脬袋 ni⁴⁴ma⁴⁴tɒi²¹³ 阴囊
卵脬子 ni⁴⁴ma⁴⁴tsei⁴² 睾丸
　阴子 in⁴⁴tsei⁴²
屄 pe⁴⁴ 女性生殖器
支 tsi⁴⁴（也指代女性的嘴）
必 pik⁵ 未婚女性生殖器
　必囝 pik⁵kiɛn⁴²
屄毛 pe⁴⁴mɔ¹¹ 女性阴毛
戳 tsʰok⁵ 交合
　肏 tsʰɛu¹¹
戳支必 tsʰok⁵tsi⁴⁴pik⁵ 夫妻交合
露 lou²¹³ 精液
　精 tsiŋ⁴⁴（中医称）
　饮 an⁴²（婉称）
骹脉 kʰa⁴⁴mak¹ 脚腕子
骹踭卵 kʰa⁴⁴naŋ⁴⁴lɔn²¹³ 踝，脚踝
骹 kʰa⁴⁴ 脚
赤骹□ tsʰiɛk⁵（kʰ-）a⁴⁴miɛk⁵ 赤脚
　褪赤骹 tʰɔn³⁵⁻⁵⁵（tsʰ-）niɛk⁵kʰa⁴⁴

骹旁面 kʰa⁴⁴pɔŋ¹¹min³⁵ 脚背
骹指蹄 kʰa⁴⁴tsi⁻⁵⁵（t-）lɛ¹¹⁻⁴⁴ 脚掌
骹里中 kʰa⁴⁴ti⁴²⁻⁴⁴（t-）noŋ⁴⁴ 脚心
骹前头 kʰa⁴⁴sɛn¹¹（tʰ-）nau¹¹ 脚掌前半部分
骹指头尾 kʰa⁴⁴tsei⁴²⁻⁵⁵（tʰ-）nau¹¹⁻⁵⁵ møy⁴² 脚尖
骹指头 kʰa⁴⁴tsei⁴²⁻⁵⁵（tʰ-）nau¹¹⁻⁵⁵ 脚趾头
骹指甲 kʰa⁴⁴tsei⁴²⁻⁵⁵（k-）ŋat⁵ 脚趾甲
骹甲 kʰak⁴⁴ak⁵ 脚趾甲
骹踭 kʰa⁴⁴（t-）naŋ⁴⁴ 脚跟
骹印 kʰa⁴⁴in³⁵ 脚印
鸡目珠 ki⁴⁴m（-ok）u¹⁻⁴⁴tsiu⁴⁴ 鸡眼（一种脚病）
骹□ kʰa⁴⁴nɛn⁴⁴
骹目珠 kʰa⁴⁴m（-ok）u¹⁻⁴⁴tsiu⁴⁴ 腿和脚腕连接处的突起
心间窟 sin⁴⁴（k-）ŋan⁴⁴kʰɔt⁵ 心口
心间头 sin⁴⁴（k-）ŋan⁴⁴（tʰ-）nau¹¹⁻⁴⁴ 胸脯
胁 xit⁵ 肋骨两旁
脮 nen³⁵ 乳房，乳汁
腹肚 puk⁵（t-）lou⁴² 肚子（腹部）
腹肚尾 puk⁵（t-）lou⁴²møy⁴² 小肚子（小腹）
腹脐 puk⁵tsai¹¹ 肚脐眼
腹肠筋 puk⁵tɔŋ¹¹kyn⁴⁴ 传言长在腹部的筋

腰 iu⁴⁴

后腰 au²¹³⁻⁴⁴iu⁴⁴ 脊背

后腰骨 au²¹³⁻⁴⁴iu⁴⁴kɔt⁵ 脊梁骨

膡螺□ tsʰɛn¹¹lɒi¹¹suk¹ 头发旋

双旋 søŋ⁴⁴xin¹¹ 双旋

指头痕 tsei⁴²⁻⁵⁵（tʰ-）nau¹¹xɔn¹¹ 指纹

朒 lɒi¹¹ 斗（圆形的指纹）

箕 ki⁴⁴ 箕（簸箕形的指纹）

□毛 kʰuk⁵mɔ¹¹⁻⁵⁵ 寒毛

毛孔 mɔ¹¹kʰøŋ⁴² 寒毛眼

痣 tsi³⁵

骨 kɔt⁵

筋 kyn⁴⁴

血 xet⁵

血管 xet⁵kuɔn⁴²

脉 mak¹

五脏 ŋu⁴²⁻⁵⁵tsɔŋ²¹³

心 sin⁴⁴

肝 kan⁴⁴

肺 xi³⁵

胆 tan⁴²

脾 pɛi¹¹ 脾和胰腺

胃 uoi²¹³

肾 sen²¹³

肠 tɔŋ¹¹

大肠 tuɔ²¹³⁻⁴⁴tɔŋ¹¹

小肠 siau⁴²⁻⁵⁵tɔŋ¹¹⁻⁵⁵

开丫肠 kʰui⁴⁴ia⁴⁴tɔŋ¹¹⁻⁴⁴ 盲肠

第十二节　疾病医疗

病了 paŋ²¹³lo⁰ 生病了

大病 tuɔ²¹³paŋ²¹³

嫩病 nɔn²¹³⁻⁴⁴paŋ²¹³ 小病

重病 tœŋ²¹³⁻⁴⁴paŋ²¹³

病轻略 paŋ²¹³kʰin⁴⁴（l-）no⁰ 病轻了

病好去略 paŋ²¹³xɔ⁴²kʰu⁰lo⁰ 病好了

请先生 tsʰiaŋ⁴²⁻⁴⁴sin⁴⁴（s-）naŋ⁴⁴ 请医生

睨病 e³⁵⁻⁵⁵paŋ²¹³ 医生医（病）；病人看病

扶脉 xou²¹³⁻⁴⁴mak¹ 号脉

开方 kʰui⁴⁴xuŋ⁴⁴ 开药方子

开单 kʰui⁴⁴tʰan⁴⁴

偏方 pʰin⁴⁴xuŋ⁴⁴

捏药 nit⁵yʔ¹ 抓药（中药）

买药 mɛ⁴²⁻⁵⁵yʔ¹ 买药（西药）

药材店 y(-ʔ)¹⁻⁴⁴tsai¹¹ten³⁵ 中药铺

药房 y(-ʔ)¹⁻⁴⁴pɔŋ¹¹ 药房（西药）

药引 y(-ʔ)¹⁻⁴⁴ɛn⁴²

药罐 yʔ¹kuɔn³⁵

炣草 kʰo⁴⁴tsʰau⁴² 煎药（动宾）

药膏 y(-ʔ)¹⁻⁴⁴ko⁴⁴ 药膏（西药）

犬皮膏 kʰɛn⁴²⁻⁵⁵pʰui¹¹⁻⁵⁵ko⁴⁴ 狗皮膏药

膏药 ko⁴⁴yʔ¹ 膏药（中药）

药粉 y（-ʔ）¹⁻⁴⁴xøn⁴² 药面儿（药粉）
涂药膏 tɔ¹¹yʔ¹ko⁴⁴ 搽药膏
涂药 tɔu¹¹yʔ¹ 上药（动宾）
    抹药膏 muat⁵yk¹ko⁴⁴
发汗 xuɔt⁵kan²¹³
去风气 kʰy³⁵⁻⁵⁵xuŋ⁴⁴kʰi³⁵ 去风湿痛
去火 kʰy³⁵⁻⁵⁵xøy⁴²
去湿 kʰy³⁵⁻⁵⁵siɛt⁵
去毒 kʰy³⁵⁻⁵⁵tok¹
化积 xuɔ³⁵⁻⁵⁵tsit⁵ 消食
    去积 tsit⁵
拍针 pʰak⁵tsen⁴⁴ 扎针
㷪罐 xin³⁵⁻⁴⁴kuɔn³⁵ 拔火罐子
    拔罐 pɛt¹kuɔn³⁵
腹肚落 pu（-k）⁵（t-）lou⁴²lɔk¹ 泻肚
赤痢落 tsʰiɛ³⁵⁻⁵⁵lɛi²¹³lɔk¹ 带血的腹泻
发烧 xuɔt⁵siu⁴⁴
    火烧 xøy⁴²siu⁴⁴
讨鼻寒 tʰɔ⁴²⁻⁴⁴pʰi³⁵⁻⁵⁵kan¹¹⁻⁵⁵ 发冷
    拍寒 pʰak⁵kan¹¹
起毛卷 kʰi⁴²⁻⁵⁵mɔ¹¹⁻⁴⁴køn⁴² 起鸡皮疙瘩
伤风 syɔŋ⁴⁴xuŋ⁴⁴
嗽 sau³⁵ 咳嗽
乏气 xœok¹kʰi³⁵ 气喘
气管炎 kʰi³⁵⁻⁵⁵kuɔn⁴²⁻⁵⁵（ø-）nin¹¹⁻⁵⁵
痧 sa⁴⁴ 中暑
    发痧 put⁵sa⁴⁴
搦痧 nak¹sa⁴⁴ 刮痧
火大 xøy⁴²tuɔ²¹³ 上火

积 tsit⁵ 积滞
腹肚痛 puk⁵（t-）lou⁴²tʰiaŋ³⁵ 肚子疼
心间头痛 sin⁴⁴（k-）ŋan⁴⁴（tʰ-）nau¹¹⁻⁴⁴
    tʰiaŋ³⁵ 胸口疼
头晕 tʰau¹¹xon¹¹
    头朦胧 tʰau¹¹mɔŋ¹¹（l-）nɔŋ¹¹
眩车 xen¹¹tsʰiɛ⁴⁴ 晕车
眩船 xen¹¹son¹¹ 晕船
头痛 tʰau¹¹tʰiaŋ³⁵ 头疼
发反 put⁵pɛn⁴² 恶心（要呕吐）
发恻 put⁵tsœok¹ 内心烦躁
吐 tʰu³⁵ 吐了（呕吐）
    □ œok¹ 吐出来
    □□ œok¹lœok¹
焦吐 ta⁴⁴tʰu³⁵ 干哕
肠气 tɔŋ¹¹（kʰ-）i³⁵ 疝气
脱肠头 tʰɔt¹tɔŋ¹¹（tʰ-）nau¹¹ 脱肛
脱团袋 tʰɔt¹tkiɛn⁴²⁻⁵⁵tɒi²¹³ 子宫脱垂
拍寒 pʰak⁵kan¹¹ 发疟子（疟疾发作）
老鼠瘴 la⁴²⁻⁴⁴（tsʰ-）tsy⁴²tsyɔŋ³⁵ 霍乱
吐泄两头拔 tʰu³⁵⁻⁵⁵siɛ³⁵laŋ²¹³（tʰ-）
    nau¹¹pet¹ 上吐下泻
出麻 tsʰ（-o）uk⁵muɔ¹¹（出）麻疹
出痘 tsʰ（-o）uk⁵tau²¹³（出）水痘
发天花 put⁵tʰin⁴⁴（x-）nuɔ⁴⁴（出）
    天花
种痘 tsuŋ³⁵⁻⁵⁵tau²¹³
黄胆病 uŋ¹¹tan⁴²⁻⁵⁵paŋ²¹³ 黄疸，肝炎
肝炎 kan⁴⁴in¹¹

黄病 uŋ¹¹paŋ²¹³ 急性肝炎
病腿 paŋ²¹³⁻⁴⁴tʰøy⁴² 一种表现为皮肤奇痒无比的可致死的皮肤传染病
病腿窟⁼窿⁼ paŋ²¹³⁻⁴⁴tʰøy⁴²kʰu¹¹luŋ¹¹ 因该皮肤传染病致死者安葬时当地人往往在山上挖一个深洞掩埋，时间长尸体腐烂后土表呈现一个窟窿，令人毛骨悚然
肺炎 xi³⁵⁻⁵⁵in¹¹
肺痨病 xi³⁵⁻⁵⁵lɔ¹¹paŋ²¹³ 肺痨
胃病 uoi²¹³paŋ²¹³
    痛胃口 tʰiaŋ³⁵uoi²¹³⁻⁴⁴kʰɛu⁴²
    胃口痛 uoi²¹³⁻⁴⁴kʰɛu⁴² tʰiaŋ³⁵
盲肠炎 maŋ¹¹tɔŋ¹¹in¹¹
过力 ku³⁵⁻⁵⁵let¹ 疲劳症
    过力症 ku³⁵⁻⁵⁵let¹tsiŋ³⁵
跋伤 puɔt¹syɔŋ⁴⁴ 跌伤
碰伤 pɔŋ²¹³syɔŋ⁴⁴
皮裂掉 pʰui¹¹lɛk¹li⁰ 蹭破皮
    皮厘⁼掉 pʰui¹¹lɛk¹li⁰
裂只空 lɛk¹（ts-）iɛk⁵kʰøŋ⁴⁴ 刺个口子
    蜀条裂 si¹¹tɛu¹¹lɛk¹
流血 lau¹¹xɛt⁵
积血 tsyk⁵xɛt⁵ 淤血

肿 tsoŋ⁴² 肿胀
红肿 œŋ¹¹tsoŋ⁴²
流脓 lau¹¹nœŋ²¹³ 溃脓
烂 lan²¹³ 溃烂
结庀 kik⁵pʰei⁴² 结痂
□ na⁴⁴ 疤
大牙斗 tuɔ²¹³⁻⁴⁴ŋa⁻¹¹tau⁴² 腮腺炎
生疮 saŋ⁴⁴tsʰoŋ⁴⁴ 长疮（动宾）
生痔 saŋ⁴⁴tɛi²¹³ 长痔疮
生疥 saŋ⁴⁴ke³⁵ 长疥疮
生疥无阵睨 saŋ⁴⁴ke³⁵mɔ¹¹tɛn²¹³e³⁵ 形容长了疥疮将来面貌丑陋
傀儡愚喙 køy⁴²⁻⁵⁵løy⁴²⁻⁵⁵kʰœ¹¹tsʰy³⁵ 婴儿口疮
癣 tsʰiɛn⁴²
痱 pui³⁵ 痱子
热痱 it¹pui³⁵ 夏天长的痱子
石花 tsʰy（-ʔ）¹⁻⁴⁴（x-）uɔ⁴⁴ 汗斑
骹疔 kʰa⁴⁴tiŋ⁴⁴ 瘊子
生蜉蝇屎 saŋ⁴⁴pu¹¹（s-）lɛŋ¹¹sai⁴² 雀斑
痘 tau²¹³ 粉刺
臭□ tsʰau³⁵⁻⁴⁴in³⁵ 狐臭
喙臭 tsʰy³⁵tsʰau³⁵ 口臭

第十三节　服装穿戴

颂个毛 søŋ²¹³aºnɔk⁵ 穿戴
装身 tsoŋ⁴⁴sin⁴⁴ 打扮

衣裳 i⁴⁴（s-）ʒyuŋ⁴⁴ 衣服（总）
制服 tsi³⁵⁻⁵⁵（x-）ok¹

中山装 tuŋ⁴⁴（s-）nan⁴⁴tsoŋ⁴⁴ 中装
西装 se⁴⁴（ts-）oŋ⁴⁴
长衫 toŋ¹¹（s-）nan⁴⁴
褙褡 pui³⁵⁻⁵⁵（t-）ak⁵ 马褂
　马□ ma⁴²⁻⁵⁵tʰun⁴⁴
旗袍 kɛi¹¹pɔ¹¹
棉袄 min¹¹nɔ⁴² 棉衣
皮袄 pʰui¹¹ɔ⁴²
大衣 tuɔ²¹³⁻⁴⁴i⁴⁴
短大衣 tøy⁴²⁻⁴⁴tuɔ²¹³⁻⁴⁴i⁴⁴
汗衫 xan³⁵⁻⁴⁴（s-）nan⁴⁴ 衬衫
宽身 kʰuoŋ⁴⁴sin⁴⁴ 睡觉穿的内衣
颂做面个衣裳 søŋ²¹³⁻⁴⁴ɔ⁰men³⁵i⁰i⁴⁴（s-）yuŋ¹¹⁻⁴⁴ 外衣
颂做里个衣裳 søŋ²¹³⁻⁴⁴ɔ⁰tɛ⁴²i⁰i⁴⁴（s-）yuŋ¹¹⁻⁴⁴ 内衣
袍 pʰɔ¹¹ 长外衣
胆领 tau²¹³⁻⁴⁴liaŋ⁴² 领子
徛领 kʰiɛ²¹³⁻⁴⁴liaŋ⁴² 立领
圆领 in¹¹liaŋ⁴² 坎肩
衣裳褀 i⁴⁴（s-）ʒyuŋ¹¹⁻⁴⁴kʰe⁴⁴ 下摆
手䘼 tsʰeu⁴²⁻⁵⁵øn⁴²⁻⁵⁵ 袖子
手䘼络 tsʰeu⁴²⁻⁵⁵øn⁴²⁻⁵⁵lok⁵ 袖套
里布 li⁴²⁻⁴⁴pu³⁵ 衬裙
裤 kʰu³⁵ 裤子
秋衣 tsʰiu⁴⁴i⁴⁴
秋朗 ˉtsʰiu⁴⁴lɔn⁴² 秋短裤
裤裲 kʰu³⁵lɔn¹¹ 穿在外面的短裤；贴身穿的裤衩儿

裂爿裤 lɛ（-t）¹⁻⁴⁴pɛn¹¹kʰu³⁵ 开裆裤
　铁钳裤 tʰitˀkin¹¹kʰu³⁵
裤袋 kʰu³⁵⁻⁵⁵（t-）lɒi²¹³ 裤裆
裤头 kʰu³⁵lau¹¹ 裤腰
裤头带 kʰu³⁵lau¹¹tai³⁵ 裤腰带
裤头袋 kʰu³⁵lau¹¹tɒi²¹³ 裤袋
后腰袋 au²¹³⁻⁴⁴iu⁴⁴tɒi²¹³ 屁股后的裤袋子
裤骹 kʰu³⁵⁻⁴⁴（kʰ-）a⁴⁴ 裤腿
马裤 ma⁴²⁻⁵⁵kʰu³⁵ 长度到膝盖的小筒裤
工裤 koŋ⁴⁴kʰu³⁵ 劳动布制成的有吊带和前胸衣袋的裤子
喇叭裤 la⁴⁴pa⁴⁴kʰu³⁵
健美裤 kyn³⁵⁻⁵⁵mi⁴²⁻⁵⁵kʰu³⁵ 连脚裤
直筒裤 tekˀtœŋ¹¹kʰu³⁵
西裤 se⁴⁴kʰu³⁵
　西装裤 se⁴⁴tsoŋ⁴⁴kʰu³⁵
牛团裤 ŋou¹¹nɛn⁴²⁻⁴⁴kʰu³⁵ 牛仔裤
健美裤 kyn³⁵⁻⁵⁵mi⁴²⁻⁵⁵kʰu³⁵
裤团 kʰu³⁵⁻⁵⁵kiɛn⁴² 小孩子穿的裤子的统称
衣裳团 i⁴⁴（s-）yuŋ¹¹⁻⁴⁴kiɛn⁴² 小孩子穿的衣服的统称
裙团 kon¹¹（k-）ŋiɛn⁴² 婴儿穿的双层布裙
连衣裙 lin¹¹i⁴⁴kon¹¹
纻衫 tsiɛ³⁵⁻⁵⁵（s-）lan⁴⁴ 苎麻布制成的衣衫
白裙 pakˀkon¹¹ 苎麻布做的裙子

白衫 pak¹san⁴⁴ 苎麻布做的上衣
圆扣 in¹¹kʰɛu³⁵ 纽扣（中式的）
扣头 kʰui³⁵tʰau¹¹ 扣襻（中式的）
扁扣 pɛn⁴²⁻⁵⁵kʰɛu³⁵ 扣儿（西式的）
扣头空 kʰui³⁵tʰau¹¹kʰøŋ⁴⁴ 扣眼儿（西式的）
绲边 kʰøn⁴²⁻⁴⁴pin⁴⁴ 老人家穿的清朝服，加黑边
直结 tek¹kek⁵ 老人家穿的清朝服，前面扣
大夫衣裳 tuɔ⁴⁴xu⁴⁴i⁴⁴yuŋ⁴⁴ 大襟
斜条 tsʰiɛ¹¹tɛu¹¹ 缝扣的斜布，卷起呈条状，缝合结实成蜻蜓头形状的扣子
斜纹 tsʰiɛ¹¹xon¹¹ 用于缝合蜻蜓头纽扣的斜布，根据线条经纬走向沿着45度角剪裁，这样布的伸缩性好
颂 søŋ²¹³ 穿衣服
褪 tʰon³⁵ 脱衣服
褪鞋 tʰon³⁵ɛ¹¹ 脱鞋
量衣裳 lyuŋ¹¹i⁴⁴（s-）yuŋ¹¹⁻⁴⁴ 量衣服
做衣裳 tso³⁵⁻⁵⁵i⁴⁴（s-）yuŋ¹¹⁻⁴⁴ 做衣服
绲边 kʰøn⁴²⁻⁴⁴pin⁴⁴ 在衣服、布鞋等的边缘特别缝制的一种圆棱的边儿
钉扣头 tiŋ³⁵⁻⁴⁴kʰui³⁵⁻⁵⁵（tʰ-）lau¹¹ 钉扣子
祖扣头 tʰin³⁵kʰui³⁵⁻⁵⁵（tʰ-）lau¹¹
绣花 siu³⁵⁻⁴⁴xuɔ⁴⁴
连衣裳 lɔn¹¹i⁴⁴（s-）yuŋ¹¹⁻⁴⁴ 打补丁

吊被 tiu³⁵pʰui²¹³ 做被卧
洗衣裳 sɛ⁴²⁻⁵⁵i⁴⁴（s-）yuŋ¹¹⁻⁴⁴ 洗衣服
洗蜀倒 sɛ⁴²si⁻⁴⁴to³⁵ 洗一水（一次）
□ nɔk¹ 投（用清水漂洗）
曝衣裳 pʰu（-k）¹⁻⁴⁴i⁴⁴（s-）yuŋ¹¹⁻⁴⁴ 晒衣服
晾衣裳 lɔŋ³⁵⁻⁵⁵i⁴⁴（s-）yuŋ¹¹⁻⁴⁴ 晾衣服
折衣裳 tsi⁵i⁴⁴（s-）yuŋ¹¹⁻⁴⁴ 叠衣服
浆衣裳 tsyɔŋ⁴⁴i⁴⁴（s-）yuŋ¹¹⁻⁴⁴ 浆衣服
熨衣裳 ut⁵i⁴⁴（s-）yuŋ¹¹⁻⁴⁴ 熨衣服
棕蓑 tsøŋ⁴⁴ʒai⁴⁴ 棕衣
棕 tsøŋ⁴⁴ 棕片
棕丝 tsøŋ⁴⁴si⁴⁴ 棕片拆散的一缕缕丝
棕毛 tsøŋ⁴⁴mɔ¹¹⁻⁴⁴ 棕片里的毛屑
棕粉 tsøŋ⁴⁴xøn⁴² 棕片里的粉屑
棕骨 tsøŋ⁴⁴kɔt⁵ 棕片的叶柄
棕头 tsøŋ⁴⁴tʰau¹¹ 棕片连着树干的地方
棕尾 tsøŋ⁴⁴møy⁴²⁻⁴⁴ 棕片的末端
索团 sok⁵（k-）iɛn⁴² 棕丝拧成的线
棕芭□ tsøŋ⁴⁴（p-）ma⁻⁴⁴lɛ⁴⁴ 棕叶
缚棕蓑 puk¹⁻⁴⁴tsøŋ⁴⁴ʒai⁴⁴ 打棕衣
棕针 tsøŋ⁴⁴tsen⁴⁴ 用于打棕衣的针，香条大小，针尾有勾，有针眼
勾针 kʰau⁴⁴tsen⁴⁴ 缝棕衣时防止边缘毛躁用的短针
棕蓑领 tsøŋ⁴⁴ʒai⁴⁴liaŋ⁴² 棕领
上裙 syuŋ²¹³⁻⁴⁴kon¹¹ 棕衣的上部分
下裙 a²¹³⁻⁴⁴kon⁴² 棕衣的下部分
棕钯 tsøŋ⁴⁴pa¹¹⁻⁴⁴ 固定棕线的"S"型

工具

针子 tsʰɛn⁴⁴tsei⁴²⁻⁵⁵ 牛角制的打棕衣时的顶针

针筒 tsen⁴²tœŋ¹¹ 竹制的盛放棕针的筒

棕蓑拢 tsøŋ⁴⁴ʒai⁴⁴lœŋ⁴² 竹篾制安置编棕工具的箱子

棕囗 tsøŋ⁴⁴tsʰiɛn³⁵ 竹制的筷子大小的固定棕片的工具，相当于别针

染布 niɛn⁴²⁻⁴⁴pu³⁵

染缸 niɛn⁴²⁻⁵⁵koŋ⁴⁴

蓝草 lan¹¹tsʰau²¹ 染布的染料

菁草 tsʰin⁴⁴tsʰau⁴² 制作染料的草，土菁，长相像"咸草"

平阳布 peŋ¹¹yuŋ¹¹pu³⁵ 来自浙江温州平阳县的布

沙头布 suɔ⁴⁴（tʰ-）lau¹¹⁻⁴⁴pu³⁵ 一种厚布

夏布 xa²¹³⁻⁴⁴pu³⁵ 一种薄布

𦈡布 tse³⁵pu³⁵ 苎麻制成的布，白色的

龙头粗 loŋ¹¹（tʰ-）nau¹¹tsʰu⁴⁴ 白色粗布，布头有被火烫过的黑点

　龙头布 loŋ¹¹（tʰ-）nau¹¹pu³⁵

　匹囝 pʰitˀkiɛn⁴² 别名，早期名

　上海布 syuŋ²¹³⁻⁴⁴xai⁴²⁻⁴⁴pu³⁵ 因产地是上海，后期名

龙头白 loŋ¹¹（tʰ-）nau¹¹pakˀ 比"龙头粗"细腻的一种布

劳动布 lɔ¹¹toŋ²¹³⁻⁴⁴pu³⁵ 结实耐用，用于制作工作服的布料，一般为蓝色

印花布 in³⁵⁻⁵⁵xuɔ⁴⁴pu³⁵

印花 in³⁵⁻⁵⁵xuɔ⁴⁴

印花版 en³⁵⁻⁵⁵¹¹xuɔ⁴⁴pɛn⁴²

印油 en³⁵⁻⁵⁵ieu¹¹ 印刷油

棉纸 min¹¹tsiɛ⁴² 木棉制作而成，制伞原纸

油纸 ieu¹¹tsiɛ⁴² 棉纸两面刷上桐油代替牛皮用来做染布的印花版

染蜡 miɛn⁴²⁻⁵⁵lakˀ 印花时刷在印花上用来留白防止染色的蜡

米浆 mi⁴²⁻⁵⁵tsyɔŋ⁴⁴ 代替蜡的米糊浆

朝蓝 tiu¹¹lan¹¹ 浅蓝色

蓝地白花 lan¹¹tɛi²¹³pa（-k）¹⁻⁴⁴xuɔ⁴⁴ 印花里最容易印染的花式

熟布 søukˀpu³⁵ 待染的布料在锅中煮沸

绿柴 lu（-k）¹⁻⁴⁴tsʰa¹¹ 制作绿色染料的植物

冻绿 tøŋ³⁵⁻⁵⁵lukˀ 熟布在绿色染液浸染后摊在空地，朝天一面因受冻呈现出绿色

紫米 tsi⁴²⁻⁵⁵mei⁴² 制作紫色染料的植物

松花紫 søŋ¹¹xuɔ⁴⁴tsei⁴² 紫里带蓝的颜色

鞋 ɛ¹¹

鞋底 ɛ¹¹tɛ⁴²

重鞋底 toŋ¹¹ɛ¹¹tɛ⁴² 做鞋底时，将两层材料叠加并糊在一起

纳鞋底 nakˀɛ¹¹tɛ⁴²

裁刀 tsai¹¹to⁴⁴

做鞋面 tso³⁵⁻⁵⁵ᴇ¹¹min³⁵ 做鞋面
绱鞋 tsʰyuŋ²¹³ᴇ¹¹ 将鞋底和鞋面缝合在一起
鞋旁 ᴇ¹¹pɔŋ¹¹ 鞋帮
鞋前头 ᴇ¹¹sɛn¹¹（tʰ-）nau¹¹ 鞋尖
鞋里中 ᴇ¹¹ti⁴²⁻⁵⁵（t-）noŋ⁴⁴ 鞋身
鞋面 ᴇ¹¹min³⁵
鞋楦 ᴇ¹¹xun³⁵ 鞋楦
水鞋 tsøy⁴²⁻⁵⁵ᴇ¹¹⁻⁵⁵ 雨鞋（橡胶做的）
水靴 tsøy⁴²⁻⁵⁵kʰu⁴⁴
木夹摧 mok¹kiɛt¹kʰok⁵ 木屐
草鞋钯 tsʰau⁴²⁻⁵⁵ᴇ¹¹⁻⁵⁵pa¹¹ 做草鞋的工具
麻 muɔ¹¹ 做草鞋用的麻皮
草鞋鼻 tsʰau⁴²⁻⁵⁵ᴇ¹¹⁻⁵⁵pʰi³⁵ 草鞋尖
绞 ka⁴² 制作草鞋的木板，有四个洞，使编织物结实
鞋跌 ᴇ¹¹liɛk⁵ 拖鞋
棉鞋 min¹¹ᴇ¹¹
布鞋 pu³⁵⁻⁵⁵ᴇ¹¹ 布底鞋
　布底个鞋 pu³⁵⁻⁵⁵tɛ⁴²ᴇ⁰ᴇ¹¹
　纳底个鞋 na⁻⁴⁴tɛ⁴²ᴇ⁰ᴇ¹¹
塑料底个鞋 su³⁵lɛu²¹³⁻⁴⁴tɛ⁴²ᴇ⁰ᴇ¹¹ 塑料底的鞋
车带底 tsʰiɛ⁴⁴tai³⁵⁻⁵⁵tɛ⁴² 轮胎做鞋底的鞋
皮鞋 pʰui¹¹ᴇ¹¹
皮靴 pʰui¹¹kʰu⁴⁴
咸草鞋 kɛn¹¹tsʰau⁴²⁻⁵⁵ᴇ¹¹⁻⁵⁵ 蒲草编织的鞋
□底鞋 nɛn¹¹tɛ⁴²⁻⁵⁵ᴇ¹¹⁻⁵⁵ 胶底鞋
运动鞋 un⁴⁴toŋ²¹³⁻⁴⁴ᴇ¹¹
白球鞋 pak¹keu¹¹ᴇ¹¹ 运动员穿的球鞋
解放鞋 kai⁴²⁻⁵⁵xuŋ³⁵⁻⁵⁵ᴇ¹¹⁻⁵⁵
旅游鞋 ly⁴²⁻⁵⁵ieu¹¹ᴇ¹¹
鞋带 ᴇ¹¹tai³⁵
鞋袜 ᴇ¹¹uɔt¹ 袜子
布袜 pu³⁵uɔt¹
尼龙袜 nɛi¹¹loŋ¹¹uɔt¹
羊毛袜 yuŋ¹¹mɔ¹¹luɔt¹
棉纱袜 min¹¹（s-）na⁴⁴uɔt¹
丝袜 si⁴⁴uɔt¹
长袜 tɔŋ¹¹uɔt¹
短袜 tøy⁴²⁻⁵⁵uɔt¹
鞋袜带 ᴇ¹¹uɔt¹tai³⁵ 袜带
骹□鞋 kʰa⁴⁴nɛn⁴⁴ᴇ¹¹ 弓鞋（旧时裹脚妇女穿的鞋）
骹□ kʰa⁴⁴pen³⁵ 裹脚布（旧时妇女裹脚的布）
骹帕 kʰa⁴⁴pʰa³⁵ 裹小脚的女性使用的方形的包脚布，装饰用
红顶 œŋ¹¹teŋ⁴² 清朝官员戴的圆帽
状元帽 tsyɔŋ²¹³⁻⁴⁴ŋun¹¹mɔ²¹³
棉帽 min¹¹mɔ²¹³
呢帽 nɛi¹¹mɔ²¹³ 呢帽，毡帽
皮帽 pʰui¹¹mɔ²¹³
羊毛帽 yuŋ¹¹mɔ¹¹mɔ²¹³
环帽 kʰuɔn¹¹mɔ²¹³ 双层宽布条围成圈做成的帽子
虎头帽 xu⁴²⁻⁵⁵（tʰ-）lau⁴²mɔ²¹³ 小孩戴

的绣着虎的帽

帽额 mɔ²¹³ŋɛk¹ 帽子正前方，可绣花，正对着额头的部分

太阳帽 tʰai³⁵⁻⁵⁵yuŋ¹¹mɔ²¹³ 鸭舌帽

工帽 køŋ⁴⁴mɔ²¹³ 椭圆形帽子，额头部分伸长

铁帽 tʰit⁵mɔ²¹³ 钢盔

安全帽 an⁴⁴tsun¹¹mɔ²¹³

头盔 tʰau¹¹kʰui⁴⁴

老侬帽 lau²¹³⁻⁴⁴nœŋ¹¹mɔ²¹³ 雷锋帽

帽舌 mɔ²¹³sik¹ 太阳帽遮挡阳光的那部分

帽翼 mɔ²¹³siɛk¹ 雷锋帽盖住耳朵处

风罩 xuŋ⁴⁴tau³⁵ 棉布制的挡风斗篷

帽顶囝 mɔ²¹³⁻⁴⁴teŋ⁴²⁻⁵⁵（k-）ŋiɛn⁴²⁻⁴⁴ 带圆尖顶的帽子

帽戴囝 mɔ²¹³⁻⁴⁴te³⁵⁻⁵⁵（k-）ŋiɛn⁴²⁻⁴⁴ 只能盖住部分头顶的小帽，有人认为有流氓气

草帽 tsʰɔ⁴²⁻⁵⁵mɔ²¹³

日斗 ni(-k)¹⁻⁴⁴tau⁴² 篾制斗笠

草笠 tsʰau⁴²⁻⁴⁴nek¹⁻⁵ 麦秆制成的斗笠

银器 ŋøn¹¹（kʰ-）i³⁵ 首饰

手镯 tsʰiu⁴²⁻⁵⁵sɔk¹⁻⁵ 镯子

银镯 ŋøn¹¹sɔk¹ 银镯子

金镯 kin⁴⁴（s-）nɔk¹ 金镯子

玉镯 ŋu(-k)¹⁻⁴⁴sɔk¹ 玉镯子

骸镯 kʰa⁴⁴sɔk¹ （儿童戴）脚链

手指 tsʰeu⁴²⁻⁵⁵tsei⁴² 戒指

金手指 kin⁴⁴tsʰeu⁴²⁻⁵⁵tsei⁴² 金戒指

银手指 ŋøn¹¹tsʰeu⁴²⁻⁵⁵tsei⁴² 银戒指，有刻八卦、刻福字、嵌宝石等许多种类

长命锁 tɔŋ¹¹miaŋ²¹³⁻⁴⁴sɔ⁴² 百家锁（小儿佩戴的）

银锁 ŋøn¹¹sɔ⁴² 百家锁（小儿佩戴的）

项链 xɔŋ²¹³⁻⁴⁴lin²¹³

银链 ŋøn¹¹lin²¹³ 银项链

金链 kin⁴⁴lin²¹³ 金项链

撅针 kyk⁵tsen⁴⁴ 别针

头簪 tʰau¹¹tsan⁴⁴ 簪子

钗 tsʰai⁴⁴

头替 tʰau¹¹tʰe³⁵ 老年女性用来盘头发的月牙形银饰

耳坠 ŋ(-ɛi)i²¹³⁻⁴⁴（t-）loi²¹³

耳环 ŋ(-ɛi)i²¹³⁻⁴⁴kʰuɔn¹¹

银锤 ŋøn¹¹tʰoi¹¹ 用来固定头发的、末端锤形的银饰

胭脂 in⁴⁴（ts-）ni⁴⁴

粉 xøn⁴² 化妆用粉

梳头 sø⁴⁴（tʰ-）lau¹¹⁻⁴⁴ 老年女性结发髻的发型

圆头 in¹¹（tʰ-）nau¹¹ 老年女性结圆形发髻的发型

长头 tɔŋ¹¹（tʰ-）nau¹¹ 老年女性结长条发髻的发型

辫头发 pin²¹³tʰau¹¹uk⁵ 将头发编成长辫的发型

学生头 xɔk¹seŋ⁴⁴（tʰ-）nau¹¹⁻⁴⁴ 将头发剪至耳朵以上长度的发型
铰头发 ka⁴⁴tʰau¹¹uk⁵ 丸子头
运动头 un⁴⁴toŋ²¹³⁻⁴⁴tʰau¹¹ 比学生头更短、无刘海的发型，运动员常用
平头 paŋ¹¹（tʰ-）nau¹¹ 板寸
全覆 tsʰun¹¹xɔk⁵ 毛主席式的发型
分头 pun⁴⁴（tʰ-）nau¹¹⁻⁴⁴ 三七分式的发型
电头发 tiɛn²¹³⁻⁴⁴tʰau¹¹uk⁵ 烫发
缠头发 tin¹¹tʰau¹¹uk⁵ 卷发

剃光头 tʰi³⁵⁻⁴⁴kuŋ⁴⁴（tʰ-）nau⁴⁴ 光头
光头 kuŋ⁴⁴（tʰ-）nau⁴⁴
白鸭□面 pa（-k）¹⁻⁴⁴ak⁵min³⁵ 小孩头顶留一圈头发的发型
裙拦 kon¹¹lan¹¹ 围裙
滥□ lan⁴²⁻⁵⁵na¹¹⁻⁵⁵ 围嘴
尿布 niu²¹³⁻⁴⁴pu³⁵
手巾 tsʰeu⁴²⁻⁵⁵（k-）yn⁴⁴ 手绢
领巾 liaŋ⁴²⁻⁵⁵（k-）ŋyn⁴⁴ 围巾（长条的）
手摸 tsʰeu⁴²⁻⁵⁵ma⁴⁴ 手套

第十四节　饮食

解使得咯 ɛ⁴⁴sai⁴²li⁰lo⁰ 饭好了（包括饭菜）
　焞好了 tsoŋ⁴⁴xɔ⁴²lo⁰
半生熟 puɔn³⁵⁻⁵⁵（s-）naŋ⁴⁴（s-）nøuk¹（饭）生
獪透心 mɛ²¹³⁻⁴⁴tʰau³⁵⁻⁵⁵（s-）lin⁴⁴
米心 mei⁴²⁻⁵⁵（s-）lin⁴⁴ 米粒未煮熟的部分
烧火 siu⁴⁴xøy⁴² 生火
洗米 sɛ⁴²⁻⁵⁵mei⁴²⁻⁵⁵ 淘米
饭 maŋ³⁵ 还不熟的米饭；泛指饭菜
饭 pun²¹³ 一般指熟的米饭；特指早饭
煮饭 tsy⁴²⁻⁴⁴maŋ³⁵ 把白米放在锅里煮到半熟
漉饭 lœk¹maŋ³⁵ 用笊篱捞起半熟的米饭，分出米汤
饭卵 maŋ³⁵lɔn²¹³ 分离出米汤后半熟的米饭
炊饭 tsʰy⁴⁴pun²¹³ 用饭甑把半熟的米饭蒸熟
　炊饭 tsʰy⁴⁴maŋ³⁵
焖饭 mon²¹³⁻⁴⁴maŋ³⁵ 半数的米饭放在锅里用小火慢慢焖熟
歙饭 xik⁵maŋ³⁵ 白米放在锅里用大火快速煮熟
米浆 mi⁴²⁻⁴⁴tsyɔŋ⁴⁴ 白米浸泡后磨成的浆
米泔 mi⁴²⁻⁵⁵kan⁴⁴ 米浆挤压出来的水
番薯米饭 xɔn⁴⁴nɛu¹¹⁻⁴⁴mei⁴²⁻⁴⁴maŋ³⁵ 番薯米煮的饭

花饭 xuɔ⁴⁴maŋ³⁵ 白米和番薯米混起来煮的饭

糯米饭 nɔn²¹³mi⁴²⁻⁴⁴maŋ³⁵ 糯米煮的饭

饭糍 maŋ³⁵⁻⁵⁵sɛi¹¹ 白米饭加工的糍粑

饭丸 maŋ³⁵⁻⁵⁵un¹¹ 白米饭捏成的饭团

絮 tsʰø³⁵ 挤出水分后的干米浆

絮丸 tsʰø³⁵un¹¹ 汤圆、糯米团

□酵 tau⁴⁴ka³⁵ 发面

掫 tsʰøuk¹ 和面

掫 tsʰøuk¹ 揉面

择菜 tɔk¹tsʰai³⁵

燖菜 tsoŋ⁴⁴tsʰai³⁵ 做菜（总称）

煮汤 tsy⁴²⁻⁵⁵tʰoŋ⁴⁴ 做汤

繪熟 mɛ²¹³⁻⁴⁴søuk¹（饭）生

着饭 tyk⁵maŋ³⁵ 盛饭

食饭 siɛ(-k)¹⁻⁴⁴maŋ³⁵ 吃饭

捏菜 nit⁵tsʰai³⁵ 搛菜

舀汤 iau⁴²tʰoŋ⁴⁴ 舀汤

䐈 tʰuk⁵（吃饭）噎住了

结戈 ky¹¹lyk⁵kai⁴⁴ 打嗝儿（吃饭后）

食茶 tsʰiɛk¹ta¹¹ 喝茶

食酒 tsʰiɛk¹tseu⁴² 喝酒

白＂熏 pa(-k)¹⁻⁴⁴xon⁴⁴ 抽烟

食熏 tsʰiɛk¹ xon⁴⁴

饥 kui⁴⁴ 饿了

捏菜 nit⁵tsʰai³⁵ 搛菜

点喙食 tan⁴²⁻⁵⁵tsʰy³⁵siɛk¹ 吃零食

用箸 yoŋ²¹³⁻⁴⁴tɛu²¹³ 使筷子

饭 maŋ³⁵ 饭

食饭桌 siɛ(-k)¹⁻⁴⁴maŋ³⁵⁻⁵⁵tɔk⁵ 吃桌

饭 pun²¹³ 早饭

昼 tau³⁵ 午饭

暝 maŋ¹¹ 晚饭

暝昼 maŋ¹¹(t-)nau³⁵ 午饭和晚饭

果子 kui³⁵(ts-)ei⁴² 桂圆红枣等干果

茶□ ta¹¹pau³⁵ 点心

光饼 kuŋ⁴⁴(p-)mian⁴² 光饼，继光饼，中间有个小孔便于绳索穿过

软光 nɔn³⁵⁻⁵⁵(k-)ŋuŋ⁴⁴ 中间不穿孔，面粉里加红糖的饼

糖饼 tʰoŋ¹¹pian⁴² 外层坚硬、里面用面粉加红糖制成的饼

肉饼 nøu(-k)¹⁻⁴⁴pian⁴² 肉饼（光饼里夹肉烤成）

炉酥 lo¹¹(s-)lo⁴⁴ 一种猪蹄状、长得像关节软骨的面食，很有嚼劲

雪片糕 sut⁵pʰin³⁵⁻⁵⁵(k-)ŋo⁴⁴ 雪片糕

元秘 ŋun¹¹met¹ 元秘 D，一种人参保健饮品

红牛 œŋ¹¹ŋuɛ¹¹ 一种维生素保健饮品

杨梅糖 yuŋ¹¹mui¹¹(tʰ-)lɔŋ¹¹ 杨梅晒干后裹糖粉做成的零食

桔饼 kik⁵pian⁴² 整个的桔皮晒干用后用糖腌制成的饼

橘饼 kik⁵pian⁴² 用橘皮做糖心、外层糖粉做的饼

脆豆 tsʰy³⁵⁻⁵⁵tau²¹³ 外层挂糖霜的炒黄豆

软糕 nøn³⁵⁻⁴⁴（k-）ŋo⁴⁴ 饴糖加糕粉搅拌制成的一种软糖
花生糖 xuɔ⁴⁴（s-）lɛŋ⁴⁴tʰɔŋ¹¹ 花生仁炒熟去皮跟饴糖制成的方块状以及颗粒状的糖果
必米 pik⁵mei⁴² 爆米花
米糕 mei⁴²⁻⁵⁵（k-）o⁴⁴ 爆米花加饴糖凝固成块的食品
小米糕 siau⁴²⁻⁵⁵mei⁴²⁻⁵⁵（k-）o⁴⁴ 小米爆花加饴糖凝固成块
米糕囝 mei⁴²（k-）o⁴⁴（k-）iɛn⁴²⁻⁴⁴ 切成更小块的米糕
糍虫 sɛi¹¹tʰœŋ¹¹ 糯米粉、面粉做成小条，油炸后膨胀成毛毛虫形，加饴糖搅拌后，外撒一层白砂糖做成的点心
糍豆 sɛi¹¹tau²¹³ 糍粑切成丁后做成的食品
洋麻糖 yuŋ¹¹muɔ¹¹tʰœŋ¹¹ 芝麻糖
糯米糕 nɔ²¹³⁻⁴⁴mei⁴²⁻⁵⁵（k-）o⁴⁴ 糯米粉制成的松软糕点，内层有芝麻、花生粉等夹心
糕囝 ko⁴⁴（k-）iɛn⁴²⁻⁴⁴ 糯米粉制成的糕点，用磨具造型，较硬
糍屑 sɛi¹¹sok⁵ 糕粉加白糖、芝麻、花生末搅拌而成，用于调味、防粘等
冬瓜糖 tøn⁴⁴（k-）cuɔ⁴⁴tʰɔŋ¹¹ 糖渍的新鲜冬瓜

豆糖 tau²¹³⁻⁴⁴tʰɔŋ¹¹ 黄豆加饴糖制成的块状食品
花生仁 xuɔ⁴⁴sɛŋ⁴⁴iɛn¹¹⁻⁴⁴ 花生仁炒熟去皮跟饴糖制成的粒状糖果，白霜的比重大
月牙饼 ŋu（-t）¹⁻⁴⁴ŋa¹¹piaŋ⁴² 面粉拌糖制成的月牙形薄饼
点心 tøn⁴²⁻⁵⁵（s-）nin⁴⁴ 夜宵
饭兜 pun²¹³⁻⁴⁴（t-）nau⁴⁴ 三角草编的盛饭袋
张昼 tyuŋ⁴⁴tau³⁵ 自带饭食
长饭 tyuŋ²¹³⁻⁴⁴maŋ³⁵ 吃剩下的饭
隔顿饭 kak⁵toŋ³⁵maŋ³⁵ 现饭（不是本餐新做的饭）
燃掉 niɛn¹¹ni⁰（饭）煳了
臭馊掉 tsʰau³⁵⁻⁵⁵neu⁴⁴li⁰（饭）馊了
疕 pʰei⁴² 锅巴
糜粥 mui¹¹（ts-）ʒøuk⁵ 粥
饮 an⁴² 米汤（煮饭灌出来的）
饮皮 an⁴²⁻⁵⁵（pʰ-）mui¹¹⁻⁵⁵ 米汤放凉时表面凝结了一层皮
雾 mu²¹³ 米汤表面一层白色糊
米糊 mei⁴²⁻⁵⁵（k-）ɔu¹¹⁻⁴⁴ 米糊（用米磨成的粉做的糊状食物）
粽 tsøŋ³⁵ 粽子
米粽 mi⁴²⁻⁴⁴tsøŋ³⁵ 不加馅儿的粽子
豆粽 tau²¹³⁻⁴⁴tsøŋ³⁵ 糯米里加豆子的粽子
糖粽 tʰɔŋ¹¹tsøŋ³⁵ 红糖馅儿的粽子

肉粽 nøu（-k）¹⁻⁴⁴tsøŋ³⁵ 肉馅儿的粽子

长尾哥 toŋ¹¹møy⁴²⁻⁵⁵（k-）o⁴⁴ 一头大一头小的粽子

乞食粽 kʰyk⁵tsiɛk¹⁻⁴tsøŋ³⁵ 旧时粮食匮乏，地瓜米掺糯米应付乞丐的粽子

胡马粽 xu¹¹ma⁴⁴søŋ³⁵ 一种个头巨大的粽子，用笋壳包成，捆成三节

大粽 tuɔ²¹³tsøŋ³⁵ 大笋壳包的粽子，个头很大

财粽 tsai¹¹tsøŋ³⁵ 放置了硬币的粽子，谁吃到便有财运

年糕 nin¹¹（k-）ŋo⁴⁴

面 min²¹³ 面条

面粉 min²¹³⁻⁴⁴xøn⁴²

线面 siɛn³⁵⁻⁵⁵min²¹³

面头 min²¹³⁻⁴⁴（tʰ-）nau¹¹ 线面粗大的部分

面尾 min²¹³⁻⁴⁴møy⁴² 线面尾巴细长的部分，最好吃

豆扣 tau²¹³⁻⁴⁴kʰeu³⁵ 粉丝（绿豆做的、细条的）

番薯脑 xuɔn⁴⁴（s-）nɛu¹¹nɔ⁴² 苋粉

番薯脑粉 xuɔn⁴⁴（s-）nɛu¹¹nɔ⁴²⁻⁵⁵xøn⁴²

番薯脑扣 xɔn⁴⁴（s-）nɛu¹¹nɔ⁴²⁻⁵⁵kʰɛu³⁵ 粉扣

番薯脑面 xuɔn⁴⁴（s-）nɛu¹¹nɔ⁴²⁻⁵⁵min²¹³ 地瓜脑面（乳白色的）

粉镜 xøn⁴²⁻⁴⁴kiaŋ³⁵ 透明片状的粉条

鼎面糊 tiaŋ⁴²⁻⁴⁴min³⁵⁻⁵⁵kɔ¹¹ 锅边糊

芋卵粿 u²¹³⁻⁴⁴lɔŋ²¹³⁻⁴⁴（k-）ŋu⁴⁴ 马铃薯饼

芋卵丸 u²¹³⁻⁴⁴lɔŋ²¹³⁻⁴⁴mun¹¹ 马铃薯丸子

油面 ieu¹¹min²¹³ 面粉里加碱的面条

炒面 tsʰa⁴²⁻⁵⁵min²¹³ 炒碱面

煮面 tsy⁴²⁻⁵⁵min²¹³ 带汤的碱面

拌面 pɛn²¹³⁻⁴⁴min²¹³

拌□面 pɛ¹¹lɛn²¹³⁻⁴⁴min²¹³

烫面 tʰoŋ³⁵⁻⁵⁵min²¹³

阔面 kʰuɔt⁵min²¹³ 宽面条，大条面

狭面 ɛt¹min²¹³ 小条面

粉干 xøn⁴²⁻⁴⁴（k-）ŋan⁴⁴ 白米加工的圆条形食品（大条）

炊粉 tsʰy⁴⁴xøn⁴² 白米加工的圆条形食品（小条）

扁食 piɛn⁴²⁻⁴⁴（s-）nek¹⁻⁵ 馄饨

涂鳅面 tʰu¹¹（tsʰ-）liu⁴⁴min²¹³ 泥鳅面

番薯饭 xuɔn⁴⁴（s-）nɛu¹¹⁻⁴⁴maŋ³⁵ 地瓜饭

番薯米 xuɔn⁴⁴（s-）nɛu¹¹⁻⁴⁴mei⁴² 地瓜米

番薯丸 xuɔn⁴⁴（s-）nɛu¹¹⁻⁴⁴mun¹¹ 地瓜丸子

菜醋 tsʰai³⁵⁻⁴⁴tsʰu³⁵ 吃完青菜后盘子里剩下的汤水（李墩）

菜煞 tsʰai³⁵⁻⁵⁵（s-）lak⁵ 吃剩下的菜底

油条 ieu¹¹（t-）lɛu¹¹

蛎包 tiɛ²¹³⁻⁴⁴pau⁴⁴ 油炸海蛎饼

火滚 xøy⁴²⁻⁵⁵køn⁴² 一种膨化食品，像

吹火筒

糍 sɛi¹¹ 糍粑

糍饼 sɛi¹¹piaŋ⁴² 糍粑冷却成的饼

紫菊糍 tsi⁴²⁻⁵⁵yuk⁵sɛi¹¹

黄糍 uŋ¹¹（s-）nɛi¹¹

糯米糍 nɔ²¹³⁻⁴⁴mei⁴²⁻⁵⁵sɛi¹¹⁻⁵⁵

粿 køy⁴² 白米加工的白粿

白粿 pa（-k）¹⁻⁴⁴ku⁴² 白粿

蒟 ku⁴² 魔芋糕

饺 kiau⁴² 饺子

絮丸 tsʰø³⁵un¹¹ 汤圆、糯米团

中秋饼 tuŋ⁴⁴（tsʰ-）iu⁴⁴piaŋ⁴²⁻⁴⁴ 月饼

饼干 piaŋ⁴²⁻⁵⁵（k-）ŋan⁴⁴

母 mɔ⁴² 酵子（发酵用的面团）

肉粒 nøu（-k）¹⁻⁴⁴lat¹ 肉丁

肉片 nøu（-k）¹⁻⁴⁴pʰin³⁵

肉丝 nøu（-k）¹⁻⁴⁴si⁴⁴

肉酱 nøu（-k）¹⁻⁴⁴tsyɔŋ³⁵ 肉末

肉皮 nøu（-k）¹⁻⁴⁴pʰui¹¹

肉绒 nøu（-k）¹⁻⁴⁴ioŋ¹¹ 肉松

槽头肉 sɔ¹¹（tʰ-）lau¹¹nøuk¹ 猪脖子肉（较香脆）

猪骹肘 ty⁴⁴kʰa⁴⁴tsʰon³⁵ 肘子（猪腿靠近身体的部位）

猪骹夹 ty⁴⁴kʰa⁴⁴kit⁵ 猪蹄

腰肉 iu⁴⁴nøuk¹ 里脊

猪骹筋 ty⁴⁴kʰa⁴⁴kyn⁴⁴ 蹄筋

牛喙舌 ŋou¹¹tsʰi（-k）¹⁻⁵（s-）lit¹ 牛舌头

猪喙舌 ty⁴⁴tsʰi（-k）¹⁻⁵（s-）lit¹ 猪舌头

猪腹里 ty⁴⁴pu⁻⁴⁴ti⁴²⁻⁵⁵ 猪的内脏

鸡肟 ki⁴⁴ken²¹³ 鸡胗

肺 xi²¹³ 肺（猪的）

肠 tɔŋ¹¹ 肠子（猪的）

大肠 tuɔ²¹³⁻⁴⁴tɔŋ¹¹ 猪大肠

粉肠 xøn⁴²⁻⁵⁵（t-）nɔŋ¹¹⁻⁵⁵ 猪小肠

肝 kan⁴⁴ 肝（猪的）

腰子 iu⁴⁴（ts-）ei⁴²⁻⁴⁴ 腰子（猪的）

龙骨 loŋ¹¹kɔt⁵ 腔骨（猪的）

排骨 pɛ¹¹kɔt⁵ 排骨（猪的）

百叶肚 pak⁵i（-k）¹⁻⁵tɔu²¹³ 带毛状物的牛肚

牛肚 ŋou¹¹tɔu²¹³ 光滑的牛肚

牛头烂 ŋou¹¹（tʰ-）lau¹¹lan²¹³ 牛头肉（当地人最喜欢吃的部分）

牛杂 ŋou¹¹tsak¹

煴料 uŋ⁴⁴lɛu²¹³ 牛腩

炒料 tsʰa⁴²⁻⁵⁵lɛu²¹³ 牛肌腱

牛排 ŋou¹¹pɛ¹¹

牛项 ŋou¹¹xɔŋ²¹³ 牛脖子肉

扁担筋 pɛn⁴²⁻⁵⁵（t-）nan⁴⁴kyn⁴⁴ 牛腰部长条的韧带

蒙 maŋ⁴⁴ 牛膈膜

牛畚斗 ŋou¹¹pun³⁵⁻⁵⁵（t-）nau⁴² 左右牛排末端各有一条软骨构成"人"字形，软组织又与胸骨相连的部分

炒卵 tsʰa⁴²⁻⁵⁵lɔŋ²¹³ 炒鸡蛋

烙卵 kɔk⁵lɔŋ²¹³ 荷包蛋（油炸的）

煮卵 tsy⁴²⁻⁵⁵lɔŋ²¹³ 水煮的鸡蛋，不带壳

煠卵 sa（-k）¹⁻⁴⁴lɔŋ²¹³ 连壳煮的鸡蛋

炖卵 teŋ²¹³⁻⁴⁴lɔŋ²¹³ 蛋羹（加水调匀蒸的）

炒卵豆 tsʰa⁴²⁻⁵⁵lɔŋ²¹³⁻⁴⁴tau²¹³ 煮蛋花汤

皮卵 pʰui¹¹lɔŋ²¹³ 松花蛋

卤卵 lu⁴²⁻⁵⁵ lɔŋ²¹³ 卤蛋

腐料 xu²¹³⁻⁴⁴lɛu²¹³ 豆腐皮和腐竹

豆腐干 tau²¹³⁻⁴⁴kaŋ⁴⁴ 薄的豆腐干片，豆腐干

烰豆腐干 pʰou¹¹tau²¹³⁻⁴⁴kaŋ⁴⁴ 豆腐泡

豆腐囝 tau²¹³⁻⁴⁴（k-）iɛŋ⁴² 豆腐脑

豆浆 tau²¹³⁻⁴⁴tsyɔŋ⁴⁴ 豆浆

腌豆腐 iŋ⁴⁴tau²¹³⁻⁴⁴（x-）ɔu²¹³ 豆腐乳

米腐 mi⁴²⁻⁵⁵ɔu²¹³⁻⁴⁴ 米豆腐

芡糊 kʰiŋ³⁵kɔu¹¹ 勾芡

糟菜 tsau⁴⁴tsʰai³⁵ 酒糟腌制的菜秆

糟卵 tsau⁴⁴lɔŋ²¹³ 酒糟腌制的鸭蛋

糟肉 tsau⁴⁴nøuk¹ 酒糟腌制的肉

糟笋 tsau⁴⁴søŋ⁴² 酒糟腌制的笋

糟鱼 tsau⁴⁴ŋɛu¹¹ 酒糟腌制的鱼

咸菜 kɛŋ¹¹tsʰai³⁵⁻⁵⁵ 用晒除水分的萝卜块加油盐焖煮成的咸菜

煴菜 xeŋ³⁵⁻⁵⁵（tsʰ-）nai³⁵ 焖咸菜

菜干 tsʰai³⁵kaŋ⁴⁴

豆干 tau²¹³⁻⁴⁴kaŋ⁴⁴ 刀豆、豇豆等晒成的干

冬瓜干 tøŋ⁴⁴（k-）cuŋ⁴⁴kaŋ⁴⁴ 冬瓜切片晒成干

番薯咸 xuɔŋ⁴⁴（s-）nɛu¹¹⁻⁴⁴kɛŋ¹¹ 用红薯加油盐焖煮成的咸菜

芥菜欹笋 kuai³⁵⁻⁵⁵（tsʰ-）ai³⁵xit⁵søŋ⁴² 荠菜炒鲜笋，当地人都爱吃的家常菜

菜心 tsʰai³⁵⁻⁴⁴（s-）liŋ⁴⁴ 嫩菜杆腌制而成的酸菜，一般用于搭配炒菜、做汤等

芋卵丝 u²¹³⁻⁴⁴lɔŋ²¹³⁻⁴⁴（s-）ni⁴⁴ 马铃薯刨丝煮汤，一般加酸菜和虾米搭配

芋卵片 u²¹³⁻⁴⁴lɔŋ²¹³⁻⁴⁴（pʰ-）miŋ³⁵ 马铃薯整颗煮熟剥皮，放案板上拍扁，拍得柔柔韧韧煎烤成饼

酱头 tsyɔŋ³⁵⁻⁵⁵tʰau¹¹⁻⁵⁵ 豆豉、豆酱的统称

木耳 mok¹mei⁴²

白木耳 pak¹ mok¹mei⁴² 银耳

金针 kiŋ⁴⁴（ts-）neŋ⁴⁴ 黄花菜

海参 xai⁴²⁻⁴⁴seŋ⁴⁴

海带 xai⁴²⁻⁴⁴（t-）lai³⁵

蛇 tʰa³⁵ 海蛰

猪油 ty⁴⁴ieu¹¹⁻⁴⁴ 荤油

菜油 tsai³⁵ieu¹¹ 素油

花生油 xuɔ⁴⁴（s-）leŋ⁴⁴ieu¹¹

茶油 ta¹¹ieu¹¹ 茶籽油

松油 søŋ¹¹ieu¹¹

菜油 tsʰai³⁵⁻⁵⁵ieu¹¹ 菜籽油
洋麻油 yuŋ¹¹cuŋ¹¹ieu¹¹ 脂麻油
盐 sin¹¹
大粒盐 cuɔ²¹³⁻⁴⁴latˈsin¹¹ 粗盐
酱油 tsyɔŋ³⁵ieu¹¹
豆酱 tau²¹³⁻⁴⁴（ts-）yɔŋ³⁵ 豆瓣酱
番椒酱 xuɔn⁴⁴tiu⁴⁴（ts-）yɔŋ³⁵ 辣酱
醋 tsʰu³⁵
红酒 œŋ¹¹tseu⁴² 料酒
红糖 œŋ¹¹tʰɔŋ¹¹
白糖 pakˈtʰɔŋ¹¹
冰糖 pin⁴⁴（tʰ-）nɔŋ¹¹⁻⁴⁴ 小粒冰糖；一块块用纸包装好的糖块
糖团 tʰɔŋ¹¹（k-）ŋiɛn⁴² 麦芽糖
配料 pʰui³⁵⁻⁵⁵lɛu²¹³ 佐料
八角 petˈkøukˈ
桂皮 ki³⁵⁻⁵⁵pʰui¹¹
花椒 xuɔ⁴⁴tiu⁴⁴
胡椒粉 xɔu¹¹tiu⁴⁴xøn⁴²
熏 xon⁴⁴ 烟
熏箬 xon⁴⁴nykˈ⁻⁴ 烟叶
熏筒头 xon⁴⁴tœŋ¹¹tʰau¹¹ 烟锅子
洋熏 yuŋ¹¹xon⁴⁴ 香烟
干熏 kan⁴⁴xon⁴⁴ 旱烟
水熏筒 tsøy⁴²⁻⁵⁵xon⁴⁴（t-）nœŋ¹¹ 水烟袋（铜制的）
熏袋 xon⁴⁴tɒi²¹³ 旱烟袋（细竹杆儿做的烟具）
熏盒 xon⁴⁴aʔ¹ 烟盒（装香烟的金属盒，有的还带打火机）
熏筒油 xon⁴⁴tœŋ¹¹ieu¹¹ 烟油子
熏灰 xon⁴⁴（x-）nu⁴⁴ 烟灰
火石 xøy⁴²⁻⁵⁵tsʰyʔ¹⁻⁵ 火镰（旧时取火用具）
纸媒 tsiɛ⁴²⁻⁵⁵mui¹¹⁻⁵⁵
茶 ta¹¹（沏好的）
茶青 ta¹¹tsʰaŋ⁴⁴ 刚采回的茶叶
做茶 tso³⁵⁻⁵⁵ta¹¹ 加工茶叶
炒茶 tsʰa⁴²⁻⁵⁵ta¹¹ 家庭加工茶叶
轮 lon¹¹ 双手交换
搧 san⁴² 抖动
炒茶青 tsʰa⁴²ta¹¹tsʰaŋ⁴⁴ 炒茶
揉茶 neu¹¹ta¹¹ 炒软的茶青揉成一粒粒
茶珠 ta¹¹tsu⁴⁴ 茶叶捻成一粒圆圆的形状
炒茶米 tsʰa⁴²⁻⁵⁵ta¹¹mei⁴² 将茶团的水分炒干
茶鼎 ta¹¹tiaŋ⁴² 脚踩茶叶的用具
焙茶 poi²¹³ta¹¹ 烘干茶叶
焙屉 poi²¹³te³⁵ 用于烘干茶叶的竹屉
　茶屉 ta¹¹te³⁵
茶焙 ta¹¹poi²¹³ 圆形的木桶状的篾具，底下生火，可放竹屉用于烘干茶叶
茶米 ta¹¹mei⁴² 茶叶
茶婆 ta¹¹pɔ¹¹ 老茶叶
开水 kʰai⁴⁴（ts-）ʒøy⁴²⁻⁴⁴
泡茶 pʰau³⁵⁻⁵⁵ta¹¹ 沏茶（动宾）
煎茶 tsiɛn⁴⁴ta¹¹ 用茶瓶泡茶
㪤茶 kʰen¹¹ta¹¹ 倒茶

糯粟 nɔ²¹³⁻⁴⁴tsʰuk⁵ 糯米未脱皮
酿饭 nɔŋ²¹³⁻⁴⁴pun²¹³ 酿酒用的糯米
炊酿饭 tsʰy⁴⁴nɔŋ²¹³⁻⁴⁴pun²¹³ 蒸糯米
大气 tuɔ²¹³⁻⁴⁴kʰi³⁵ 蒸笼盖里冒出的大量的水蒸气
咬 ka²¹³ 让两种物质发生化学反应
清咬 tsʰiŋ³⁵⁻⁵⁵ka²¹³ 由于温度过低不容易发生化学反应
兑酿 tøy³⁵⁻⁵⁵nɔŋ²¹³ 酿酒用的水
加一 ka⁴⁴ik⁵ 酿酒时水比米多出百分之十
加二 ka⁴⁴nɛi²¹³ 酿酒时水比米多出百分之二十
麹 kʰyuk⁵ 酒曲
掌 tʰaŋ³⁵ 搅拌米酒的长柄工具，底部扁平
沉缸 tʰɛn¹¹kɔŋ⁴⁴ 固体下沉，液体析出
酒抽 tseu⁴²tʰiu⁴⁴ 抽酒用的工具
泌 pi³⁵ 液体渗入
过瓮 ku³⁵⁻⁵⁵øŋ³⁵ 澄清酒的过程，再次除去沉淀
糟 tsau⁴⁴ 酒糟
煞 sak⁵ 酒的度数高
饕 tsiɛn⁴² 酒的度数低

白酒 pak¹tseu⁴²
红酒 œŋ¹¹tseu⁴² 江米酒
新酒 sin⁴⁴tseu⁴² 刚酿出来的酒
重酿酒 tɔŋ¹¹nɔŋ²¹³tseu⁴² 用第一年酿成的米酒做水再次发酵酿成的酒
番薯酒 xɔn⁴⁴（s-）nɛu¹¹⁻⁴⁴tseu¹¹ 红薯酿的酒
虎骨木瓜酒 xu⁴²⁻⁵⁵kɔt⁵mo（-k）¹⁻⁴⁴kuɔ⁴⁴tseu⁴² 周宁县酒厂生产的一种虎骨木瓜酒
白术酒 pak¹sok¹tseu⁴² 白术酿的酒
藤梨酒 teŋ¹¹lɛi¹¹tseu⁴² 猕猴桃酒
五加皮 ŋ（-ɔu）u²¹³⁻⁴⁴ka⁴⁴（pʰ-）ui⁴⁴ 五加皮酒
蜜沉沉 me（-t）¹⁻⁴⁴tʰen¹¹tʰen¹¹ 蜜沉沉县食品厂生产的一种饮料
杨梅酒 yuŋ¹¹mui¹¹tseu⁴²
红珠酒 œŋ¹¹tsu⁴⁴tseu⁴²
药酒 yk¹tseu⁴²
当归酒 tɔŋ⁴⁴kui⁴⁴tseu⁴² 当归药酒
老蛇酒 lau²¹³⁻⁴⁴（s-）iɛ¹¹tseu⁴² 蛇药酒
雄黄酒 xœŋ¹¹uŋ¹¹tseu⁴²
老酒 lɔ⁴²⁻⁵⁵（ts-）eu⁴²⁻⁵⁵ 酿了一年以上的酒

第十五节　红白喜事

青丝 tsʰaŋ⁴⁴（s-）ni⁴⁴ 端午节绑在手上的黑色丝线

讨喜□ tʰɔ⁴²i⁴⁴set¹ 讨吉利
红桂索 œŋ¹¹kui³⁵⁻⁴⁴（s-）lok⁵ 办喜事用

的红绳

红卵 œn¹¹lɔŋ²¹³ 办喜事用的红蛋

红卵络 œn¹¹lɔŋ²¹³⁻⁴⁴lok⁵ 用红绳编织的装红蛋用的小袋子

缚□ puʔ¹ka⁴² 过端午节食，小孩走家串户讨要红绳，系在手上，用来辟邪

　分□ puŋ⁴⁴ka⁴²

辟邪丹 pʰi（-k）²¹³⁻⁴⁴（s-）iɛ¹¹⁻⁴⁴tan⁴⁴ 樟脑丸

讲好话 kɔŋ⁴²⁻⁵⁵xɔ⁴²⁻⁵⁵cuɔ²¹³ 在重要场合讲的吉祥如意的话，一般为对偶句，能押韵

媒侬婆 mui¹¹nœŋ¹¹（p-）mɔ¹¹ 媒人（女性）

媒侬 mui¹¹nœŋ¹¹ 媒人（包含男和女）

行骸 kian¹¹kʰa⁴⁴ 媒人奔前走后地沟通男女方信息，鞋子磨损，因此女方结婚时要送媒婆一双鞋

猎 lat⁵ 媒人寻找结婚对象

睨东家 e³⁵⁻⁴⁴tuŋ⁴⁴（k-）ŋa⁴⁴ 女方考察男方情况

合生辰 xa（-k）¹⁻⁴⁴saŋ⁴⁴ŋen⁴⁴ 合八字

莙定 tak⁵tian²¹³ 订婚

唔接 n²¹³⁻⁴⁴tsik⁵ 因礼金等条件未谈妥女方拒绝接受男方送来的猪脚

礼金 lɛ⁴²⁻⁴⁴kin⁴⁴ 礼金

礼猪 lɛ⁴²⁻⁴ty⁴⁴ 办喜酒用的猪肉

睨儿婿 e³⁵⁻⁵⁵nin¹¹（s-）nai³⁵ 丈母娘用准女婿送来的猪脚招待亲友，亲友可趁此机会考量准女婿

拍单 pʰak⁵tʰan⁴⁴ 订婚约合同

送日子 søŋ³⁵⁻⁵⁵ne（-k）¹⁻⁴⁴tsei⁴² 男方选定吉日告知女方

做面子 tso³⁵⁻⁵⁵min⁻⁵⁵（ts-）ny⁴² 为了使出嫁女显得珍贵，男方送日子时特意找借口推辞、刁难几次

嫁妆 ka³⁵⁻⁴⁴tsoŋ⁴⁴

缩贺鞋 tsʰyuŋ²¹³⁻⁴⁴xɔ²¹³ɛ¹¹ 陪嫁时女方要准备婚宴时给媒人和男方亲戚的鞋

伴睏贱囝 pʰuɔn²¹³⁻⁴⁴kʰon³⁵tsin⁻⁴⁴ŋiɛn⁴² 陪嫁女伴

选日子 sœn⁴²⁻⁵⁵ne⁻⁴⁴tsei⁴²

择日子 tɔk¹ne⁻⁴⁴tsei⁴²

出门顿 tsʰuk（-ok）⁵mun¹¹ton³⁵ 新娘出嫁前请自己人吃的一顿饭，表示答谢

出门暝 tsʰuk（-ok）⁵mun¹¹maŋ¹¹ 女方出嫁前一天办的晚宴

起轿昼 kʰi⁴²⁻⁵⁵kiu²¹³tau³⁵ 出嫁前一天男方办的午餐

押礼伯 a⁻⁴⁴lɛ⁴²⁻⁵⁵pak⁵ 全权代表男方与女方协商礼金等相关事宜的角色

扛扛 koŋ⁴⁴（k-）ŋoŋ³⁵ 扛嫁妆

盘担 puɔn¹¹tan³⁵ 男方前往女方家接亲时准备的两担八盘的礼物

莙盘担 tak⁵puɔn¹¹tan³⁵ 女方回谢男方相

应的礼物

担盘担 tan⁴⁴puɔŋ¹¹tan³⁵

新妇头 sin⁴⁴（p-）mo²¹³⁻⁴⁴tʰau¹¹ 新娘发型

拜祖翁 pai³⁵⁻⁵⁵tsu⁴²⁻⁵⁵øŋ⁴⁴ 拜别祖宗

啼郎奶 tʰi¹¹noŋ¹¹nɐ⁴² 新娘哭嫁

分家计 pun⁴⁴ka⁴⁴ki³⁵ 新娘以哭唱的形式拜别父母兄弟姐妹

驮伞 tɔ¹¹san⁴² 舅母撑伞护送新娘

陪嫁舅 pui¹¹ka³⁵kɔu²¹³ 新娘的弟弟，送新娘出嫁

送墿姨 søŋ³⁵⁻⁵⁵tu²¹³⁻⁴⁴ɛi¹¹ 新娘的女伴，一般十多个人送嫁

送墿包 søŋ³⁵⁻⁵⁵tu²¹³⁻⁴⁴pau⁴⁴ 新娘发出送给前来欢送新娘人群的红包

伴睏 pʰuɔn²¹³⁻⁴⁴kʰon³⁵ 出嫁前三五天女伴陪伴新娘，帮忙处理事情

死掉 sei⁴²li⁰ 礼门、李墩称出嫁

八角棺材 petˀ⁵køukˀ⁵kuɔn⁴⁴（ts-）nai¹¹⁻⁵⁵ 花轿，别称

□红卵 xœŋ¹¹œŋ¹¹lɔŋ²¹³ 新娘下轿时扔红蛋，寓意将来能生孩子

前头花 sɛn¹¹nau¹¹xuɔ⁴⁴ 绣花鞋上的花，新娘到新房门口要取下

扛新妇 kɔŋ⁴⁴xin⁴⁴（p-）mɔu²¹³ 娶媳妇

接新妇 tsitˀ⁵sin⁴⁴（p-）mɔu²¹³ 大门口接新娘

好命侬 xɔ⁴²⁻⁵⁵miaŋ²¹³⁻⁴⁴nœn¹¹ 宗族里德高望重的老妇人

拜堂 pai³⁵⁻⁵⁵（t-）lɔŋ¹¹

壶官 xu¹¹kuɔn⁴⁴ 酒席上负责倒酒、带动气氛的人，相当于一桌的桌长

睨新妇 e³⁵⁻⁵⁵sin⁴⁴（p-）mo²¹³ 闹洞房

开箱 kʰui¹¹syoŋ⁴⁴ 新娘请娘舅打开陪嫁箱，将茶点分给宾客

送房 søŋ³⁵⁻⁵⁵poŋ¹¹ 引新郎新娘入洞房

新妇茶 sin⁴⁴（p-）mo²¹³ta¹¹ 第二天一大早新娘生火烧水泡的茶

驮茶 tɔ¹¹ta¹¹ 新娘给宾客敬茶

驮茶包 tɔ¹¹ta¹¹pau⁴⁴ 喝了新娘茶，给新娘的红包

□三饭 a⁴⁴san⁴⁴pun²¹³ 第二天为宾客准备的早饭

回门 xui¹¹mun¹¹ 婚后第三天新郎陪伴新娘回娘家

回门酒 xui¹¹mun¹¹tseu⁴² 娘家人为女儿女婿准备的酒宴

请亲家 tsʰiaŋ⁴²⁻⁴⁴tsʰin⁴⁴（k-）ŋa⁴⁴ 结婚当年男方宴请女方亲家

请儿婿 tsʰiaŋ⁴²⁻⁴⁴nin¹¹（s-）tai³⁵ 结婚第一年女方内亲邀请女婿参加酒宴

请新妇 tsʰiaŋ⁴²⁻⁴⁴sin⁴⁴（p-）mo²¹³ 婚后男方内亲轮流宴请新娘

白联头 pakˀ¹lin¹¹（tʰ-）nau¹¹ 结婚、做寿、建房、生子等喜庆场合请题联先生写对联时要在红纸上方贴一张长约10厘米的白纸，据说是感念先祖恩情，表示不忘本

填房 tɛn¹¹poŋ¹¹（从女方说）
大腹肚 tuɔ²¹³⁻⁴⁴pu（-k）⁵⁻⁴⁴（t-）lou⁴² 怀孕了
带身 tai³⁵⁻⁵⁵sin⁴⁴ 孕妇
豚掉 tʰɔn¹¹li⁰ 不孕
豚母 tʰɔn¹¹mɔ⁴² 不孕的女性
落掉 løuk⁵i⁰ 小产
饲囝 tsʰi³⁵⁻⁵⁵kiɛn⁴² 生孩子
　添丁 tʰin⁴⁴tiŋ⁴⁴
拾囝 kʰak⁵kiɛn⁴² 接生
衣 ui⁴⁴ 胎盘
做三旦 tso³⁵⁻⁵⁵san⁴⁴tan³⁵ 孩子出身三天后用芫荽洗澡，去晦气；有些人还杀鸡敬献奶娘宫，祈求保佑
茶哥米弟 ta¹¹ko⁴⁴mei⁴²⁻⁵⁵ti²¹³ 女婴满月理发时，理发师将茶叶嚼碎点在女婴额头上，寓意下一胎是个男孩
剃头卵 tʰi³⁵⁻⁵⁵（tʰ-）lau¹¹lɔn²¹³ 婴儿满月时煮来分给邻居孩子的蛋
做月地 tso³⁵⁻⁵⁵ŋu（-t）¹⁻⁴⁴tɛi²¹³ 坐月子
满月 muɔn⁴²⁻⁵⁵ŋuʔ¹⁻⁵
做晬 tso³⁵⁻⁵⁵tsøy³⁵ 孩子满一周岁
头胎 tʰau¹¹tʰai⁴⁴
　开腹 kʰui⁴⁴puk⁵
二胎 nɛi²¹³⁻⁴⁴tʰai⁴⁴
双生囝 søŋ⁴⁴（s-）naŋ⁴⁴（k-）ŋiɛn⁴² 双胞胎
扒囝 pa¹¹kiɛn⁴² 打胎
　扒掉 pa¹¹li⁵

遗腹囝 mɛi¹¹puk⁵kiɛn⁴² 遗腹子（父亲死后才出生的）
食䏢 siɛ（-k）¹⁻⁴⁴nen³⁵ 吃奶
吮䏢 sun²¹³⁻⁴⁴nen³⁵ 吸奶
咬䏢 ka²¹³⁻⁴⁴nen³⁵ 咬奶头
含䏢 kan²¹³nen³⁵ 含着奶头
䏢头 nen³⁵⁻⁵⁵（tʰ-）nau¹¹ 奶头
拉尿床 na¹¹niu²¹³⁻⁴⁴tsʰɔŋ¹¹（小孩子）尿床
上丁 syuŋ²¹³⁻⁴⁴tiŋ⁴⁴ 孩子长到16岁那天便算作成人，纯池镇人还要请道士举行过成人关礼俗
寄大 kiɛ³⁵⁻⁵⁵tuɔ²¹³ 将小儿寄给神佛当孩子
寄老囝 kiɛ³⁵⁻⁴⁴lau²¹³⁻⁴⁴kiɛn⁴² 将小儿寄给神佛当孩子（又称）
做寿 tso³⁵⁻⁵⁵sɛu²¹³ 做寿
做十 tso³⁵⁻⁵⁵set¹ 做寿；因五十岁后逢十年做一寿
食十饭 tsʰiɛk¹sɛ（-t）¹⁻⁴⁴pun²¹³ 本家族成员宴请寿星
　请十饭 tsʰiaŋ³⁵set¹pun⁴²
送十饭 set¹pun⁴² 本家族成员送寿礼（食物）给寿星
做五十 tso³⁵⁻⁵⁵ŋɔu²¹³⁻⁴⁴（s-）lɛʔ¹ 做五十寿
做六十 tso³⁵⁻⁵⁵lœok¹（s-）lɛʔ¹ 做六十寿
做七十 tso³⁵⁻⁵⁵tsʰik⁵（s-）lɛʔ¹ 做七十寿

做八十 tso³⁵⁻⁵⁵peʔ⁵（s-）lɛʔ¹ 做八十寿
做百岁 tso³⁵⁻⁵⁵pak⁵xui³⁵ 做一百寿
双寿 søŋ⁴⁴seu²¹³ 夫妻同寿
做九 tso³⁵kau⁴² 因担心做寿像本命年一样"十"关难过，提前一年做寿
送年 søŋ³⁵nin¹¹ 亲戚贺寿
送寿 søŋ³⁵seu²¹³
送十 søŋ³⁵set¹ 本家族成员贺寿
寿联 seu²¹³lin¹¹
寿匾 seu²¹³pɛn⁴²
寿酒 seu²¹³⁻⁴⁴tseu⁴² 八十以上的寿星家庭举办的酒宴
长命侬 tøŋ¹¹miaŋ²¹³⁻⁴⁴nœŋ¹¹ 寿星
门头鬼 mun¹¹（tʰ-）nau¹¹køy⁴² 没有死在家里的人
上寿 syuŋ²¹³seu²¹³ 满五十岁者死亡
落气 louk⁵kui³⁵ 断气了，死了
做丧 tso³⁵⁻⁵⁵soŋ⁴⁴ 丧事
报生 po³⁵⁻⁵⁵（s-）laŋ⁴⁴ 报丧，避讳将"死"说为"生"
严制 ŋiɛn¹¹tsi³⁵ 家父逝世，在门口张贴"严制"二字
慈制 tsou¹¹tsi³⁵ 家母逝世，在门口张贴"慈制"二字
座椅 soi²¹³⁻⁴⁴i⁴² 安置死者的椅子（相当于灵床）
棺材 kuɔn⁴⁴（ts-）nai¹¹⁻⁴⁴
白柴 pa（-k）¹⁻⁴⁴tsʰa¹¹ 未上油的棺木，未上寿者的棺材不能刷颜色
寿柴 seu²¹³（tsʰ-）a¹¹ 寿材（生前预制的棺材）
收殓 siu⁴⁴（l-）in³⁵ 入殓
拆袋 tʰiɛk⁵toi²¹³ 拆除死者衣服的口袋，以防风水被带走
做记 tso³⁵⁻⁵⁵ki³⁵ 用香在死者寿衣上烧一个洞，标示衣服为该死者所有，野鬼莫抢
寿被 seu²¹³⁻⁴⁴pʰui²¹³ 盖在死人脸上的纸
日子单 ne（-k）¹⁻⁴⁴tsei⁴²⁻⁴⁴tʰan⁴⁴ 由算命先生合八字后得到的殡葬各程序的时辰单
秆索 kan⁴²（s-）nok⁵ 孝男孝女绑在腰间的稻草绳
孝环 xa³⁵⁻⁵⁵kʰuɔn¹¹ 孝男孝女戴在左臂的麻布圈
白帽 pak¹mɔ²¹³ 参加葬礼戴的白帽
麻帽 muo¹¹mɔ²¹³ 孝男戴的麻制帽
麻衣 muo¹¹i⁴⁴ 孝男孝女穿的麻制上衣
縗衫 tsiɛ³⁵⁻⁴⁴san⁴⁴
衫裈 san⁴⁴kiɛn⁴²
白衫 pak¹san⁴⁴
雷尺 loi¹¹tsʰyʔ⁵ 拍雷尺，类似于惊堂木，拍下雷尺法师便开始念咒语
手铃 tsʰeu⁴²⁻⁵⁵leŋ¹¹ 法师做法事时手上摇的铃
铃刀 leŋ¹¹to⁴⁴ 上刀下圈，圈里装有铜片，类似于手铃
净壶 tseŋ²¹³⁻⁴⁴xou¹¹ 相当于观音手里的

净瓶，洒水用

手炉 tsʰeu⁴²⁻⁵⁵lou¹¹⁻⁵⁵ 法师做法事时持于手中的香炉

□□ uœ¹¹luk⁵ 做法事用的弯号角，拟声词

旗囝 kɛi¹¹kiɛn⁴² 法师招魂用的纸旗

灵牌 leŋ¹¹pɛ¹¹ 做法事用的纸制灵牌

孝堂 xa³⁵⁻⁵⁵toŋ¹¹ 灵堂

佛堂 xo（-t）¹⁻⁴⁴toŋ¹¹

伴暝 pʰuɔŋ²¹³⁻⁴⁴maŋ¹¹ 守灵

做七 tso³⁵⁻⁴⁴tsʰik⁵ 做七

头七 tʰau¹¹tsʰik⁵ 做七的第一个七天

二七 nɛi²¹³⁻⁴⁴tsʰik⁵ 做七的第二个七天

尾七 møy⁴²⁻⁴⁴tsʰik⁵ 做七的最后一个七天

侬囝 nœŋ¹¹kiɛn⁴² 用纸扎的人

纸钱 tsiɛ⁴²⁻⁵⁵tsin¹¹⁻⁵⁵

做天暝 tso³⁵tʰin⁴⁴maŋ¹¹⁻⁴⁴ 超度亡魂

八卦钱 pet⁵kuɔ³⁵⁻⁵⁵tsin¹¹ 八卦形的纸钱

库钱 kʰu³⁵⁻⁵⁵（ts-）in¹¹ 神佛场合通用，用錾子敲打出压痕的纸钱

盘钱经 puɔn¹¹tsin⁴⁴kiŋ⁴⁴ 一边念《盘钱经》一边捻成的经条，烧给亡灵作零用钱的纸钱

往生经 uɔŋ⁴²⁻⁵⁵seŋ⁴⁴kiŋ⁴⁴ 一边念《往生经》一边捻成的经条，让亡灵早日投胎的纸钱

建坛 kyn³⁵tan¹¹ 设三宝梵坛

请教主 tsʰiaŋ⁴²kau³⁵⁻⁵⁵tsu⁴² 请佛法神僧

发讨文 xuɔt⁵tʰɔ⁴²⁻⁵⁵uon¹¹⁻⁵⁵ 往阴曹地府发出通告请求召亡灵回来

请灵 tsʰiaŋ⁴²⁻⁵⁵leŋ¹¹ 请亡灵

招魂 tsiu⁴⁴xɔn¹¹

咒语 tsiu³⁵⁻⁵⁵ŋy⁴²

念经 nɛn²¹³⁻⁴⁴kiŋ⁴⁴ 诵佛经，并烧大小佛经

做功德 tso³⁵⁻⁵⁵kuŋ⁴⁴tɛk⁵ 请三界神佛做功德

十王 sɛt¹¹uŋ¹¹ 民间传说掌管阴曹地府的十殿阎王，第五殿阎罗王总领十殿

过十殿 ku³⁵⁻⁵⁵sɛt¹tɛn³⁵ 亡灵过十王殿

环弥勒术 kʰuɔn¹¹mi¹¹lœok¹¹sut¹ 长子端着遗相家属列队随后，由法师带领着环绕屋子，替亡灵赎罪，过一殿转一个来回，过十王殿便转十个来回

劝灵 kʰun³⁵⁻⁵⁵leŋ¹¹ 劝说亡灵吃饱喝足上西天，并保佑子孙发财发丁

送神 søŋ³⁵sen¹¹ 送走神佛

环柴 kʰuɔn¹¹（tsʰ-）na¹¹ 孝男孝女点着火把绕棺材转七圈

出柴 tsʰuk⁵tsʰa¹¹ 出殡

吊孝 tiu³⁵⁻⁴⁴xa³⁵ 吊唁

做祭 tso³⁵⁻⁵⁵tsi³⁵ 在三岔路口露天举行的吊唁仪式

三献礼 san⁴⁴xyn³⁵lɛ⁴² 每一样事物都要敬献三遍

三跪九叩 san⁴⁴ko³¹³kau⁴²kʰɛu³⁵ 三跪九叩

遗相 mɛi¹¹tsʰyuŋ²¹³

金鼓锣 kin⁴⁴ku⁴²⁻⁵⁵lɔ¹¹⁻⁵⁵ 送葬路上敲打的锣鼓

彩旗 tsʰai⁴²⁻⁵⁵kɛi¹¹ 五种颜色的布条绑在小竹子上，送葬路上旗子颜色顺序是白黑蓝黄红，回来顺序相反

花环 xuɔ⁴⁴kʰuɔn¹¹⁻⁴⁴ 花圈

布联 pu³⁵lin¹¹ 挽联贴在被单或其他布上，用木头框架撑起

墶贴 tu²¹³⁻⁴⁴tʰɛt⁵ 一般村子忌讳死人经过，送葬路上经村子路口都要贴一张红纸写的申请贴，表示"借过"

买墶钱 mɛ⁴²⁻⁵⁵tu²¹³⁻⁴⁴tsin¹¹ 方孔圆形的各色纸钱

　墶头钱 tu²¹³⁻⁴⁴tʰau¹¹tsin¹¹

送山 søŋ³⁵⁻⁵⁵（s-）nan⁴⁴ 送葬

开墶 kʰui⁴⁴tu²¹³ 孝女拄棍为首，边梳头边哭丧

送大厅 søŋ³⁵tuɔ²¹³⁻⁴⁴tʰiaŋ⁴⁴ 将灵位送入宗祠

读疏 tʰœk¹sø³⁵ 向宗祠里的先祖宣读文书，牌位可以入宗祠

化钱 xuɔ³⁵⁻⁵⁵tsin¹¹ 焚化纸钱、白联、经等物品

埋葬 mai¹¹tsoŋ³⁵

　下葬 a²¹³⁻⁴⁴tsoŋ³⁵

进葬 tsin³⁵⁻⁴⁴tsoŋ³⁵

棺材圹 kuɔn⁴⁴（ts-）nai¹¹⁻⁴⁴kʰuɒŋ⁴² 墓穴

进圹 tsin³⁵⁻⁵⁵kʰuɒŋ⁴² 入墓穴

尸骨 tsʰi⁴⁴kɔt⁵

骸骨 xai¹¹kɔt⁵

骸瓮 xai¹¹øŋ³⁵ 骨灰坛子

化柴 xuɔ³⁵⁻⁵⁵（tsʰ-）a¹¹ 若干年后开馆捡尸骨

拾骨头 kʰak⁵kɔ（-t）⁵⁻⁵⁵（tʰ-）lau¹¹ 捡尸骨

墓地 mu³⁵⁻⁴⁴tɛi²¹³ 坟地（坟墓所在的地方）

墓 mu³⁵ 坟墓

龙脉 loŋ¹¹mak¹ 墓地后山有高低起伏连续的山脉

沙手 sa⁴⁴tsʰeu⁴² 墓两边的山地，好墓的选址一般左右两边呈环抱状，说明能够聚财等

水法 tsøy⁴²⁻⁴⁴xuɔt⁵ 墓前的水流情况

明堂 meŋ¹¹tɔ¹¹ 墓前有个水潭，说明风水好

坐向 tsɔ²¹³⁻⁴⁴xyuŋ³⁵ 墓地的朝向

石碑 tsʰy（-ʔ）¹⁻⁴⁴pʰi⁴⁴ 碑（不单指墓碑）

墓碑 mu³⁵pʰi⁴⁴

做墓 tsɔ³⁵⁻⁵⁵mu³⁵

封墓门 xuŋ⁴⁴mu³⁵⁻⁵⁵mun¹¹

回坟 xui¹¹xon¹¹ 回虞

□墓砉纸 saŋ⁻⁵⁵mu³⁵ta（-k）⁵⁻⁵⁵tsiɛ⁴²

上坟
祭墓 tsi³⁵⁻⁴⁴mu³⁵
筶纸 tak⁵tsiɛ⁴²
自尽 tsu²¹³⁻⁴⁴tsen²¹³ 自杀
□潭 tiɛn¹¹tʰan¹¹ 投水自尽
堆潭 toi⁴⁴tʰan¹¹ 沉潭，用石块压在水下淹死
结柴腊 kik⁵tsʰa¹¹lak⁵ 传染病亡者放置在野外火化
吊脰 tɛu³⁵⁻⁵⁵（t-）nau²¹³ 上吊
犯冲 xuɔn²¹³⁻⁴⁴tsʰuŋ⁴⁴
重丧 toŋ¹¹soŋ⁴⁴ 刚办完一次丧事又死了人再办丧事
天地 tʰin⁴⁴tɛi²¹³ 老天爷
罚 xuɔt¹ 当地风俗里攻击、侮辱他人的行为，也指避讳和禁忌
扫堂 sau⁴²⁻⁵⁵（t-）loŋ¹¹ 春节前打扫家里卫生
林翁 len¹¹øŋ⁴⁴ 当地信仰的神灵林公
奶娘 nɛ⁴²⁻⁵⁵nyuŋ¹¹ 当地信仰的神灵陈靖姑
　奶娘奶 nɛ⁴²⁻⁵⁵nyuŋ¹¹nɛ⁴²
马国真仙 ma⁴²⁻⁴⁴kuk⁵tsin⁴⁴sin⁴⁴ 当地信仰的神灵马国公
　马国仙公 ma⁴²⁻⁴⁴kuk⁵sin⁴⁴kuŋ⁴⁴
诸保仙公 tsy⁴⁴pɔ⁴²sin⁴⁴（k-）ŋuŋ⁴⁴ 当地信仰的读书人的保护神
灶神翁 tsau³⁵⁻⁵⁵（s-）len¹¹øŋ⁴⁴ 灶王爷
灶神婆 tsau³⁵⁻⁵⁵（s-）len¹¹pɔ⁴⁴ 灶王奶奶

炉师傅 lo¹¹（s-）lai⁴⁴（x-）o²¹³⁻⁴⁴ 打铁、炼钢等烧炉工艺供奉的神灵
黄三翁 uŋ¹¹san⁴⁴øŋ⁴⁴ 猎人供奉的神灵
黄三公
　黄三公 uŋ¹¹san⁴⁴kuŋ⁴⁴
鲁班师傅 lu⁴²⁻⁴⁴pan⁴⁴sai⁴⁴（x-）o²¹³ 木匠供奉的神灵
银班师傅 ŋøn¹¹pan⁴⁴sai⁴⁴（x-）o²¹³ 泥匠供奉的神灵
五谷真仙 ŋou（-u）²¹³⁻⁵⁵kʊk⁵tsin⁴⁴sin⁴⁴ 神农氏；保佑五谷丰登的神灵
土地公 tu⁴²⁻⁵⁵tɛi²¹³⁻⁴⁴kuŋ⁴⁴
　福德正神 xuk⁵tɛk⁵tsiaŋ³⁵⁻⁵⁵sen¹¹
土地婆 tu⁴²⁻⁵⁵tɛi²¹³⁻⁴⁴pɔ¹¹
大王翁 tuɔ²¹³⁻⁴⁴uŋ¹¹øŋ⁴⁴ 村神（当境土主明王里域正神）
关爷 kuɔn⁴⁴iɛ¹¹⁻⁴⁴
关爷庙 kuɔn⁴⁴iɛ¹¹miu²¹³ 关帝庙
老爹 lɔ²¹³⁻⁴⁴tiɛ⁴⁴ 城隍爷
城隍庙 siaŋ¹¹xuŋ¹¹miu²¹³
宫 kyŋ⁴⁴ 乡间供奉本地神的土房子
观音佛 kuɔn⁴⁴niŋ⁴⁴（x-）ŋok¹⁻⁴ 观音
观音阁 kuɔn⁴⁴niŋ⁴⁴（x-）ŋok⁵
释迦佛 sik⁵kiɛ¹¹xok¹ 释迦牟尼佛
弥勒 mi¹¹lɔk¹⁻⁴⁴ 弥勒佛
　弥勒佛 mi¹¹lɔk¹⁻⁴⁴xok¹
伽蓝 kiɛ¹¹lan¹¹ 伽蓝菩萨
　伽蓝菩萨 kiɛ¹¹lan¹¹pu¹¹（s-）lak⁵
天王 tʰin⁴⁴ŋuŋ¹¹⁻⁴⁴ 四大天王

龙王 loŋ¹¹ŋuŋ¹¹

海龙王 xai⁴²⁻⁵⁵loŋ¹¹ŋuŋ¹¹ 东海龙王

八蒲龙 pet⁵pʰu¹¹loŋ¹¹ 八蒲井里住着的龙王，是东海龙王的儿子，传闻为人所捉，遭斩首

孙悟空 suk⁵uŋ¹¹ŋøŋ⁴⁴ 齐天大圣

吊死鬼 tɛu³⁵⁻⁵⁵sei⁴²⁻⁵⁵køy⁴²

无头鬼 mɔ¹¹（tʰ-）lau¹¹køy⁴²

摧竹鬼 kʰɔk⁵tyuk⁵køy⁴² 在山上敲打竹子发出"吭吭"声响的鬼

水鬼 tsøy⁴²⁻⁵⁵køy⁴² 传闻在水里三年要害死一个人的鬼

鸭雄鬼 a（-p）⁵（x-）œŋ¹¹køy⁴² 天快亮时在田野中整群跑上跑下的鬼，闹得声响很大，田野里却寻不到踪迹

三妖鬼 san⁴⁴iu⁴⁴køy⁴² 三个专干坏事的坏女人结伙成精，当地避讳称其名，一般用手语"三"代替。传闻曰若称其名，会鬼附身而得病

驮米筛 tɔ¹¹mi⁴²⁻⁵⁵tʰai⁴⁴ 在米筛上放置剪刀、镜子，放置贡品，敲锣打鼓放炮，做驱鬼法事

寻龙先生 sen¹¹loŋ¹¹sin⁴⁴（s-）ŋaŋ⁴⁴ 风水先生

先生 sin⁴⁴（s-）ŋaŋ⁴⁴ 算命先生

阎罗王 ɲiɛn¹¹lɔ¹¹uŋ¹¹

阎罗王惊恶鬼 ɲiɛn¹¹lɔ¹¹uŋ¹¹kiaŋ⁴⁴ɔk⁵køy⁴² 形容坏人（恶鬼）令所有人害怕

祠堂 su¹¹（t-）loŋ¹¹

做功德 tso³⁵⁻⁴⁴kuŋ⁴⁴tɛk⁵ 做道场

做醮 tso³⁵⁻⁴⁴tsiu³⁵ 做道场

香 xyɔŋ⁴⁴ 用于宗教仪式的香

香案 xyɔŋ⁴⁴an³⁵

烛台 tsʰuk⁵（t-）lɒi¹¹⁻⁵⁵

斗灯 tau⁴²⁻⁵⁵teŋ⁴⁴ 蜡烛放置于上大下小梯形斗内，做迷信时防风吹灭

果盒 kui⁴²⁻⁵⁵ak¹ 盛放水果、茶点的盒子

盘担 puɒn¹¹（t-）nan³⁵ 红白喜事盛放物品的盘子装成担

香火篮 xyɔŋ⁴⁴xøy⁴²⁻⁵⁵lan¹¹⁻⁵⁵ 做墓、乔迁时盛放香火钵的篮子

桌裙 tok⁵kon¹¹ 做迷信时围在桌子前方的绣着龙凤等图案的布

拦旗 lan¹¹kɛi¹¹ 做迷信时围在桌子前方的绣着龙凤等图案的布

神铳 sen¹¹tsʰoŋ³⁵ 祭祀等场合放的火药铳

三角旗 san⁴⁴køuk⁵kɛi¹¹ 做迷信时，挂在绳子上、用纸剪成的三角形旗子

摇签诗 iu¹¹tsʰin⁴⁴ni⁴⁴ 求签

做卦 tso³⁵⁻⁵⁵kuɔ³⁵ 打卦

珓杯 ka³⁵⁻⁴⁴pui⁴⁴ 珓（占卜用，通常用两块竹片制成）

阴珓 in⁴⁴ka³⁵ 阴珓（两面都朝下）

阳珓 yuŋ¹¹ka³⁵ 阳珓（两面都朝上）

圣珓 siaŋ³⁵ka³⁵ 圣珓（一正一反）

许愿 xy$^{42-55}$ŋun^{213}

还愿 xɛn^{11}ŋun^{213}

测字 tsʰot^{5}tsɛi^{213} 抽一个字后测字

寻龙 sen^{11}loŋ^{11} 看风水

谱序 pʰu$^{42-55}$（s-）lɛu^{213} 家谱排列顺序

祖源 tsu$^{42-55}$ŋuɛn$^{11-55}$ 先祖来源

序穆 sɛu$^{213-44}$mok^1 家谱里规定好的排列辈分的字

过嗣 ku$^{35-55}$（s-）lou^{11} 将某一支的孩子转移至另一支名下

牵线 kʰen^{44}siɛn^{35} 家谱中表示传宗接代时用画线表示

红线 œŋ^{11}siɛn^{35} 本血统子嗣在家谱中用红线连接表示

蓝线 lan^{11}siɛn^{35} 因女婿入赘、养子继承等无血缘关系子女进入家谱时画蓝线

弥陀珠 mi^{11}（t-）lɔ^{11}tsu^{44} 念经时手上转动的佛珠

弥陀袋 mi^{11}（t-）lɔ^{11}tɒi^{213} 装佛珠的布袋

念弥陀 nɛn$^{213-44}$mi^{11}（t-）lɔ^{11}（当地女性）念弥陀经

掼弥陀 kuon$^{213-44}$mi^{11}（t-）lɔ^{11} 女性绝经后开始念经修善

化弥陀 xuɔ$^{35-55}$mi^{11}（t-）lɔ^{11} 念的经书、布袋、篮子等工具带入寺庙请和尚做完法事后焚化

环墭姥 kuɔn^{11}tu$^{213-44}$ma^{42} 一起念经、过佛节的女性团体

食白莲 siɛk$^{1-44}$pa（-k）$^{1-44}$lɛn^{11} 念经的女性每天早上要吃素，达不到该要求时可改为前三口只吃米饭不配菜

食新 tsʰiɛ（-ʔ）$^{1-44}$sin^{44} 每到秋季吃新米

做福 tso$^{35-55}$xok^5 每到秋季吃新米时祈求来年五谷丰登的仪式

做冬福 tso$^{35-55}$tøŋ^{44}xok^5

弹必□ tan^{11}pet^{5}pu^{11} 灶建成后第一件事即炒爆米花，将爆米花撒在房屋四处，寓意"大发"

踏桥 tak^{1}kiu^{11} 桥建成后由德高望重者从桥上走过，讨吉利

行桥 kiaŋ^{11}kiu^{11} 端午节时众人从桥上走过，扔下粽子

祭河 tsi^{35}ɔ^{11} 建桥后祭祀河神，驱除妖魔，祈求平安

做半 tso^{35}puɔn^{35} 农历七月十五中元节祭祖活动

摸米鬃 mu^{44}mi$^{42-55}$pʰaŋ^{44} 农历六月底米缸要装满米，农历七月已故先祖会回家查看家里情况，摸米缸看粮食是否充足

公婆簿 kuŋ^{44}pɔ^{11}pu^{213} 记载着历代先祖名单的本子

公婆图 kuŋ^{44}pɔ^{11}to^{11} 先祖的真容画像

挂公婆图 keu^{35}kuŋ^{44}pɔ^{11}to^{11} 农历七月

初一至十五，在大厅里悬挂先祖真容画像和名单，放置祭品，点香烛

纸钱 tsiE⁴²⁻⁵⁵tsin¹¹⁻⁵⁵ 纸钱

三骹钱 san⁴⁴kʰa⁴⁴tsin¹¹⁻⁴⁴ 每张纸按三份撕成的"巾"字形纸钱

五骹钱 ŋu²¹³⁻⁵⁵kʰa⁴⁴tsin¹¹⁻⁴⁴ 每张纸按五份撕成的纸钱，比"巾"字左右各多出一条纸片

墿头钱 tu²¹³⁻⁴⁴（tʰ-）lau¹¹tsin¹¹ 为无人敬奉的孤魂野鬼准备的纸钱

金元宝 kin⁴⁴ŋun¹¹pɔ⁴² 金色的蜡光纸包成的元宝

银元宝 ŋøn¹¹ŋun¹¹pɔ⁴² 银色的蜡光纸包成的元宝

第十六节 交际

□起 yuk⁵kʰei⁴² 起床

洗手 sE⁴²⁻⁵⁵tsʰeu⁴²

洗面 sE⁴²⁻⁵⁵min³⁵ 洗脸

洗喙 sE⁴²⁻⁵⁵tsʰy³⁵ 刷牙

漱喙 son³⁵⁻⁵⁵（tsʰ-）ny³⁵ 漱口

□头 liu¹¹tʰau¹¹ 梳头

辫头发 pin²¹³⁻⁴⁴tʰau¹¹ut⁵ 梳辫子

梳头□ sœ⁴⁴tʰau¹¹nɔk¹ 梳髻

梳长头 sœ⁴⁴tɔŋ¹¹tʰau¹¹ 将头发盘成长条状

铰指甲 ka⁴⁴tsei⁴²⁻⁵⁵（k-）ŋak⁵ 剪指甲

扒耳 pa¹¹ŋEi²¹³ 掏耳朵

洗浑身 sE⁴²⁻⁵⁵mun¹¹（s-）nin⁴⁴ 洗澡
  洗汤 sE⁴²⁻⁵⁵tʰoŋ⁴⁴

拭浑身 tsʰek⁵mun¹¹（s-）nin⁴⁴ 擦澡

拉尿 na¹¹niu²¹³ 小便（动词）

拉屎 na¹¹sai⁴² 大便（动词）

晾凉 lɔŋ³⁵⁻⁵⁵lyuŋ¹¹ 乘凉

曝晴 pʰuk¹saŋ¹¹ 晒太阳

炙火 tsyuk⁵xøy⁴² 烤火（取暖）

炬火 kEu²¹³xøy⁴² 点灯

过 u³⁵ 熄灯

歇 xyt⁵ 休息一会儿

□ tsʰøn⁴² 打盹

擘喙 pak⁵tsʰy³⁵ 打哈欠

爱睏 øy³⁵⁻⁴⁴kʰon³⁵ 困了，想睡觉

讨睏 tʰɔk⁴²⁻⁴⁴kʰon³⁵

舒床 tsʰy⁴⁴tsʰɔŋ¹¹ 铺床

□倒 œ⁴²tɔ⁴² 躺下

睏了 kʰon³⁵lo⁰ 睡着了

鼾 xan¹¹ 打呼

睏𣍐去 kʰon³⁵⁻⁴⁴mE²¹³⁻⁴⁴（kʰ-）y³⁵ 睡不着

睏昼 kʰon³⁵⁻⁵⁵tau³⁵ 睡午觉

面向天 min³⁵⁻⁴⁴（x-）yuŋ³⁵⁻⁴⁴tʰin⁴⁴ 仰面睡

起刀 kʰiɛ³⁵⁻⁴⁴toʔ⁴⁴ 侧着睡
覆个睏 pʰokˀ⁵ɛ⁰kʰon³⁵ 趴着睡
　　□烂覆 ka¹¹lan²¹³pʰokˀ⁵
脰管邦硬 tau²¹³⁻⁴⁴ønʔ⁴²paŋ⁴⁴ŋœn²¹³ 落枕
抽筋 tʰiu⁴⁴kyn⁴⁴ 抽筋了
　　筋收去 kyn⁴⁴seu⁴⁴kʰy⁰
做梦 tso³⁵⁻⁴⁴møŋ³⁵ 做梦
□眠讲 kun¹¹men¹¹kɔŋʔ⁴² 说梦话
魔嗒去 maiʔ⁴²takˀ⁵uʔ⁰ 魔住了
透天光 tʰau³⁵⁻⁴⁴tʰin⁴⁴kuŋ⁴⁴ 熬夜
做毛 tso³⁵notˀ⁵ 下地（去地里干活）
做工 tso³⁵⁻⁴⁴køŋ⁴⁴ 上工
　　做式 tso³⁵⁻⁵⁵sikˀ⁵
收工 siu⁴⁴køŋ⁴⁴ 收工
赚工 tʰin³⁵køŋ⁴⁴ 打工
前去 sɛn¹¹nuʔ⁰ 出去了
出门 tsʰukˀ⁵mun¹¹⁻⁵⁵ 外出打工
倒厝去 to³⁵tsʰu³⁵uʔ⁰ 回家了
环街中 kʰuɔn¹¹kɛ⁴⁴(t-)lɔŋ⁴⁴ 逛街
环蜀下 kʰuɔn¹¹si¹¹aʔ²¹³⁻⁴⁴ 散步
猎 latˀ¹ 闲逛
拍官司 pʰakˀ⁵kuɔn⁴⁴(s-)ni⁴⁴ 打官司
告状 ko³⁵(ts-)ɔŋ²¹³ 告状（动宾）
学嗲 okˀ¹tsʰy³⁵ 告状，说人闲话
状书 tsɔŋ²¹³⁻⁴⁴tsy⁴⁴ 状子
问案 mun⁴²⁻⁵⁵nan³⁵
证明侬 tsiŋ³⁵⁻⁵⁵mɔŋ¹¹nœŋ¹¹ 证人
侬证 ien¹¹tsiŋ³⁵ 人证
物证 okˀ¹tsiŋ³⁵

家事 ka⁴⁴soʔ²¹³ 家务事（清官难断~）
律师 lotˀ¹su⁴⁴
承认 seŋ¹¹nen²¹³ 招认
　　招 tsiu⁴⁴
罚款 xuɐ(-t)¹⁻⁴⁴kʰuɔn⁴²
治头 tʰai¹¹tʰau¹¹ 斩首
枪毙 tsʰyɔŋ⁴⁴pɛi²¹³
　　食枪子 tsʰiɛkˀ¹tsʰyɔŋ⁴⁴tsei⁴²
法绑 xuɔtˀ⁵pɔŋʔ⁴² 斩条（插在死囚背后
　　验明正身）
受刑罚 seu²¹³⁻⁴⁴xeŋ¹¹xuɔtˀ⁵ 拷打
拍板 pʰakˀ⁵pɛnʔ⁴² 打屁股（旧时刑罚）
戴枷 tai³⁵⁻⁵⁵kiɛ¹¹ 上枷
驮枷 tɔ¹¹kiɛ¹¹
手铐 tsʰeu⁴²⁻⁴⁴kʰo³⁵
铁链 tʰitˀ⁵lin²¹³ 脚镣
缚起 pukˀ¹kʰi⁴² 绑起来
关起 kun⁴⁴kʰi⁴² 囚禁起来
坐监房 sɒi²¹³kan⁴⁴pɔŋ¹¹⁻⁴⁴ 坐牢
　　食砵团饭 tsʰiɛkˀ¹puɔtˀ⁵⁻⁴kiɛn⁴²⁻⁴⁴maŋ³⁵
偷走 tʰau⁴⁴tsauʔ⁴² 越狱
立字 lekˀ¹tsɛi²¹³ 立字据
压指头印 etˀ⁵tsei⁴²⁻⁵⁵(tʰ-)nau¹¹⁻⁴⁴in³⁵
　　按手印
缴税 kɛu⁴²⁻⁵⁵sui³⁵ 捐税
塍租 tsʰɛn¹¹tsu⁴⁴ 地租
厝租 tsʰu³⁵⁻⁵⁵tsu⁴⁴ 房租
粟租 tsʰukˀ⁵tsu⁴⁴ 用稻谷交的租
塍契 tsʰɛn¹¹kʰi³⁵ 田契

执照 tsik⁵tsiu³⁵
通告 tʰuŋ⁴⁴（k-）ŋo³⁵ 告示
证明条 tseŋ³⁵⁻⁵⁵meŋ¹¹tɛu¹¹ 路条
　　墶条 tu²¹³⁻⁴⁴tɛu¹¹
公章 kuŋ⁴⁴tsyɔŋ⁴⁴ 印（官方图章）
印 in³⁵ 个人印章
交代 kau⁴⁴tai²¹³ 把经手事务移交给接
　　替的人
传票 tuŋ¹¹pʰiau³⁵
上任 syuŋ²¹³⁻⁴⁴ien²¹³
撤职 tsʰɛk⁵tsik⁵ 卸任
慢慢行 mɛŋ²¹³⁻⁴⁴mɛŋ²¹³⁻⁴⁴kiaŋ¹¹ 慢走
　　（主人说的客气话）
麻烦汝了啊 ma¹¹xuɔn¹¹nou⁴²xa³⁵ 谢谢
无毛 mɔ¹¹（n-）ɔk⁵ 不客气
尽侬个凑兜来 tsen²¹³nœŋ¹¹i⁰tsʰeu³⁵
　　tau⁴⁴lɛi¹¹ 七拼八凑
办酒 pɛŋ²¹³⁻⁴⁴tseu⁴² 摆酒席
　　讨酒 tʰɔ⁴²⁻⁵⁵tseu⁴²
蜀桌酒 si¹tɔk⁵tseu⁴² 一桌酒席
帖 tʰɛt⁵ 请帖
放帖 poŋ³⁵⁻⁵⁵tʰɛt⁵ 下请帖
大本帖 tuɔ²¹³⁻⁴⁴puɔn⁴²⁻⁵⁵tʰɛt⁵ 送给尊贵
　　的亲人的请帖
便帖 pin²¹³⁻⁴⁴tʰɛt⁵ 一般的请帖
便饭 pin²¹³⁻⁴⁴maŋ³⁵ 小型宴席
讨酒 tʰɔ⁴²⁻⁵⁵tseu⁴²⁻⁵⁵ 办大型宴席
煴肉昼 uŋ⁴⁴nøuk¹⁻⁴tau³⁵ 正式宴请前的
　　午餐，一般有一块染成红色的四
　　两重的肉块
三碗菜 san⁴⁴uɔn⁴²⁻⁵⁵tsʰai³⁵ 正酒之前的第
　　一餐是目鱼、魔芋、笋干三碗菜
正酒 tsiaŋ³⁵⁻⁵⁵tseu⁴² 正式宴请
妇女酒 xu²¹³⁻⁴⁴ny⁴²⁻⁵⁵tseu⁴² 妇人宴，正
　　酒女性不上桌，第三顿再办女性
　　的酒宴
食前桌 tsʰiɛk¹sɛn¹¹tɔk⁵ 酒宴正式上桌
　　吃饭
食后桌 tsʰiɛk¹au²¹³tɔk⁵ 正酒结束后，在
　　厨房里忙活的人吃的第二轮
帮厨 poŋ⁴⁴tɔu¹¹⁻⁴⁴ 在厨房帮忙的
谢厨倌 xiɛ²¹³⁻⁴⁴tou¹¹kuɔn⁴⁴ 感谢厨师、
　　帮手和倒酒的等若干人的宴请
丧饭 soŋ⁴⁴maŋ³⁵ 丧事的酒宴
白肉 pa（-k）¹⁻⁴⁴nøuk¹ 猪去除内脏后
　　的肉
生无肉 saŋ⁴⁴mɔ¹¹nøuk¹ 丧宴上用的猪肉
红包 œŋ¹¹（p-）mau⁴⁴
写包底 siɛ⁴²pau⁴⁴tɛ⁴² 在红包背面写上
　　祝福语、金额和署名
贺仪 xɔ²¹³⁻⁴⁴ŋɛi¹¹ 祝贺结婚写包底用语
微仪 mɛi¹¹ŋɛi¹¹
菲仪 pʰi⁴⁴ŋɛi¹¹
花烛之庆 xuɔ⁴⁴tsuk⁵tsi⁴⁴kʰeŋ³⁵
新婚之庆 sinʰun⁴⁴tsi⁴⁴kʰiŋ³⁵
新婚志喜 sinʰun⁴⁴tsi³⁵xi⁴²
粉仪 xøn⁴²ŋɛi¹¹ 祝贺出嫁写包底用语
指仪 tsi⁴²ŋɛi¹¹

于归之庆 y⁴²kui⁴⁴tsi⁴⁴kʰiŋ³⁵
粉黛 xøn⁴²⁻⁵⁵tai²¹³
光仪 kuŋ⁴⁴ŋɛi¹¹ 祝寿写包底用语
五旬之庆 ŋou²¹³son¹¹tsi⁴⁴kʰiŋ³⁵ 祝五十寿写包底用语
花甲之庆 xuɔ⁴⁴kak⁵tsi⁴⁴kʰiŋ³⁵ 祝六十寿写包底用语
古稀之庆 ku⁴²xi⁴⁴tsi⁴⁴kʰiŋ³⁵ 祝七十寿写包底用语
弄玉之庆 lœŋ²¹³ŋuk¹tsi⁴⁴kʰiŋ³⁵ 祝女孩满月写包底用语
弄瓦之庆 lœŋ²¹³⁻⁴⁴uɔ²¹³tsi⁴⁴kʰiŋ³⁵ 祝男孩满月写包底用语
晬盘之庆 tsøy³⁵puɔn¹¹tsi⁴⁴kʰiŋ³⁵ 祝小孩周岁写包底用语
上梁之敬 syuŋ²¹³lyuŋ¹¹tsi⁴⁴kʰiŋ³⁵ 贺建新房的写包底用语
华构之庆 xuɔ¹¹kɛu²¹³tsi⁴⁴kʰiŋ³⁵
华堂之庆 xuɔ¹¹toŋ¹¹tsi⁴⁴kʰiŋ³⁵
华厦之庆 xuɔ¹¹xa²¹³tsi⁴⁴kʰiŋ³⁵
乔迁之庆 kiu¹¹tsʰin⁴⁴tsi⁴⁴kʰiŋ³⁵ 贺乔迁的写包底用语
乔迁志喜 kiu¹¹tsʰin⁴⁴tsi³⁵xi⁴²
白包 pak¹pau⁴⁴ 丧事的包的红包
奠仪 tɛn²¹³ŋɛi¹¹ 悼念逝者的包底用语
香仪 xyɔŋ⁴⁴ŋɛi¹¹
吊仪 tiu³⁵ŋɛi¹¹
挽仪 uɔn⁴²ŋɛi¹¹ 贺做墓的包底用语
荣葬之庆 ioŋ¹¹tsoŋ³⁵tsi⁴⁴kʰiŋ³⁵ 贺墓建成

的包底用语
牛眠之庆 ŋu¹¹men¹¹tsi⁴⁴kʰiŋ³⁵
百子千孙 pak⁵tsu⁴²tsʰɛn⁴⁴son⁴⁴
坐桌去 sɒi²¹³tɔk⁵u⁰ 入席
上桌 syuŋ²¹³⁻⁴⁴tɔk⁵
大位 tuɔ²¹³⁻⁴⁴uoi²¹³ 八仙桌左右边中间的位子，首席位子
嫩位 nɔn²¹³uoi²¹³ 八仙桌的其他位子
拘淡 ky⁴⁴tan²¹³ 定谁坐首席以及吃菜时大家要相互推让
拘礼 ky⁴⁴lɛ⁴²
驮菜 tɔ¹¹tsʰai³⁵ 上菜
漀酒 kʰen¹¹tseu⁴² 斟酒
啜焦去 tsʰuk⁵ta⁴⁴u⁰ 干杯
猜谜 tsʰai⁴⁴mui¹¹⁻⁴⁴ 行酒令
合得否 kak⁵li⁰mai³⁵（他们俩人）不和
冤家 uŋ⁴⁴（k-）ŋa⁴⁴
冤枉 uŋ⁴⁴uɔŋ⁴² 冤枉，冤屈
斗讲 tau³⁵⁻⁵⁵kɔŋ⁴² 插嘴
斗夺 tau³⁵⁻⁵⁵tɔt¹ 争夺
无毛讲蜀只毛 mo¹¹（n-）ok⁵kɔŋ⁴²iɛk⁵nok⁵ 吹毛求疵
乎书 xou¹¹tsy⁴⁴ 合乎规则
假奇特 ka⁴²⁻⁵⁵ki¹¹（t-）œok¹ 摆架子
假屎溜 ka⁴²⁻⁴⁴pɛ⁴⁴liu⁴⁴
假愚 ka⁴²⁻⁵⁵kʰœ¹¹ 装傻
出洋相 tsʰuk⁵yuŋ¹¹syuŋ³⁵
无形依 mo¹¹（x-）eŋ¹¹nœn¹¹ 丢人
适适□个事 tei⁻⁵⁵tei⁴²tsoŋ⁻⁵⁵na⁰sou²¹³ 新

鲜事

夹壳个事 ka(-k)$^{1-44}$k^{h}øuk^{5}ɛ^{0}sou^{213} 麻烦事

厝里个事 ts^{h}u$^{35-55}$li^{42}ɛ^{0}sou^{213} 家务事

过德个事 ku$^{35-55}$tɛk^{5}sou^{213} 亏心事

奇□个事 ki^{11}liu^{213}ŋa^{5}sou^{213} 蹊跷

头门 t^{h}au^{11}mun^{11} 头绪

音信 in^{44}(s-)nin^{35} 消息，音信

喙活 ts^{h}y$^{42-55}$xuot^1 口才好

势冒 si^{35}mɔ^{213} 架势

气力 k^{h}y$^{35-55}$let$^{1-5}$ 力气

拳头 kon^{11}(t^h-)nau^{11} 武功

把握 pa$^{42-55}$puk^5

运气 uon$^{213-44}$k^{h}i^{35} 运气（分好坏）

食禄 ts^{h}iɛk^{1}lok^1 口福

假八传 ka$^{42-55}$pu^{-55}lyn^{53} 假装知道

假獪八传 ka$^{42-55}$mu^{35}lyn^{53} 假装不知道

假死 ka$^{42-55}$sei^{42}

跶遛 t^{h}ak^{5}liu^{11} 串门

假好 ka$^{42-55}$xɔ^{42} 拉近乎

睋得起 e^{35}lik^{5}k^{h}ei^{42} 看得起

看獪起 e^{35}mɛ$^{213-44}$k^{h}ei^{42} 看不起

答应 tak$^{5-4}$in^{35} 答应

唔答应 ŋ$^{213-44}$tak$^{5-4}$in^{35} 不答应

有够算 o$^{213-44}$kau$^{35-55}$(s-)lon^{35} 划算

无够算 mɔ^{11}kau$^{35-55}$(s-)lon^{35} 不划算

惜 syk^5 接吻

抱 pɔ^{213} 拥抱

褒赏 pɔ^{44}syɔŋ^{42} 夸奖

包食焦 pau^{44}siɛ(-k)$^{1-44}$ta^{44} 占便宜

讲否话 kɔŋ$^{42-55}$mai^{35}uɔ^{213} 说坏话

喙斗□掉 ts^{h}y^{35}tau^{42}lœ^{11}lik^5 强词夺理

谴 ts^{h}an^{42} 指责

股后讲否话 kun$^{42-55}$nau^{213}kɔŋ^{42}mai$^{35-55}$uɔ^{213} 背后说坏话

无事撩事 mo^{11}sou^{213}lɛu^{11}sou^{213} 搬弄是非

帮侬讲话 pɔŋ^{44}nœn^{11}kɔŋ$^{42-55}$uɔ^{213} 说情

蛮跶遛 man^{11}t^{h}ak^{5}liu$^{11-55}$ 开玩笑

得罪 tɛk^{5}tsɒi^{213}

撩 lɛu^{11} 招惹

艬头 t^{h}in$^{35-55}$(t^h-)au^{11} 帮忙

搭救 tak^{5}keu^{35}

吼侬艬头 xau^{35}nœn^{11}t^{h}in$^{35-55}$(t^h-)au^{11} 搬救兵

舍惠 siɛ$^{42-44}$xi^{35} 施惠

无钱舍惠，放水流墿 mo^{11}tsin^{11}siɛ$^{42-44}$xi^{35}，puŋ$^{35-55}$tsøy^{42}lau^{11}tu^{213} 形容可以没有钱，但别干坏事

积德 tsik^{5}tɛk^5

操掉 ts^{h}au^{44}li^0 散伙

做堆 tso$^{35-55}$toi^{44} 一起

合起过 kak^{5}k^{h}ei^{42}ku^{35} 一起讨生活

合来过 xak^{1}lɛi^{11}ku^{35}

合作 xa(-k)$^{1-44}$tsok^5

獪合作 mɛ$^{213-44}$xa(-k)$^{1-44}$tsok^5 不合作

合做堆 xak^{1}tso$^{35-55}$toi^{44} 撮合

作对 tso$^{35-55}$tøy^{35} 对抗

摊派 t^{h}an^{44}p^{h}ai^{35} 凑份子

徒赖 tʰu¹¹lai²¹³ 提无理要求

唔放下 m²¹³⁻⁴⁴poŋ³⁵⁻⁵⁵ŋa²¹³ 纠缠，不放过

逐 tøuk¹ 催，赶追 tui⁴⁴

逼 pit⁵ 逼迫

监督 kan³⁵⁻⁵⁵tuk⁵

使嗾 sai⁴²⁻⁵⁵tsʰy³⁵ 指使

容 ioŋ¹¹ 怂恿

骗 pʰin³⁵

痴磨 tsʰi⁴⁴mɔ²¹³ 折磨

坠闷 tʰui³⁵⁻⁵⁵mun²¹³ 便秘一般难受的感觉

绷栓 paŋ⁴⁴soŋ⁴⁴ 影响、阻碍

尴尬 kaŋ⁴⁴（k-）ŋai³⁵

有面子 o²¹³⁻⁴⁴min³⁵⁻⁵⁵tsy⁴²

无形侬 mɔ¹¹（x-）eŋ¹¹nœŋ¹¹ 丢脸
无面子 mɔ¹¹min³⁵⁻⁵⁵tsy⁴²

讲话有算数 kɔŋ⁴²⁻⁵⁵uɔ²¹³o²¹³⁻⁴⁴son³⁵⁻⁵⁵（s-）no²¹³ 守信用

礼数 lɛ⁴²⁻⁵⁵（s-）u³⁵ 礼数周全

乞侬麻烦 kʰyʔ⁵nœŋ¹¹ma¹¹xuɔn¹¹ 使人为难

乞侬乏 kʰyʔ⁵nœŋ¹¹xœok¹ 使人白辛苦

弄侬斥 lœŋ²¹³ny⁴²tsʰɛk⁵ 使人生气

猪肚反转就是屎 ty⁴⁴to²¹³pɛn⁴²⁻⁵⁵tøn⁴²to⁰（s-）li²¹³⁻⁴⁴sai⁴² 翻脸

反面 pɛn⁴²⁻⁵⁵min³⁵

断墿 tɔn²¹³⁻⁴⁴tu²¹³ 断交

墿中石掘掉 tu²¹³⁻⁴⁴（t-）loŋ⁴⁴tsʰyʔ¹kot¹li⁰

墿中石悬有侬踢 tu²¹³⁻⁴⁴loŋ⁴⁴tsʰyʔ¹kɛn¹¹ou²¹³⁻⁴⁴nœŋ¹¹tʰik⁵ 劝诫他人做事莫嚣张

□来□来 ŋin¹¹lɛi¹¹ŋin¹¹lɛi¹¹ 黏人

礼数还侬 lɛ⁴²⁻⁵⁵（s-）u³⁵xɛn¹¹nœŋ¹¹ 应酬

过□去 ku³⁵⁻⁵⁵lɔn²¹³u⁰ 敷衍
□□蛮过论去 ka¹¹lan³⁵maŋ¹¹ku³⁵⁻⁵⁵lɔn²¹³u⁰

假好意 ka⁴²⁻⁴⁴xɔ⁴²⁻⁴⁴i³⁵ 虚与委蛇

由伊做 ieu¹¹⁻⁴⁴tso³⁵ 放任
在伊 tsai²¹³i⁴⁴

睬 tsʰai⁴² 搭理

唔插伊事 n²¹³⁻⁴⁴tsʰak⁵i⁴⁴sou²¹³ 不搭理

拾帮 kʰak⁵poŋ⁴⁴ 聚会

见面 kin³⁵⁻⁴⁴min³⁵ 会面

碰着 pʰɔŋ²¹³tyk¹ 遇见
碰着头 pʰɔŋ²¹³tyk¹（tʰ-）au¹¹

无形侬 mɔ¹¹（x-）eŋ¹¹nœŋ¹¹ 害羞

惜 syk⁵ 宠爱

顺伊 son²¹³i⁴⁴ 迁就

为蜀爿 uoi²¹³s（-ok）i¹⁻⁴⁴pɛn⁴² 偏袒

假细腻 ka⁴²⁻⁴⁴siɛ²¹³⁻⁵⁵nɛi²¹³ 讨好

两头翘 laŋ²¹³（tʰ-）nau¹¹kʰiu³⁵ 两面讨好
两爿好 laŋ²¹³pɛn¹¹xɔ⁴²

呵卵脬 xœ¹¹ni⁻⁴⁴（pʰ-）ma⁴⁴ 拍马屁，巴结

凑闹热 tsʰeu³⁵⁻⁴⁴nau²¹³⁻⁴⁴it¹ 看热闹
呻 tsʰɛn⁴⁴ 呻吟
短命乇 tøy⁴²⁻⁵⁵miaŋ²¹³⁻⁴⁴nɔk⁵ 骂小孩短命
　　短命囝 tøy⁴²⁻⁵⁵miaŋ²¹³⁻⁴⁴kiɛn⁴²
　　短命鬼 tøy⁴²⁻⁵⁵miaŋ²¹³⁻⁴⁴（k-）ŋøy⁴²
痘驮去 tau²¹³tɔ¹¹u⁰ 骂小孩短命，出水痘而死
　　痘囝驮去 tau²¹³⁻⁴⁴（k-）iɛn⁴²tɔ¹¹u⁰
畚箕揭去 pun³⁵⁻⁵⁵（k-）ŋi⁴⁴kiɐk¹u⁰ 骂小孩短命。旧时埋葬小孩时用畚箕装起，锄头扛走
　　畚箕覆去 pun³⁵⁻⁵⁵（k-）ŋi⁴⁴pʰok⁵u⁰
四对板着去 si³⁵tøy³⁵pɛn⁴²tyk⁵u⁰ 骂小孩短命。十几岁小孩死去用四块木板装订成棺材埋葬
出瘼赡死出痘死 tsʰok⁵muɔ¹¹mɛ²¹³⁻⁴⁴si⁴²tsʰok⁵tau²¹³sei⁴² 骂小孩短命，若麻疹不死就咀咒出水痘死
白柴□去 pa(-k)¹⁻⁴⁴tsʰa¹¹tʰeŋ¹¹u⁰ 诅咒人去死。三四十岁死去
六格゠板着去 lœok¹kak⁵pɛn⁴²tyk⁵u⁰ 诅咒人去死。三四十岁死去用六块木板装订成棺材埋葬
赤痢驮去 tsʰiɛ³⁵⁻⁵⁵lɛi²¹³tɔ¹¹u⁰ 诅咒痢疾而死
黄病拍去 uŋ¹¹paŋ²¹³pʰak⁵u⁰ 诅咒得急性肝炎而死
雷拍掉 lai¹¹pʰak⁵lik⁰ 五雷轰顶
半壆死 puɔn³⁵⁻⁵⁵tu²¹³sei⁴² 诅咒不得好死

倒菅头 tɔ⁴²⁻⁵⁵kan⁴⁴（tʰ-）nau⁴⁴ 死在草丛里，诅咒不得好死
枪拍掉 tsʰyɔŋ⁴⁴pʰak⁵lik⁰ 诅咒不得好死
土匪治掉 tʰu⁴²⁻⁵⁵xi⁴²⁻⁵⁵tʰai⁵tik⁰ 被土匪杀害
无侬做 mɔ¹¹nœn¹¹tso³⁵ 死去，委婉说法
无阵做头倒 mɔ¹¹ten¹¹tso³⁵tʰau¹¹to⁴² 没有人做第一次（他竟然敢做）
翘□□ kʰiu³⁵kʰɔk¹lɔk¹ 死去
伺囝死掉 tsʰi³⁵⁻⁵⁵kiɛn⁴²sei⁴²li 辱骂妇女生孩子死去
卵戳汝喙 nɒi¹¹tsʰok⁵nou⁴²tsʰoi³⁵ 想得美
卵乞汝吮 nɒi¹kʰik⁵nou⁴²sun²¹³
屎乞汝□ pɛ⁴⁴ kʰik⁵nou⁴²lɛt⁵
忖得快活去 tsʰon¹¹ɛk⁵kʰeu³⁵⁻⁵⁵uɔt¹⁻⁴kʰu⁰
招牌 tsiu⁴⁴pɛ¹¹
广告 kuɒŋ⁴²⁻⁴⁴（k-）ŋo³⁵
做生意 tso³⁵⁻⁴⁴seŋ⁴⁴ŋi³⁵
百货 pa(-k)⁵⁻⁵⁵xu³⁵ 百货店
米岫 mei⁴²⁻⁵⁵siu³⁵ 粮店
硋店 xai¹¹ten³⁵ 瓷器店
剃头店 tʰi³⁵tʰau¹¹ten³⁵ 理发店
□窟毛 kʰau¹¹kʰu⁻⁵⁵mɔ¹¹⁻⁵⁵ 刮脸
□喙鬚 kʰau¹¹tʰsy³⁵（s-）liu⁴⁴ 刮胡子
肉店 nou(-k)¹ten³⁵ 肉铺
治猪 tʰai¹¹ty⁴⁴ 杀猪
油行 ieu¹¹xɔŋ¹¹ 卖油店
当店 tɒŋ³⁵⁻⁵⁵ten³⁵ 当铺
租厝 tsu⁴⁴tsʰu³⁵ 租房子

煤球 mui¹¹keu¹¹ 蜂窝煤
开店门 kʰui⁴⁴ten³⁵mun¹¹ 开业
关门 kun⁴⁴mun¹¹⁻⁴⁴ 停业
生意好 seŋ⁴⁴i³⁵xɔ⁴² 买卖好
生意差 seŋ⁴⁴i³⁵tsʰa⁴⁴ 买卖清淡
工钱 køŋ⁴⁴tsin¹¹⁻⁴⁴
本钱 puɔn⁴²⁻⁵⁵tsin¹¹⁻⁵⁵
赚钱 tʰin³⁵tsin¹¹
蚀本 sik¹puɔn⁴² 亏本
墿费 tu²¹³⁻⁴⁴xi³⁵ 路费
利息 li³⁵⁻⁵⁵sik⁵
  息钱 sik⁵tsin¹¹
押金 at⁵kin⁴⁴
开支 kʰui⁴⁴tsi⁴⁴ 开销
发票 xuɔt⁵pʰiau³⁵
碎钱 tsʰøy³⁵⁻⁵⁵tsin¹¹⁻⁵⁵ 零钱
钞票 tsʰau⁴⁴pʰiau³⁵
番钱角 xuɔn⁴⁴tsin¹¹（k-）ŋouk⁵ 硬币
铜片 tœŋ¹¹（pʰ-）min³⁵ 铜板
龙番 loŋ¹¹（x-）ŋuɔn⁴⁴ 银圆
银角 ŋøn¹¹（k-）ŋøuk⁵ 小银圆
蜀分钱 sik¹xun⁴⁴tsin¹¹⁻⁴⁴ 一分钱
蜀角钱 sik¹køuk⁵tsin¹¹ 一角钱
蜀对钱 sik¹tøy³⁵⁻⁵⁵tsin¹¹ 一块钱
十对钱 set¹tøy³⁵⁻⁵⁵tsin¹¹ 十块钱
蜀百对（钱）sik¹pak⁵tøy³⁵（tsin¹¹）
  一百块钱
蜀张票 sik¹tyuŋ⁴⁴piau³⁵ 一张票子
  （钞票）

蜀片 sik¹pʰin³⁵ 一个铜子儿
成了 tsʰiaŋ¹¹li⁰ 包圆，剩下的全部买了
算盘 son³⁵（p-）muɔn¹¹
算盘子 son³⁵（p-）muɔn¹¹ 算盘珠子
番团码 xuɔn⁴⁴（k-）ŋiɛn⁴²⁻⁵⁵ma⁴² 苏州
  码子
  柴码字 tsʰa¹¹ma⁴²⁻⁵⁵tsɛi²¹³
  柴头字 tsʰa¹¹tʰau¹¹tsɛi²¹³
天平 tʰin⁴⁴（p-）maŋ¹¹
厘戥 lɛ¹¹tiŋ⁴² 戥子（等子）
秤 tsʰin³⁵ 秤
够 kau³⁵（称物时）秤尾高
悬 xɛn¹¹（称物时）秤尾低
□ kʰau¹¹ 刮板
铁墿 tʰit⁵tu²¹³ 铁路
铁轨 tʰit⁵køy⁴²
火车 xøy⁴²⁻⁴⁴（tsʰ-）iɛ⁴⁴
火车站 xøy⁴²⁻⁴⁴（tsʰ-）iɛ⁴⁴tsan²¹³
马路 ma⁴²⁻⁵⁵tu²¹³ 公路
汽车 kʰi³⁵⁻⁴⁴（tsʰ-）iɛ⁴⁴
客车 kʰak⁵（tsʰ-）iɛ⁴⁴ 客车（指汽车的）
货车 xu³⁵（tsʰ-）iɛ⁴⁴ 货车（指汽车的）
公交车 kuŋ⁴⁴（k-）ŋau⁴⁴（tsʰ-）iɛ⁴⁴
小车 siau⁴²⁻⁵⁵（tsʰ-）iɛ⁴⁴ 小轿车
摩托车 mɔ¹¹（tʰ-）ɔk⁵（tsʰ-）iɛ⁴⁴
吊车 tiu³⁵⁻⁴⁴tsʰiɛ⁴⁴ 起重机
勾机 kau⁴⁴ki⁴⁴ 挖土机
铲车 tsʰan⁴²⁻⁵⁵（tsʰ-）iɛ⁴⁴ 铲土车
搅拌机 kau⁴⁴puɔn²¹³（k-）ŋi⁴⁴ 搅拌机

拖拉机 tuɔ⁴⁴la⁴⁴ki⁴⁴ 拖拉机
秤䄻机 puɔn²¹³⁻⁴⁴teu²¹³⁻⁴⁴ki⁴⁴ 脱粒机
三轮客 san⁴⁴lon¹¹（kʰ-）ŋak⁵ 载人的三轮车
三轮车 san⁴⁴loŋ¹¹（tsʰ-）iᴇ⁴⁴ 拉货的三轮车
斗车 tau⁴²⁻⁵⁵（tsʰ-）iᴇ⁴⁴ 拉水泥浆的独轮车
板车 pᴇɴ⁴²⁻⁵⁵（tsʰ-）iᴇ⁴⁴ 木制二轮车
电瓶车 tiᴇɴ²¹³⁻⁴⁴pen¹¹（tsʰ-）iᴇ⁴⁴ 电瓶车
骹踏车 kʰa⁴⁴（t-）la¹⁻⁴⁴tsʰiᴇ⁴⁴ 自行车
篷 pʰoŋ¹¹
桅杆 uoi¹¹kan⁴⁴ 桅杆
舵 tɔ¹¹
橹 lou⁴²
桨 tsyɔŋ⁴²
篙 ko⁴⁴
跳板 tʰeu³⁵⁻⁵⁵pᴇɴ⁴² 跳板（上下船用）
帆船 pʰoŋ¹¹son¹¹
渔船 ŋᴇu¹¹son¹¹
讨鱼 tʰɔ⁴²⁻⁵⁵ŋᴇu¹¹⁻⁵⁵ 打渔

讨海 tʰɔ⁴²⁻⁵⁵xai⁴² 出海
过渡 ku³⁵⁻⁵⁵tɔ²¹³ 过摆渡（坐船过河）
撑排 tʰaŋ⁴⁴pᴇ¹¹ 撑竹排
排 pᴇ¹¹
竹排 tyʊk⁵pᴇ¹¹
柴排 tsʰa¹¹pᴇ¹¹ 木排
浮桥 pʰɔu¹¹kiu¹¹
厝桥 tsʰu³⁵kui¹¹ 廊桥
拱桥 køŋ⁴²kiu¹¹
石桥 tsʰyʔ¹kiu¹¹ 条石桥
柴桥 tsʰa¹¹kiu¹¹ 木桥
吊桥 tᴇu³⁵⁻⁵⁵kiu¹¹
桥洞 kiu¹¹tœŋ²¹³ 桥洞
桥骹 kiu¹¹kʰa⁴⁴ 桥墩
桥头 kiu¹¹tʰau¹¹
桥厝 kiu¹¹tsʰu³⁵ 桥上的建筑
桥面 kiu¹¹min³⁵
桥亭 kiu¹¹teŋ¹¹ 桥头盖的亭子
渡头 tɔu²¹³⁻⁴⁴（tʰ-）lau¹¹
码头 ma⁴²⁻⁵⁵（tʰ-）lau¹¹

第十七节 文化教育

学堂 xɔ(-k)¹⁻⁴⁴tɔŋ¹¹ 学校
去读书 kʰy³⁵tʰœo(-k)¹⁻⁴⁴tsy⁴⁴ 上学（开始上小学）
去学堂 kʰy³⁵xɔk¹tɔŋ¹¹ 上学（去学校上课）

去上堂 kʰy³⁵syuŋ²¹³⁻⁴⁴tɔŋ¹¹
放昼 poŋ³⁵⁻⁴⁴tau³⁵ 上午放学
放暝 poŋ³⁵⁻⁴⁴maŋ¹¹ 下午放学
偷走塢 tʰau⁴⁴tsau⁴²⁻⁵⁵tu²¹³ 逃学
幼儿园 iu³⁵⁻⁵⁵ᴇi¹¹un¹¹

托儿所 tʰok⁵ɛi¹¹sɛ⁴²

私塾 su⁴⁴sok¹

学费 xɔk¹xi³⁵

放满 poŋ³⁵muɔn⁴² 放假

上满 syuŋ²¹³⁻⁴⁴muɔn⁴² 开学

请假 tsʰaŋ⁴²⁻⁴⁴（k-）ŋa³⁵

教室 kau³⁵（s-）lik⁵

上堂 syuŋ²¹³⁻⁴⁴（t-）nɔŋ¹¹ 上课

下堂 a²¹³⁻⁴⁴（t-）lɔŋ¹¹ 下课

讲台 kɔŋ⁴²⁻⁵⁵tai¹¹

黑板 xøut⁵pɛn⁴²

粉笔 xøn⁴²⁻⁵⁵（p-）mit⁵

黑板絮 xøut⁵⁻⁴pɛn⁴²⁻⁴⁴tsʰø³⁵ 板擦

点名簿 tɛn⁴²⁻⁵⁵miaŋ¹¹pu²¹³ 点名册

戒尺 kai³⁵⁻⁵⁵tsʰyk⁵

笔记簿 pit⁵ki³⁵pu²¹³ 作笔记本

书册 tsy⁴⁴tsʰa⁵ 课本

铅笔 yn¹¹pit⁵

□絮 nɛn¹¹（tsʰ-）nø³⁵ 橡皮

铅笔车 yn¹¹pit⁵tsʰiɛ⁴⁴ 铅笔刀（指旋着削的那种）

刀囝 to⁴⁴（k-）iɛn⁴² 小刀

圆规 in¹¹kui⁴⁴

三角板 san⁴⁴køuk⁵pɛn⁴²

作业簿 tsɔŋ³⁵⁻⁵⁵ŋi（-k）¹⁻⁴⁴pu²¹³ 作业本

作文簿 tso³⁵uon¹¹pu²¹³

字帖 tsɛi²¹³⁻⁴⁴tʰet⁵ 大字本，红模子

钢笔 kɔŋ³⁵⁻⁵⁵pit⁵

墨笔 mœok¹pit⁵ 毛笔

笔鏪 pit⁵tʰak⁵ 笔帽（保护毛笔头的）

笔筒 pit⁵tœŋ¹¹

砚 ŋiɛn³⁵ 砚台

磨墨 muɔ¹¹tsy⁴⁴ 研墨（动宾）

墨盒 mœo（-k）¹⁻⁴⁴at¹

砚盒 ŋiɛn³⁵⁻⁵⁵at¹

墨 mœok¹ 墨汁（毛笔用的）

墨水 mœok¹tsøy⁴² 墨水儿（钢笔用的）

书袋 tsy⁴⁴tɒi²¹³ 布制书包

书匣 tsy⁴⁴ak¹ 木制书包

书落 ˉtsy⁴⁴lœok⁵

读书侬 tʰœok¹tsy⁴⁴nœŋ¹¹⁻⁴⁴ 读书人，识字的

白目 pa（-k）¹⁻⁴⁴mœok¹ 不识字的

读书 tʰœok¹tsy⁴⁴

复习 xu（-k）⁵⁻⁵⁵tset¹⁻⁵ 温书

背书 pui²¹³⁻⁴⁴tsy⁴⁴

投考 tau¹¹kʰɔ⁴² 报考

考场 kʰɔ⁴²⁻⁵⁵tyuŋ¹¹⁻⁵⁵

考书 kʰɔ⁴²⁻⁴⁴tsy⁴⁴ 考试

考试 kʰɔ⁴²⁻⁵⁵（s-）li³⁵

考卷 kʰɔ⁴²⁻⁴⁴（k-）un³⁵

满卷 muɔn⁴²⁻⁴⁴kun³⁵ 满分

鸭母卵 a（-t）⁵⁻⁴⁴mɔ⁴²⁻⁵⁵lɔn²¹³ 零分

缴白卷 kɛu⁴²⁻⁵⁵pa（-k）¹⁻⁴⁴kun³⁵

头名 tʰau¹¹miaŋ¹¹ 第一名

尾名 møy⁴²⁻⁵⁵miaŋ¹¹ 末名

毕业 pik⁵ŋit¹

毕业证 pik⁵ŋi（-t）¹⁻⁴⁴tsiŋ³⁵ 文凭

大字 tuɔ²¹³⁻⁴⁴（ts-）ɛi²¹³ 繁体字
错字 tsʰo³⁵⁻⁵⁵（ts-）ɛi²¹³
墨笔字 mœok¹pit⁵（ts-）ɛi²¹³ 毛笔字
正体 tsiaŋ³⁵⁻⁵⁵tʰɛ⁴² 楷体
草字 tsʰɔ⁴²⁻⁵⁵tsɛi²¹³
笔画 pit⁵uɔt¹
蜀横 sik¹xuɒŋ¹¹ 一横
蜀直 sik¹tet¹ 一竖
蜀撇 sik¹pʰit⁵ 一撇
蜀捺 sik¹nai²¹³ 一捺
蜀丞 sik¹tut⁵ 一点
蜀勾 sik¹kau⁴⁴ 一勾
蜀挑 sik¹tʰiu⁵⁵ 一挑
字旁 tsɛi²¹³⁻⁴⁴pɔŋ¹¹ 偏旁
三丞水 san⁴⁴tut⁵tsøy⁴²⁻⁵⁵ 氵
两丞水 laŋ²¹³tut⁵tsøy⁴²⁻⁵⁵ 冫
火字底 xøy⁴²tsɛi²¹³tɛ⁴² 灬
四角□ si³⁵⁻⁵⁵køuk⁵kʰoŋ²¹³ □
抽手 tʰiu⁴⁴tsʰeu⁴² 扌
麒麟头 ke¹¹leŋ¹¹tʰau¹¹ 亠
走马道 tsau⁴²⁻⁴⁴ma⁴²⁻⁵⁵tɔ²¹³ 辶
穿心 tsʰun⁴⁴sin⁴⁴ 忄
勾丝 kau⁴⁴si⁴⁴ 纟
猴耳 kau¹¹ŋɛi²¹³ 阝（右）
硬耳 ŋœŋ²¹³⁻⁴⁴ŋɛi²¹³ 阝
草头 tsʰɔ⁴²⁻⁵⁵（tʰ-）lau¹¹⁻⁵⁵ 艹
倚刀 kʰiɛ²¹³⁻⁴⁴tɔ⁴⁴ 刂
病字头 paŋ²¹³tsɛi²¹³tʰau¹¹ 疒
倚侬 kʰiɛ²¹³⁻⁴⁴nœŋ¹¹ 亻

重侬 tʰøŋ¹¹nœŋ¹¹ 彳
反犬 pɛ¹¹lɛn⁻⁵⁵kʰɛn⁴² 犭
反文 xuɔn⁴²⁻⁵⁵uon¹¹⁻⁵⁵ 攵
挑土旁 tʰiu⁴⁴tʰou⁴²pɔŋ¹¹ 提土旁
禾字旁 xu¹¹tsɛi²¹³pɔŋ¹¹
竹头 tyok⁵tʰau¹¹ 竹字头
火字旁 xøy⁴²tsɛi²¹³pɔŋ¹¹ 火
王字旁 uŋ¹¹tsɛi²¹³pɔŋ¹¹ 斜玉旁
全福寿 tsʰuan¹¹tsʰiau¹¹ 划拳开始时的说辞
纸鹞 tsiɛ⁴²⁻⁵⁵ieu²¹³ 风筝
做屈 tso³⁵⁻⁵⁵kʰut⁵ 捉迷藏
踢毽 tʰit⁵⁻⁴kin³⁵
拍□ pʰak⁵kʰoi⁴⁴ 抓子
拾□子 nit⁵kʰoi⁴⁴（ts-）i⁴²⁻⁴⁴
□头 kʰoi⁴⁴tʰau¹¹⁻⁴⁴ 抛起的那颗石子
拾蜀粒 kʰak⁵sik¹lak¹ 抓子第一关，先抛起一个石子，捡起地上一个石子时接住抛起的那颗，依次捡完四颗过关
拾两粒 kʰak⁵laŋ²¹³lak¹ 抓子第一关，先抛起一个石子，捡起地上两个石子时接住抛起的那颗，捡完四颗过关
拾三粒 kʰak⁵san⁴⁴lak¹ 抓子第一关，先抛起一个石子，捡起地上三个石子时接住抛起的那颗，捡完四颗过关
拾四粒 kʰak⁵si³⁵lak¹ 抓子第一关，先抛

起一个石子，捡起地上四个石子时接住抛起的那颗过关

□洞 ti$^{35-55}$tœŋ^{213} 抓子第五关，先抛石子，右手拇指和食指形成圆洞，抛起的石子正好掉进洞里，按此法分别接住剩下三个过关

进洞 tsin$^{35-55}$tœŋ^{213} 抓子第六关，左手曲卧手掌张开虎口形成洞口，右手抛石子时将地面石子扫进洞口，扫进四个，最后一把拾起过关

塞洞 sɛt^{5}tœŋ^{213} 抓子第七关，左手拇指和另四指弯曲形成一个洞，洞口与地面平行，右手分别将四颗石子放入洞内，最后一把拾起算过关

过门 ku$^{35-55}$mun^{11} 抓子第八关，弯曲左手手指，指尖着地形成门拱，右手将四颗石子分别扫过门，最后一把拾起过关

跳墙 tʰiu$^{35-55}$tsʰyuŋ^{11} 抓子第九关，左手五指并拢手掌垂直于地面形成一道墙，右手分别将石子放在墙的另一侧，最后一把拾起过关

拾猪屎 kʰak^{5}ty^{44}（s-）lai^{42} 抓子第十关，左手五指弯曲，掌心向上形成畚箕形状，右手分别将四颗石子放在左手上，最后一把拾起过关

生卵 saŋ^{44}lɔn^{213} 抓子第十一关，先接住第一个石子，再将手上的石子换成另一个，依次换完三颗石子，放下手上的石子再一把抓起过关

跌破鞋 liɛk^{5}pʰuɔ$^{35-55}$ɛ^{11} 抓子第十二关，先拿起一颗石子捡起第二颗；将两颗一起抛起拿起第三颗；将三颗抛起拿起第四颗；将四颗抛起拿起第五颗过关

填罗 ˉtɛn^{11}lɔ^{11} 类似于"点兵点将，点到谁谁就吃屁蛋"，需要挑选角色时用此法指定某个孩子为某角色

弹罐亝 tan^{11}kuɔn$^{35-55}$（k-）ŋan^{42} 弹瓶盖

弹棋子 tan^{11}kɛ^{11}（ts-）i^{42} 弹球

勾鸡角 kau^{44}ki^{44}køuk^5 斗花游戏，用早开堇菜的花弯钩对拉，看谁的先断

拍水□ pʰak^{5}tsøy$^{42-44}$pʰiɛk^5 打水漂（在水面上掷瓦片）

跳厝 tʰiu$^{35-55}$tsʰu^{35} 跳房子

跳千 tʰiu$^{35-55}$tsʰen^{44} 跳房子

结土灶 kik^{5}tʰu^{11}（ts-）au^{35} 过家家

斗鸡 teu^{35}ki^{44} 当地普通话称"斗鸡"，弯曲右腿膝盖，右腿脚踝靠在左腿大腿处上，顶撞另一个小孩的膝盖，看谁先败下阵来

通子哒 tʰuŋ^{44}tsei^{42}tak^5 竹竿为炮筒、筷子为活塞、山苍子做子弹的玩具枪

搦电 nak^{1}tiɛn^{213} 小孩玩的你碰我跑的游戏

食面 tsʰiɛk^{1}min^{213} 翻花绳，两人轮换

翻动手指头上的细绳，变出各种花样

捏面 nit⁵min²¹³ 两人轮换翻动手指头上的细绳，变出各种花样

网棋盘 maŋ⁴⁴kɛi¹¹puɔn¹¹

线面 siɛn³⁵⁻⁵⁵min²¹³ 翻花绳翻出的"四"字形式

铰刀 ka⁴⁴（t-）lo⁴⁴ 翻花绳翻出的"冈"字封底的形式

棋盘 kɛi¹¹puɔn¹¹ 翻花绳翻出的"网"字封底的形式

鸭笼 aʔ⁵lœŋ¹¹ 翻花绳翻出的立体梯形形式，大口朝下

猪笼 ty⁴⁴lœŋ¹¹⁻⁴⁴ 翻花绳翻出的立体梯形形式，大口朝上

蒙肚 maŋ⁴⁴to²¹³ 翻花绳翻出的比"网"字封底的形式还多出头尾两个三角形的形式

坐轿 spi²¹³⁻⁴⁴kiu²¹³ 前后两人双肩架起扁担，第三人坐在扁担上

骑大马 kʰɛi¹¹tuɔ²¹³⁻⁴⁴ma⁴² 三人一组后一个将手架在前一人肩膀上，第三人坐在两人撑起的双臂上，两组互打，谁先落下马谁输

夺猴卵 tɔ（-t）¹⁻⁴⁴kau¹¹lɔn²¹³ 捡一堆石头作猴蛋，由一小孩扮演猴子趴在石头上保护猴蛋，其他小孩抢猴蛋，若被猴子踢中就牺牲退出

滑石 kɔt¹tsʰyʔ¹ 滑石头，一小孩双脚分别踩在鹅卵石上，由另两个小孩搀扶其左右手往前推跑

赖石 lai³⁵⁻⁵⁵tsʰyʔ¹ 滑石头，一小孩双脚分别踩在鹅卵石上，由另两个小孩搀扶其左右手往前推跑

伏鸡团 pou²¹³⁻⁴⁴ki⁴⁴（k-）iɛn⁴² 一种用篾条或细木棍挑选出瓦片旁边的小石子的游戏

车 tsʰiɛ⁴⁴ 纯木制童车

滚珠车 køn⁴²⁻⁵⁵（ts-）u⁴⁴tsʰiɛ⁴⁴ 带轴承套的木制童车

车铁环 tsʰiɛ⁴⁴tʰit⁵kʰuɔn¹¹ 滚铁圈

捏涂 net¹tʰou¹¹ 玩高岭土

做膜 tso³⁵⁻⁵⁵mok⁵ 小孩用泥土捏成一个圆碗拍于地，比谁拍出的洞最大，其他小孩就要赔一块土给他

食屁卵 siɛk¹pʰui³⁵⁻⁵⁵lɔn²¹³ 用高岭土捏成碗形摔打于地，比谁发出的声音最大

搥钱 toi¹¹tsin¹¹ 儿童游戏，一人一个硬币，往墙上扔。最远的一枚硬币吃掉第二远的那一枚，以此循环。

丢钱 tɛu⁴⁴tsin¹¹ 丢铜钱或硬币，众人各出一枚钱币集中于一人手上，钱币落下后根据其阴阳面判断钱币归属的赌钱游戏

丢蚶壳 tɛu⁴⁴xan⁴⁴（kʰ-）ŋouk⁵ 玩法与"丢钱"相同

丢火烛丝 tɛu⁴⁴xøy⁴²⁻⁴⁴luk⁵si⁴⁴ 丢一把火

柴，挑出火柴不能触碰其他支的游戏

香砚骸 xyɔŋ⁴⁴ŋiɛn³⁵⁻⁵⁵kʰa⁴⁴ 香烧完后剩下的柄

丢香砚骸 tɐu⁴⁴xyɔŋ⁴⁴ŋiɛn³⁵⁻⁵⁵kʰa⁴⁴ 玩法与"丢火烛丝"相同

砶三 tak⁵san⁴⁴ 两人的棋盘游戏，双方想办法将自己的三颗子走在一条直线上

行三 kiaŋ¹¹san⁴⁴

屎楻棋 pun³⁵⁻⁵⁵xuŋ¹¹kɛi¹¹ 三人棋盘游戏，三方形成三角，棋盘中心为大粪桶，走法有点像跳棋，谁走进粪桶谁输

围大王 uoi¹¹tuɔ²¹³⁻⁴⁴uŋ¹¹ 两人棋盘游戏，小兵将大王追赶至顶点算赢

铰刀棋 ka⁴⁴（t-）lo⁴⁴kɛi¹¹ 棋盘为"冈"字的游戏

槌窟 toi¹¹kʰɔt⁵ 比赛扔镰刀，谁扔进坑谁可以获得赌注

文⁼刀架 uon¹¹to⁴⁴ka³⁵ 小孩上山砍柴时玩的赌柴火的游戏，操作类似于保龄球，几个扁担架成一堆，小孩用砍柴刀对准扔，谁把扁担砸倒了，其他小孩都要赔他一把柴火

拍柴堆 pʰak⁵tsʰa¹¹toi⁴⁴

□柴 pu¹¹tsʰa¹¹

呼黍⁼xu¹¹sœ⁴² 小孩围成一圈嘴里喊着"减多剩少"，一边展示手掌或手背，数量多的手掌方或手背方被排除出去，余下的继续减多剩少，直到选出合适的数量

猜谜 tsʰai¹¹mui¹¹⁻⁴⁴ 喝酒时划拳

填□ tɛn¹¹kʰoi⁴⁴ 猜谜

不倒翁 pu（-t）⁵⁻⁴⁴tɔ⁴²⁻⁴⁴øŋ⁴⁴ 不倒翁

牌九 pɛ¹¹（k-）au⁴²

三十二张 san⁴⁴（s-）lɛ（-t）¹⁻⁴⁴nɛi²¹³tyuŋ⁴⁴ 牌九又名

皇帝 xuŋ¹¹（t-）ne³⁵ 牌九术语，王 + 红桃 3

天牌 tʰin⁴⁴（p-）mɛ¹¹⁻⁴⁴ 牌九术语，Q

天牌对 tʰin⁴⁴（p-）mɛ¹¹⁻⁴⁴tøy³⁵ 牌九语，两个 Q

天天对 tʰin⁴⁴（tʰ-）nin⁴⁴tøy³⁵

地牌 tɛi²¹³⁻⁴⁴pɛ⁴² 牌九术语，红 1

地牌对 tɛi²¹³⁻⁴⁴pɛ⁴²tøy³⁵ 牌九术语，两个红 1

人牌 iɛn¹¹pɛ⁴² 牌九术语，红 8

人牌对 iɛn¹¹pɛ⁴²tøy³⁵ 牌九术语，两个红 8

和牌 xu¹¹pɛ⁴² 牌九术语，红 4

和牌对 xu¹¹pɛ⁴²tøy³⁵ 牌九术语，两个红 4

梅花 mui¹¹（x-）uɔ⁴⁴ 牌九术语，黑 10

梅花甘⁼单⁼mui¹¹（x-）uɔ⁴⁴kan⁴⁴tan⁴⁴ 牌九术语，黑 6

梅花炮 mui¹¹（x-）uɔ⁴⁴pʰau³⁵ 牌九术

语，两个黑10
四囝 si³⁵⁻⁵⁵（k-）iɛn⁴² 牌九术语，黑4
天杠 tʰin⁴⁴koŋ³⁵ 牌九术语，Q+8
地杠 tɛi²¹³⁻⁴⁴koŋ³⁵ 牌九术语，1+8
天猴王 tʰin⁴⁴kau¹¹uŋ¹¹ 牌九术语，Q+9
天九 tʰin⁴⁴kau⁴² 牌九术语，Q+7
地九 tɛi²¹³⁻⁴⁴kau⁴² 牌九术语，1+7
人九 iɛn¹¹kau⁴² 牌九术语，J+红8
和九 xu¹¹kau⁴² 牌九术语，5+红4
炮 pʰau³⁵ 牌九术语，一个对子
草九 tsʰau⁴²⁻⁵⁵kau⁴² 牌九术语，其他相加为9的组合
草炮 tsʰau⁴²⁻⁴⁴pʰau³⁵ 牌九术语，颜色不同的一个对子
天八 tʰin⁴⁴pet⁵ 牌九术语，Q+6
地八 tɛi²¹³⁻⁴⁴pet⁵ 牌九术语，1+6
人八 iɛn¹¹pet⁵ 牌九术语，10+红8
草八 tsʰau⁴²⁻⁵⁵pet⁵ 牌九术语，其他相加为8的组合
合十 xa（-k）¹⁻⁴⁴（s-）lek¹ 牌九术语，相加尾数为0的组合
纸牌 tsiɛ³⁵⁻⁵⁵pɛ¹¹ 四色牌
麻雀 ma¹¹（tsʰ-）yɔk⁵ 麻将
拍麻雀 pʰak⁵ma¹¹（ts）yɔk⁵ 打麻将
筑墙 tøuk⁵tsʰyuŋ¹¹
问头 mun³⁵⁻⁵⁵（tʰ-）nau¹¹ 麻将开始时用骰子点数确定庄家
对门 tøy³⁵⁻⁵⁵mun¹¹ 庄家对面的玩家
筒 toŋ¹¹ 麻将中的筒子

万 uɔn²¹³ 麻将中的万子
索 sok⁵ 麻将中的条子
条 tɛu¹¹
子 tsei⁴² 麻将子
雀 tsʰyɔk⁵ 和牌时唯一的对子
坎 kʰan⁴² 三张同样的牌
杠 koŋ³⁵ 四张同样的牌
括 kuɔt⁵ 三个连续的顺子（或一个坎）
金 kin⁴⁴ 麻将中指定的万能子，可代替任意牌
白板 pa（-k）¹⁻⁴⁴piɛn⁴² 填补金的位置的麻将子
平和 paŋ¹¹（x-）ŋou¹¹ 吃了别人的弃子而和牌
自摸 tso²¹³⁻⁴⁴mu⁴⁴ 自己摸牌后和牌
对对和 tøy³⁵⁻⁴⁴tøy³⁵⁻⁴⁴（x-）ɔu¹¹ 和牌时，七个对一个坎
单钓雀 tan⁴⁴tiu³⁵⁻⁵⁵tsʰyɔk⁵ 所和的这张牌，正好凑成一对雀
碰碰和 pʰoŋ³⁵⁻⁴⁴pʰoŋ³⁵（x-）ɔu¹¹⁻⁵⁵ 就和两个雀
络网 lok⁵mœŋ²¹³ 正好吃进麻将子
撞空 toŋ³⁵⁻⁴⁴（kʰ-）ŋøŋ⁴⁴ 所和的这张牌，是顺子的中间牌
杠尾开花 koŋ³⁵⁻⁵⁵møy⁴²kʰui⁴⁴xuɔ⁴⁴ 开杠补牌后自摸和牌
金雀 kin⁴⁴tsʰyɔk⁵ 和牌时，两个金做雀
金括 kin⁴⁴kuɔt⁵ 和牌时，三个金做顺子
一条龙 ik⁵tɛu¹¹loŋ¹¹ 和牌时，全为同花

色的（金可以代替）

金杠 kin⁴⁴（k-）ŋoŋ³⁵ 四个金暗杠后，又能和牌

拦和 lan¹¹（x-）ŋou¹¹ 同时和一张牌，通常情况要先让上家和

无拦和 mɔ(-k)¹⁻¹¹lan¹¹（x-）ŋou¹¹ 同和一张牌，当下家和"金雀""金括""一条龙""金杠"时，上家不能拦和，要先让下家和

䈎庄 ta(-k)⁵⁻⁴⁴tsoŋ⁴⁴ 庄家连续和牌，连续坐庄

䈎蜀庄 tak⁵s(-ok)i¹tsoŋ⁴⁴ 连和两次

臭庄 tsʰau³⁵⁻⁴⁴tsoŋ⁴⁴ 当麻将打到剩下规定的张数（正常十四张）时，而没有人和牌，重新再来，庄家可以选择继续坐庄

煞尾庄 sa(-k)⁵⁻⁵⁵møy⁴²⁻⁵⁵tsoŋ⁴⁴ 最后一个做庄家

钉 tiŋ⁴⁴ 扑克牌的 J

环 kʰuɔn¹¹ 扑克牌的 Q

箍 kʰu⁴⁴

K kʰE⁴⁴ 扑克牌的 K

亿 i³⁵ 扑克牌的 A

飞机 xi⁴⁴ki⁴⁴ 扑克牌的大小王

拍上游 pʰak⁵syuŋ²¹³⁻⁴⁴ieu¹¹ 扑克游戏，当地普通话称"打上游"

憋同 pik⁵tœŋ¹¹ "打上游"时，别人已经走完牌了，你一张牌都没出，这时要输双倍

炸 tsa³⁵ 四张点数相同的为一炸

三带两 san⁴⁴tai³⁵laŋ²¹³ "打上游"里三张相同点数的可以带两张其他牌一起打

姊妹对 tsei⁴²⁻⁴⁴mui³⁵⁻⁴⁴tøy³⁵ "打上游"里两个或两个以上点数相邻的对子，它们可以一起打出

龙 loŋ¹¹ "打上游"里的顺子

龙囝 loŋ¹¹kiɛn⁴² 五张牌的顺子

大龙 tuɔ²¹³⁻⁴⁴loŋ¹¹ 七张牌以上的顺子

钓主 tiu³⁵⁻⁵⁵tsu⁴² 拖拉机，也叫升级

五十K ŋu²¹³⁻⁵⁵(s-)ɛ(-t)¹⁻⁴⁴kʰE⁴⁴ 扑克游戏，五十K

斗地主 teu³⁵⁻⁵⁵tɛi²¹³⁻⁴⁴tsu⁴²

拍七 pʰak⁵tsʰik⁵ 扑克游戏，当地普通话称"打七"，以"7"为中心头尾依次接龙的打法

簸份 mit¹xon²¹³ 扑克游戏，牌面上的若干牌若相加和等于手上某张牌时可以全部吃进

摸骰 ma⁴⁴kau¹¹⁻⁴⁴ 掷色子

䈎 tak⁵ 押宝

出 tsʰuk⁵

炮 pʰau³⁵ 爆竹

放炮 poŋ³⁵⁻⁴⁴pʰau³⁵ 放鞭炮

放百子炮 poŋ³⁵⁻⁵⁵pa(-k)⁵⁻⁴⁴tsu⁴²⁻⁵⁵pʰau³⁵ 放鞭炮

炮囝 pʰau³⁵kiɛn⁴²

双响 syuŋ⁴⁴xyoŋ⁴² 二踢脚

大炮 tuɔ²¹³⁻³³pʰau³⁵
花炮 xuɔ⁴⁴pʰau³⁵ 烟火
放花炮 poŋ³⁵⁻⁵⁵xuɔ⁴⁴pʰau³⁵
迎龙 ŋiaŋ¹¹loŋ¹¹ 舞龙
篾龙 mit¹loŋ¹¹ 竹篾制成的龙，龙头、
　　龙尾和龙身为篾制
布龙 pu³⁵⁻⁵⁵loŋ¹¹ 布制龙，头尾为竹篾
　　制，龙身为布制
板灯 pɛn⁴²⁻⁴⁴teŋ⁴⁴ 板凳龙
龙角 loŋ¹¹kok⁵
龙须 loŋ¹¹tsʰiu⁴⁴
龙珠 loŋ¹¹tsu⁴⁴
跳 tʰiu³⁵ 龙跳跃
缠柱 tin¹¹tʰeu²¹³ 龙缠柱
抢珠 tsʰyoŋ⁴²⁻⁵⁵tsu⁴⁴ 龙抢珠
含浑身 kan¹¹mun¹¹（s-）nin⁴⁴ 龙舔身
迎狮 ŋiaŋ¹¹sai⁴⁴ 舞狮
铁枝 tʰit⁵ki⁴⁴ 小孩站在支架上沿街游行
搬铁枝 puɔn⁴⁴tʰit⁵ki⁴⁴ 小孩站在支架上
　　沿街游行
侬囝书 nœŋ¹¹kiɛn⁴²tsy⁴⁴ 小人书
棋 kɛi¹¹ 象棋
行棋 kiaŋ¹¹kɛi¹¹ 下棋
皇头 xuŋ¹¹（tʰ-）nau¹¹ 将、帅
　　皇帝 xuŋ¹¹（t-）ne³⁵
士 so²¹³
耳 ŋɛi²¹³
田 tin¹¹ 相、象
车 ky⁴⁴

马 ma⁴²
炮 pʰau³⁵
卒 tsuk⁵ 兵，卒
　　卒囝 tsuk⁵kiɛn⁴²
驮卒 tɔ¹¹tsuk⁵ 拱卒
耳角 ŋɛi²¹³køuk⁵ 米字的两个边角
山边 san⁴⁴pin⁴⁴ 棋盘的左右边
马骹 ma⁴²⁻⁵⁵kʰa⁴⁴ 棋盘上若被挡住马便
　　无法行动的点
勾耳 kau⁴⁴ŋɛi²¹³ 上士（士走上去）
叉耳 tsʰa⁴⁴ŋɛi²¹³ 士从米格中间行至四角
滞耳 tʰi³⁵ŋɛi²¹³
滞士 tʰi³⁵⁻⁵⁵so²¹³
出栏 tsʰuk⁵lan¹¹ 马走出第一步
出横车 tsʰuk⁵xuɒŋ¹¹ky⁴⁴ 车向前一步，
　　准备第二步横着走
勾田 kau⁴⁴tin¹¹ 飞象
揥田 toi¹¹tin¹¹ 象走到河边
河头 ɔ¹¹（tʰ-）au¹¹ 楚河汉界
勾蹄马 kau⁴⁴tɛ¹¹ma¹¹ 两个马连环防守
当心炮 toŋ⁴⁴sin⁴⁴pʰau³⁵ 炮在中心的将军
当头炮 toŋ⁴⁴（tʰ-）au¹¹pʰau³⁵
马头炮 ma⁴²⁻⁵⁵（tʰ-）lau¹¹pʰau³⁵ 马后炮
平地军 paŋ¹¹tɛi²¹³kun⁴⁴ 马走到相上方
　　的平地时的将军
双车通 søn⁴⁴ky⁴⁴tʰøŋ³⁵ 两个车直线贯通
　　的将军
卒囝徛中 tsuk⁵kiɛn⁴²kʰiɛ²¹³toŋ⁴⁴ 卒走到
　　对方米字中间

车徛中 ky⁴⁴kʰiᴇ²¹³toŋ⁴⁴ 车走到对方米字中间

车徛耳角 ky⁴⁴kʰiᴇ²¹³ŋᴇi²¹³køuk⁵ 车走到对方米字四角

炮寄中 pʰau³⁵kiᴇ³⁵toŋ⁴⁴ 炮占据着中心位置

炮寄底 pʰau³⁵kiᴇ³⁵tᴇ⁴² 炮走到对方最底下

炮寄山边 pʰau³⁵kiᴇ³⁵san⁴⁴pin⁴⁴ 炮走到棋盘左右边

　炮扩山边 pʰau³⁵kʰuɔt⁵san⁴⁴pin⁴⁴

重炮军 toŋ¹¹pʰau³⁵kun⁴⁴ 两个炮重叠的将军

重车军 toŋ¹¹ky⁴⁴kun⁴⁴ 两个车的将军

长短车 toŋ¹¹tøy⁴²⁻⁵⁵ky⁴⁴ 上下两行不同位置的两个车

马炮军 ma⁴²⁻⁵⁵pʰau³⁵kun⁴⁴ 马垫着炮的将军

耳角军 ŋi²¹³køuk⁵kun⁴⁴ 马站在米字的两个边角上的将军

㴜耳军 tʰi²¹³ŋᴇi²¹³kun⁴⁴ 士从米格中间行至四角的将军

　叉耳军 tʰi³⁵ŋᴇi²¹³kun⁴⁴

连环炮 lin¹¹xuɔn¹¹pʰau³⁵ 相互保护的两个炮

砮田心 tak⁵tin¹¹sin⁴⁴ 棋子走到田字中间，以防象、相走动

脱军 tʰot⁵kun⁴⁴ 抽将

围棋 uoi¹¹kᴇi¹¹

乌子 u⁴⁴tsei⁴² 围棋的黑子

白子 pak¹tsei⁴² 围棋的白子

拍狮 pʰak⁵sai⁴⁴ 舞狮子

啼郎奶调 tʰᴇi¹¹noŋ¹¹nᴇ⁴²tiu²¹³ 当地一种民歌曲调

　孟姜女调 møŋ³⁵⁻⁴⁴køŋ⁴⁴ny⁴²tiu²¹³

　采茶调 tsʰai⁴²⁻⁵⁵ta¹¹tiu²¹³

　卖花线调 mᴇ⁴²⁻⁴⁴xuɔ⁴⁴siᴇn³⁵tiu²¹³

　沙"罗"带"sa⁴⁴lɔ¹¹tai³⁵

　罗"里"□ lɔ¹¹li⁴²⁻⁵⁵liᴇn²¹³

　长年调 tɔŋ¹¹nin¹¹tiu²¹³

　白扇调 pa（-k）¹⁻⁴⁴sin³⁵tiu²¹³

　平讲调 paŋ¹¹kɔŋ⁴²tiu²¹³

　夯歌调 xaŋ⁴⁴（k-）ŋo⁴⁴tiu²¹³

　开山歌 kʰui⁴⁴san⁴⁴（k-）ŋo⁴⁴

　檐歌调 tsʰiᴇn⁴⁴（k-）ŋo⁴⁴tiu²¹³

　福宁调 xuk⁵neŋ¹¹tiu²¹³

　牧羊调 mok¹yuŋ¹¹tiu²¹³

跳舞 tʰiu³⁵⁻⁵⁵u⁴²

戏团 xi³⁵⁻⁵⁵（k-）iᴇn⁴² 提线木偶

戏团吊艠死 xi³⁵⁻⁵⁵（k-）iᴇn⁴²tiu³⁵mᴇ²¹³⁻⁴⁴sei⁴² 形容小孩淘气

影戏 ɔŋ⁴²⁻⁴⁴xi³⁵ 皮影戏

影戏 ɔŋ⁴²⁻⁴⁴xi³⁵ 电影

变把戏 pin³⁵⁻⁴⁴pa⁻⁴⁴xi³⁵ 变魔术

喇鼓 lak⁵kou⁴² 背在身上的鼓

大□ tuɔ²¹³⁻⁴⁴tsʰøŋ³⁵ 镲

嫩□ nɔn²¹³⁻⁴⁴tsʰøŋ³⁵ 钹

嗒鼓 tak⁵kou⁴² "嗒嗒"响的一种鼓

京胡 kin⁴⁴xɔu¹¹⁻⁴⁴

　正把 tsiaŋ³⁵（p-）ma⁴²

二胡 nɛi²¹³⁻⁴⁴xɔu¹¹　　　　　　唢呐 sɔ⁴²⁻⁵⁵na（-k）¹⁻⁴⁴
箫 siu⁴⁴　　　　　　　　　　　锣 lɔ¹¹

第十八节　动作

睍见 eŋ³⁵⁻⁵⁵（k-）ŋin³⁵⁻⁵⁵ 看见　　　敤 mo³⁵ 砸
听着 tʰiaŋ⁴⁴tyʔ¹ 听见　　　　　　塌 tʰat⁵
嗅着 xeu³⁵tyʔ¹ 闻到　　　　　　　瘫 tʰan⁴⁴
泅潭 seu¹¹（tʰ-）lan¹¹ 游泳　　　　摔 sɔt⁵ 摔倒
汋水 mɛn²¹³⁻⁴⁴tsøy⁴² 潜水　　　　跋倒 puot¹tɔ⁴²
徛 kʰiɛ²¹³ 站　　　　　　　　　　□ tʰø³⁵ 滑到
□ kon²¹³ 蹲　　　　　　　　　　摔倒 søuk⁵tɔ⁴² 突然摔倒
　□□ kɔu¹¹lou²¹³　　　　　　　□ œ⁴² 人倒下
　□□ kø¹¹løŋ²¹³　　　　　　　□ tsiɛk¹ 物倒下
摆 pʰai¹¹ 摆动　　　　　　　　　□ tʰy³⁵～tʰø³⁵ 滑下
摔 sɔt⁵ 甩动　　　　　　　　　　曳起 iɛk¹kʰei⁴² 扇风
振 tsen⁴² 震动　　　　　　　　　飞 pui⁴⁴ 飘
弹 tan¹¹ 弹动　　　　　　　　　靠 kuɔ³⁵ 靠，倚靠
揉 neu¹¹ 扭动　　　　　　　　　□ tiau⁴² 触动
□ sut¹ 转动　　　　　　　　　　碰 pʰɔŋ²¹³ 触碰
　□转 sut¹tøn⁴²　　　　　　　　磕 kʰok⁵
搬 puɔn⁴⁴ 移　　　　　　　　　 验 ŋiɛn²¹³ 磕（头）
□□ pœok¹lœok¹ 鱼挣扎　　　　　撞 toŋ³⁵
　□□ pik¹lik⁵　　　　　　　　 □ lɛ¹¹ 摩擦
车 tsʰiɛ⁴⁴ 滚　　　　　　　　　 泻 siɛ³⁵
　滚 kø⁻⁵⁵løn⁴²　　　　　　　　 泎 tsiɛk⁵ 溅
升 siŋ⁴⁴　　　　　　　　　　　 □ loŋ²¹³（液体）晃荡
落 lɔk¹ 降　　　　　　　　　　 瞌目珠 kʰɛt⁵mok¹⁻⁴⁴tsiu⁴⁴ 闭眼
坠 tʰui³⁵～toi²¹³　　　　　　　　□目 niɛt⁵mœok¹ 挤眼儿、眨眼

盼 xɛ⁴² 侧目、斜眼看
碰着头 pʰɔŋ²¹³⁻⁴⁴tyk¹（tʰ-）lau¹¹ 遇见
睨 e³⁵ 看
望 mɔŋ²¹³
目珠乱□ mok¹⁻⁴⁴（ts-）iu⁴⁴lɔn²¹³⁻⁴⁴sut¹ 眼睛乱转
　　睩来睩去 lʊt⁵lɛi¹¹lʊt⁵kʰy³⁵
流目汁 lau¹¹mok¹tset⁵ 流眼泪
擘喙 pak⁵tsʰy³⁵ 张嘴
喙合身头来 tsy³⁵xak¹sin⁴⁴nau⁴⁴lɛi¹¹ 闭嘴
□ xiu³⁵ 努嘴
喙翘起 tsʰy³⁵kʰiu³⁵kʰei⁴² 噘嘴
□ kuɔk¹ 大口喝下
举手 ky⁴²⁻⁵⁵tsʰeu⁴²
摇手 iu¹¹tsʰeu⁴² 摆手
　　曳手 iɛk¹tsʰeu⁴²
放手 pɔŋ³⁵⁻⁵⁵tsʰeu⁴² 撒手
拢手 lœŋ¹¹tsʰeu⁴² 伸手
动手 tœŋ²¹³⁻⁴⁴tsʰeu⁴² 动手（只许动口，不许~）；开始做
拍手 pʰak⁵tsʰeu⁴²
手背摆后去 tsʰeu⁴²paii⁴²kun³⁵⁻⁵⁵nau²¹³u⁰ 背着手儿
捏 tsɔt⁵ 弯曲手指关节拉夹穴位以缓解身体不适
挖 uɔt⁵
拨 puɔt⁵ 拨拉
□ pʰaŋ¹¹
压住 ɛt⁵teu²¹³ 摁住

揞住 en³⁵teu²¹³ 捂住
□ pɔk¹lɔt¹ 摩挲（用手~猫背）
托 tʰoʔ⁵ 掬（用手托着向上）
□屎 kɛk¹sai⁴² 把屎
□尿 kɛk¹niu²¹³ 把尿
扶住 xɔu²¹³teu²¹³ 扶着
　　□住 kɛk¹teu²¹³
弹指头 tan¹¹tsei⁴²⁻⁵⁵（tʰ-）nau¹¹⁻⁵⁵
捏拳头 nɛ（-）t¹⁻⁴⁴kun¹¹（tʰ-）nau¹¹ 攥起拳头
□ xan²¹³ 合、贴
舂 tsuŋ⁴⁴ 用手砸
两下手 laŋ²¹³⁻⁴⁴a²¹³⁻⁴⁴tsʰeu⁴² 七手八脚
侪侬讲 tsɛ¹¹nœn¹¹kɔŋ⁴² 七言八语
顿 ton³⁵ 跺脚
□ naŋ³⁵ 踮脚
翘骹 kʰiu³⁵⁻⁴⁴kʰa⁴⁴ 跷二郎腿
盘骹 puɔn¹¹kʰa⁴⁴ 蜷腿
□ tɛu²¹³ 抖腿
踢 tʰik⁵ 踢腿
□ tøy³⁵ 用弯曲的膝盖顶
□ taŋ²¹³
伏 pok¹ 弯腰
插腰 tsʰat⁵iu⁴⁴
转势 tøn⁴²⁻⁴⁴si³⁵ 转身
□转 sut¹tøn⁴² 扭身
腹肚□前来 pu⁻⁵⁵lou⁴²naŋ¹¹sɛn¹¹lɛi⁰ 挺腹
股川翘起 ku⁻⁵⁵luŋ⁻⁴⁴kʰiu³⁵kʰi⁴² 撅臀
抛奋斗 pʰa⁴⁴pun³⁵⁻⁵⁵（t-）nau⁴² 翻跟头

抛转头 pʰa⁴⁴tøn⁴²⁻⁵⁵nau¹¹⁻⁵⁵ 做到立
□ tɒi²¹³（用身体）推挤
　挤 kʰik¹
让 nyuŋ³⁵ 避让
扒痒 pa¹¹syuŋ²¹³ 挠痒
伸长 tsʰun⁴⁴（t-）noŋ¹¹⁻⁴⁴ 伸懒腰
落 lɔk¹ 拉稀
捶后腰 toi¹¹au²¹³⁻⁴⁴ iu⁴⁴ 捶背
□鼻 tʰau³⁵⁴⁴pʰi³⁵ 擤（鼻涕）
□ xŋk¹ 吸溜鼻涕
拍嚏 pʰak⁵⁻⁴⁴tsʰai³⁵ 打喷嚏
拜 pai³⁵ 拜菩萨
泊壁 pɔk¹piɛk⁵ 小孩扶墙学步
学讲话 ɔk¹kɔŋ⁴²⁻⁵⁵uɔ²¹³ 小孩牙牙学语
驮股川 tɔ¹¹ku⁴²⁻⁴⁴luŋ⁴⁴ 小孩骑在父亲肩
　膀上
嗅 xiu³⁵ 闻（用鼻子～）
嫌 xin¹¹ 嫌弃
博 pok⁵ 交换
号 au¹¹ 哭
□ xut⁵ 扔（把没用东西～了）
　□ xœŋ¹¹
摔 sɔt⁵ 狠狠地摔
　博 pok⁵
掐 kʰɛk⁵
　扭 niu³⁵
搎 tsʰøuk¹ 揉（面）
□ lɛt⁵ 舔
唒 kʰɛ⁴² 唒咬

加 ka⁴⁴ 增加
　上悬 tsʰyuŋ²¹³kɛn¹¹
减 kɛn⁴² 减少
□ lɛu²¹³ 抠出
□ kʰøn³⁵ 抠掉
拗 a⁴² 折（弯）
□ kʰuɔk¹ 折断
□ kʰaʔ¹ 掐、折
握 ut⁵ 折弯，折叠
讲 kɔŋ⁴² 说
走 tsau⁴² 跑
行 kiaŋ¹¹ 走
放 poŋ³⁵ 放（在桌上）
　安 an⁴⁴
掺 tsʰan⁴⁴ 搀（酒里～水）
拾 kʰat⁵ 收拾（东西）
　拾拉 kʰat⁵⁻⁴lat⁵
择 tɔk¹ 选择
　选 søn⁴²
掼 kuɔn²¹³ 提起（东西）
拾起 kʰak⁵kʰei⁴² 捡起来
拭 tsʰit⁵ 擦掉
落 løuk⁵ 丢失
摅记掉 mɛ²¹³⁻⁴⁴ki³⁵li 落（因忘而把东
　西放在某处）
寻着了 sen¹¹tyk¹lo 找着了
囥 kʰoŋ³⁵（把东西）藏（起来）
屈 kʰok⁵（人）藏（起来）
压声 at⁵siaŋ⁴⁴ 憋着嗓子发出声音

划 pʰuɔt¹ 披（衣服）
膜 mok⁵ 砸
□侬 tɛn⁴⁴nœŋ¹¹ 硌（人）
烙 kɔk⁵ 煎
骗睏 pʰin³⁵⁻⁴⁴kʰɔn³⁵ 拍小儿入睡
揉 neu¹¹ 把两股以上的条状物扭在一起
缠 tin¹¹
落掉蜀骸 løuk⁵i⁰s（-ok）i¹⁻⁴⁴kʰa⁴⁴ 本来成双的东西丢失了一个成为单的
勾 kʰau⁴⁴ 杂合在一起，混杂
割卵蜀下痛 kat⁵nɒi¹¹si⁻⁴⁴a²¹³⁻⁴⁴tʰiaŋ³⁵ 一刀两断
喙骂鼻收 tsʰy³⁵ma³⁵pʰi³⁵siu⁴⁴ 骂出口的话自己承受
詈去詈去 lɛ⁴²u⁰lɛ⁴²u⁰ 不停地责骂
骸手无力 kʰa⁴⁴tsʰeu⁴²mɔ¹¹let¹ 手足无力
□ tsʰœ¹¹ 把液体倒了
獪大掉 mɛ²¹³⁻⁴⁴tuɔ²¹³⁻¹⁰ 停止生长
反蜀转 pɛn⁴²sik¹tøn⁴² 掉转方向
□愕去 sin³⁵ŋɔk¹u⁰ 惊呆了
八传 pu⁻⁵⁵tyuŋ¹¹ 知道，懂得
解了 ɛ²¹³lo⁰ 会了
解认得着 ɛ²¹³⁻⁴⁴nen²¹³i⁰tyk¹ 认得
獪认得着 mɛ²¹³⁻⁴⁴nen²¹³i⁰tyk¹ 不认得
认字 men²¹³⁻⁴⁴tsɛi²¹³ 识字

忖 tsʰɔn¹¹ 估量
忖办法 tsʰɔn¹¹pɛn²¹³⁻⁴⁴xuɔt⁵ 想主意
映 oŋ³⁵ 盼望，希望
惊生分 kiaŋ⁴⁴saŋ⁴⁴xon²¹³ 小孩子怕生
讲话 kɔŋ⁴²⁻⁵⁵uɔ²¹³ 说话
泛讲 pʰaŋ³⁵kɔŋ⁴² 聊天
闲夹 ɛn¹¹kiɛt⁵
闲□ ɛn¹¹kʰiɛk¹
夺腔 tok¹kʰyɔŋ⁵ 搭茬
骗 pʰin³⁵ 骗（我～你玩的，不是真的）
唱对台戏 tsʰyuŋ³⁵tøy³⁵tai¹¹xi³⁵ 抬杠
做对头 tso³⁵tøy³⁵lai¹¹
应喙 iŋ³⁵⁻⁴⁴tsʰoi³⁵ 顶嘴
□ xœ²¹³ 吵架
拍 pʰak⁵ 打，打架
骂 ma³⁵ 破口骂
乞侬骂 kʰyk⁵nœŋ¹¹ma³⁵ 挨骂
监 kan⁴⁴ 强迫
逼 pit¹
挟 kak¹
落博 løuk⁵pok⁵ 落空，拉倒算了
残否 tsan¹¹mai²¹³ 破坏
无定□ mɔ¹¹tian²¹³⁻⁴⁴ŋɛk¹ 很好动，不安静
起鸟 kʰi⁴²⁻⁵⁵niau²¹³

第十九节　方位

面头 min³⁵⁻⁵⁵（tʰ-）nau¹¹ 跟前
上爿 syuŋ²¹³⁻⁴⁴（p-）mɛn¹¹ 上面

下爿 a²¹³⁻⁴⁴（p-）mɛn¹¹ 下面
地下 tu¹¹wa²¹³ 地下（当心！别掉～）；地上（～脏极了）
天个 tʰin⁴⁴ɛ⁰ 天上
天上爿 tʰin⁴⁴syuŋ²¹³⁻⁴⁴（p-）mɛn¹¹ 天上
山个 san⁴⁴ɛ⁰ 山上
山上爿 san⁴⁴syuŋ²¹³⁻⁴⁴（p-）mɛn¹¹ 山上
墿中 tu²¹³⁻⁴⁴（t-）loŋ⁴⁴ 路上
街中 ke⁴⁴（t-）loŋ⁴⁴ 街上
墙个 tsʰyuŋ¹¹ɛ⁰ 墙上
门个 mun¹¹ɛ⁰ 门上
桌个 tɔʔ⁵ɛ⁰ 桌上
坐桌去 sɒi²¹³tɔʔ⁵u⁰ 坐到位子上（入酒席）
坐桌面去 sɒi²¹³tɔʔ⁵min³⁵u⁰ 坐到桌上
  坐桌上爿去 sɒi²¹³tɔʔ⁵syuŋ²¹³⁻⁴⁴（p-）mɛn¹¹u⁰
椅个 i⁴²ɛ⁰ 椅子上
旁边个 pɔŋ¹¹（p-）min⁴⁴ɛ⁰ 边上
里爿 ti⁴²⁻⁵⁵（p-）ɛn¹¹ 里面
前爿 sɛn¹¹（p-）mɛn¹¹ 外面
手个 tsʰeu⁴²ɛ⁰ 手里
心间头 sin⁴⁴（k-）ŋan⁴⁴nau¹¹⁻⁴⁴ 心里
天坪下 tʰin⁴⁴paŋ¹¹a²¹³ 野外
门头前 mun¹¹（tʰ-）nau¹¹sɛn¹¹ 大门外
墙前 tsʰyuŋ¹¹sɛn¹¹ 墙外
窗对前 tʰoŋ⁴⁴tøy³⁵sɛn¹¹ 窗户外头
窗对下 tʰoŋ⁴⁴tøy³⁵a²¹³ 窗户下边
繪帽＝爿 mɛ²¹³mɔ²¹³pɛn¹¹ 东

解帽＝爿 ɛ²¹³mɔ²¹³pɛn¹¹ 西
下爿 a²¹³⁻⁴⁴（p-）mɛn¹¹ 南
上爿 syuŋ²¹³⁻⁴⁴（p-）mɛn¹¹ 北
东南方 tøŋ⁴⁴nan¹¹xuŋ⁴⁴
东北方 tøŋ⁴⁴pɛk⁵xuŋ⁴⁴
西南方 sɛ⁴⁴nan¹¹xuŋ⁴⁴
西北方 sɛ⁴⁴pɛk⁵xuŋ⁴⁴
墿墘头 tu²¹³⁻⁴⁴kin¹¹（tʰ-）nau¹¹ 路边
床下底 tsʰoŋ¹¹a²¹³⁻⁴⁴tɛ⁴² 床底下
楼下 lau¹¹wa²¹³ 楼底下
骹趾底 kʰa⁴⁴tsi⁴²⁻⁵⁵tɛ¹¹⁻⁵⁵ 脚底下
碗底 uon⁴²⁻⁵⁵tɛ¹¹⁻⁵⁵ 碗底下
鼎底 tiaŋ⁴²⁻⁵⁵tɛ¹¹ 锅底
旁边 pɔŋ¹¹（p-）min⁴⁴
身头 sin⁴⁴（tʰ-）nau¹¹⁻⁴⁴ 附近
面前 min³⁵⁻⁵⁵（s-）nɛn¹¹ 跟前
尽底位 tsen²¹³nøy³⁵ 四面八方
愚爿 kʰœ¹¹pɛn¹¹ 左边
  愚□手 kʰœ¹¹mɔ²¹³⁻⁴⁴tsʰeu⁴²
□爿 oʔ⁵pɛn¹¹ 右边
  □□手 oʔ⁵mɔ²¹³⁻⁴⁴tsʰeu⁴²
行里去 kiaŋ¹¹ti⁴⁴y³⁵ 望里走
行前去 kiaŋ¹¹sɛn¹¹y³⁵ 望外走
行倒头 kiaŋ¹¹to³⁵（tʰ-）lau¹¹ 望回走
  行回头 kiaŋ¹¹xui³⁵（tʰ-）lau¹¹
罔行 mɔŋ⁴²kiaŋ¹¹ 望前走
罔行罔行 mɔŋ⁴²kiaŋ¹¹mɔŋ⁴²kiaŋ¹¹ 一直望前走
左□势 tsɔ⁴²mɔ²¹³⁻⁴⁴（s-）i⁴⁴……以东

愚□势 kʰœ¹¹mɔ²¹³⁻⁴⁴（s-）i⁴⁴
右□势 ieu²¹³mɔ²¹³⁻⁴⁴（s-）i⁴⁴……以西
□□势 ɔk⁵mɔ²¹³⁻⁴⁴（s-）i⁴⁴
里来 ti⁴²⁻⁴⁴lai¹¹ 进来
里去 ti⁴²⁻⁴⁴kʰy³⁵ 进去
过来 ku³⁵⁻⁴⁴lɛi¹¹ 出来，过来

头来 tʰau¹¹lɛi¹¹
前去 sɛn¹¹kʰy 出去
头去 tʰau¹¹kʰy³⁵
外爿 sɛn²¹³⁻⁴⁴（p-）mɛn¹¹ 外面
里爿 ti⁴²⁻⁵⁵（p-）mɛn¹¹ 里面

第二十节　代词

我 ua⁴²
汝 nou⁴² 你，您
伊 i⁴⁴ 他
吾侪 u¹¹（ts-）ɛ¹¹ 我们
吾侪 uɛ¹¹lɛ¹¹ 我们（切脚形式，李墩音）
吾侪 u¹¹（ts-）ɛ¹¹ 咱们
汝侪 nou⁴²⁻¹¹（ts-）ɛ¹¹ 你们
伊侪 i⁴⁴（ts-）ɛ¹¹ 他们
我个 ua⁴²kɛ²¹³ 我的
伊侬 i⁴⁴（n-）œŋ¹¹ 人家
侪侬 tsɛ¹¹nœŋ¹¹ 大家
　侪侪 tsɛ¹¹（ts-）lɛ¹¹
尽侬 tsen²¹³nœŋ¹¹ 所有人
径只 kiŋ³⁵⁻⁵⁵（ts-）niɛk⁵ 所有人，大家
人家（厝）ien¹¹（k-）ŋa⁴⁴（tsʰu³⁵）私人（房）
侬 nøŋ¹¹⁻⁵⁵ 谁？
这蜀只 tsai³⁵（ts-）iɛk⁵ 这个
许蜀只 xai³⁵（ts-）iɛk⁵ 那个
　□只 tsɔn⁻⁵⁵（ts-）iɛk⁵

底位只 tøy³⁵（ts-）iɛk⁵ 哪个？
这夥 tsa¹¹xuɔ³⁵ 这些
　这蜀蜀下 tsai³⁵ia⁻⁴⁴
　这蜀蜀索 tsai³⁵iɔk⁵
许夥 xa³⁵xuɔ³⁵ 那些
　许蜀蜀下 xai³⁵ia⁻⁴⁴
　许蜀蜀索 xai³⁵iɔk⁵
底位蜀下 tøy³⁵ia⁻⁴⁴ 哪些？
这蜀位 tsai³⁵uoi²¹³ 这里
　这蜀堆 tsai³⁵（t-）oi⁴⁴
许蜀位 xai³⁵uoi²¹³ 那里
　许蜀堆 xai³⁵（t-）oi⁴⁴
底位位 ti⁴⁴loi⁴⁴ 哪里？
这夥 tsa¹¹xuɔ³⁵ 这么（高）
许夥 xa³⁵xuɔ³⁵ 那么（高）
这式 tsiɛ³⁵set⁵ 这么（做）
许式 xen³⁵set⁵ 那么（做）
恁个 nin³⁵⁻⁵⁵（k-）ŋɛ⁻⁴⁴ 怎么（做）？
恁个做 nin³⁵⁻⁵⁵（k-）ŋɛ²¹³⁻⁴⁴tso³⁵ 怎么办？

恁个 nin³⁵⁻⁵⁵（k-）ŋɛ⁻⁴⁴ 为什么？
呢毛 ni⁴⁴nok⁵ 什么？
若夥 ni⁴⁴xuɔ²¹³ 多少（钱）？
若夥 ni⁴⁴xuɔ²¹³ 多（久、高、大、厚、重）？
就这式 tso³⁵⁻⁵⁵tsa³⁵⁻set⁵ 就这个样子
就生这调 tso³⁵saŋ⁴⁴tsa³⁵tɛu²¹³
做呢毛 tso³⁵⁻⁵⁵ni⁴⁴nok⁵ 干什么（表示不耐烦不同意）
做呢毛博 tso³⁵⁻⁵⁵ni⁴⁴nok⁵pok⁵
吾侪两只 u¹¹（ts-）ɛ¹¹laŋ²¹³（ts-）iɛk⁵ 我们俩，咱们俩
汝侪两只 nou⁴²⁻¹¹（ts-）ɛ¹¹laŋ²¹³⁻⁴⁴（ts-）iɛk⁵ 你们俩
伊侪两只 i⁴⁴（ts-）ɛ¹¹laŋ²¹³⁻⁴⁴（ts-）iɛk⁵ 他们俩
老公老姥两只 lau²¹³⁻⁴⁴（k-）uŋ⁴⁴lau²¹³⁻⁴⁴ma⁴²laŋ²¹³⁻⁴⁴（ts-）iɛk⁵ 夫妻俩
囝郎奶 kiɛn⁴²⁻⁵⁵（l-）nuŋ¹¹nɛ⁴² 娘俩（母亲和子女）
囝郎爸 kiɛn⁴²⁻⁵⁵（l-）nuŋ¹¹（p-）ma²¹³ 爷俩（父亲和子女）
祖翁囝孙两只 tsu⁴²⁻⁵⁵øŋ⁴⁴kiɛn⁴²⁻⁵⁵（s-）non⁴⁴laŋ²¹³⁻⁴⁴（ts-）iɛk⁵ 爷孙俩
姉母哥两只 sin⁴²⁻⁵⁵mu⁴²⁻⁵⁵（k-）o⁴⁴laŋ²¹³⁻⁴⁴（ts-）iɛk⁵ 妯娌俩
小姑兄嫂两只 siau⁴²⁻⁵⁵（k-）u⁴⁴xian⁴⁴（s-）nɔ⁴²⁻⁵⁵laŋ²¹³⁻⁴⁴（ts-）iɛk⁵ 姑嫂俩
□□新妇两个 ti¹¹iɛ⁴⁴sin⁴⁴（p-）mo²¹³laŋ²¹³⁻⁴⁴（ts-）iɛk⁵ 婆媳俩
兄弟哥两只 xian⁴⁴ti²¹³（k-）o⁴⁴laŋ²¹³⁻⁴⁴（ts-）iɛk⁵ 兄弟俩
姊妹哥两只 tsi⁴²⁻⁴⁴mui³⁵⁻⁴⁴（k-）o⁴⁴laŋ²¹³⁻⁴⁴（ts-）iɛk⁵ 姐妹俩
各穑 ku⁻⁵⁵ɛ²¹³ 别的，其他的

第二十一节　形容词

利 lɛi²¹³ 锋利
钝 toŋ⁴⁴ 不锋利
平直 paŋ¹¹（t-）net¹ 平整
𣍐平直 mɛ²¹³⁻⁴⁴paŋ¹¹（t-）net¹ 不平整
粗里来去 tsʰu⁴⁴li¹¹lai¹¹y⁰ 不光滑
□ nɛt⁵ 凹
胖 pʰoŋ³⁵ 凸
扭 neu⁴⁴ 皱

扭骑去 neu⁴⁴kʰɛi¹¹y⁰
直 tet¹ 竖
横 xuɒŋ¹¹
悬矮岸 kɛn¹¹ɛ⁴²⁻⁵⁵ŋan²¹³ 不水平
长短□ toŋ¹¹tøy⁴²⁻⁵⁵ny⁻⁵⁵ 不整齐
斜 tsʰiɛ¹¹
崎 kʰiɛ³⁵ 陡
□ ŋau¹¹ 歪

直 tet¹

弯 uɔn¹¹

　曲 kʰuk⁵

揉拿藤去 neu¹¹na¹¹ten¹¹y⁰ 像藤条一样扭曲

拱起 køŋ⁴²kʰei⁴²

　驮起 tɔ¹¹kʰei⁴²

　胖起 pʰoŋ³⁵kʰei⁴²

□□个 tseu⁴⁴tseu⁴⁴ᴇ⁰ 不平

没糟 mok⁵tsau⁴⁴ 食物稀烂

古老掉 ku⁴²⁻⁵⁵lɔ⁴²⁻⁵⁵li⁰ 衣服穿久、物品磨损

臭酸掉 tsʰau³⁵son⁴⁴li⁰ 坏了、糟了

　臭□ tsʰau³⁵⁻⁴⁴neu⁻⁴⁴

臭 tsʰau³⁵⁻⁵⁵ 带异味

臭尿花 tsʰau³⁵⁻⁵⁵niu²¹³⁻⁴⁴xuɔ⁴⁴ 带尿臊

臭汗气 tsʰau³⁵⁻⁵⁵kan²¹³⁻⁴⁴kʰi³⁵ 带汗臭

臭燃气 tsʰau³⁵⁻⁵⁵niᴇn¹¹kʰi³⁵ 带焦味

臭油□ tsʰau³⁵⁻⁵⁵ieu¹¹niᴇn³⁵ 油变味

肉□□个 nøuk¹ten²¹³⁻⁴⁴ten²¹³ᴇ⁰ 软而烂

润 non²¹³ 韧

脆 tsʰy³⁵ 脆

蜀索 si¹⁻⁴⁴ok⁵ 一些、一点点、少量

　蜀鼻屎 si⁻⁴⁴pʰi³⁵⁻⁵⁵（s-）lai⁴²

重 tœŋ²¹³

轻 kʰiŋ⁴⁴

油□ ieu¹¹iᴇ¹¹（食物）油腻

密 met¹

疏 sø⁴⁴

□ køuk¹ 稠

浓 noŋ¹¹

浅 tsʰiᴇn⁴² 稀、浅、淡

深 tsʰin⁴⁴

泛空 pʰaŋ³⁵⁻⁵⁵（kʰ-）ŋøŋ⁴⁴ 中空

□ nᴇt⁵ 瘪

平实 paŋ¹¹（s-）nek¹ 整齐

□ sᴇu¹¹ 均匀

胁 min⁴⁴ 吻合

　胁缝去 min⁴⁴pʰoŋ³⁵u⁰

胡毛松个 xo¹¹ma¹¹sœŋ¹¹ᴇ⁰ 乱

缺喙食鼻□ kʰiᴇk⁵tsʰy³⁵siᴇk¹pʰi³⁵lœ¹¹ 形容刚好、恰好

喙膜犬屎堆去 tsʰy³⁵mɔk⁵kʰᴇn⁴²sai⁴²⁻⁴⁴toi⁴⁴u⁰

喙膜屎去 tsʰy³⁵mok⁵pᴇ⁴⁴u⁰

屎拉汝电饭煲去 sai⁴²na¹¹nou⁴²tiᴇn²¹³⁻⁴⁴xuɔn³⁵pɔ⁴²u⁰

猫狸食蛎 ma¹¹ni³⁵siᴇ（-k）¹⁻⁴⁴tiᴇ²¹³

糊里麻松去 xo¹¹li⁴²⁻⁵⁵ma¹¹soŋ¹¹y⁰ 潦草，疯疯癫癫地

正 tsiaŋ³⁵ 地道（风味~）

跳去跳去 tʰeu³⁵u⁰tʰeu³⁵u⁰ 颠簸

　□去□去 iᴇk⁵u⁰iᴇk⁵u⁰

□ ten⁴⁴ 硌

夹 kak¹ 卡住

经 kaŋ⁴⁴ 绊住

缠 tin¹¹ 绊住

勾 kau⁴⁴ 绊住

绷栓 paŋ⁴⁴soŋ⁴⁴ 碍着
碏头肉 tak⁵tʰau¹¹nɵuk¹ 可有可无的东西
抛转爿 pʰa⁴⁴tøn⁴²⁻⁵⁵pɛn¹¹⁻⁵⁵ 颠倒
接身兜去 tsik⁵sin⁴⁴nau⁴⁴u⁰ 粘连
裂 lɛt¹
悬 xɛn¹¹ 垂
翘 kʰiu³⁵
鬆 suŋ⁴⁴
　胡毛松个 xo¹¹ma¹¹sœŋ¹¹ɛ⁰
□□个 ɛn¹¹ɛn¹¹ɛ⁰ 紧绷
赤白 tsʰiɛ（-k）⁵⁻⁵⁵pak¹ 赤条条的
　光落去 kuŋ⁴⁴lok⁵y⁰
□ tɛ²¹³ 遮蔽
巧 kʰiau⁴² 灵巧
□ taŋ¹¹ 照射
爆炸 po³⁵⁻⁴⁴（ts-）ʒa³⁵
　炸 tsa³⁵
褪色 tʰøy³⁵⁻⁵⁵sɛk⁵
无干 mɔ¹¹kan³⁵ 失效
施 tsʰiɛ³⁵ 传染
哽 kaŋ⁴² 呛嗓
唔用 n²¹³⁻⁴⁴yøŋ²¹³ 不需要
嗷嗷𡅏去 ŋɔ¹¹ŋɔ¹¹tɛn¹¹u⁰ 沸沸扬扬
　乓乓𡅏去 pʰin⁴⁴pʰoŋ³⁵tɛn¹¹u⁰
清薄 tsiŋ³⁵⁻⁵⁵pɔk¹ 冷清
……去 y⁰……的样子
　……博……pɔk⁵
草鞋博 tsʰau⁴²⁻⁵⁵ɛ¹¹⁻⁵⁵pɔk⁵ 没有规矩的样子
师傅博 sai⁴⁴ɔu²¹³⁻⁴⁴pɔk⁵ 走江湖的样子
乞食博 kʰyʔ⁵⁻⁵⁵siɛ（-ʔ）¹pɔk⁵ 乞丐样
囫囵只 kɔ¹¹lɔn¹¹tsiɛk⁵ 整个
血枯掉 xɛt⁵ku⁴⁴li⁰（血液）不流通
光 kuŋ⁴⁴ 亮
□目珠 taŋ¹¹mok¹（ts-）iu⁴⁴ 耀眼
糙夹去 tso³⁵kiɛt⁵u⁰ 头发无光泽
晕晕个 xon¹¹xon¹¹ɛ 蒙蒙亮（天色）
透明 tʰau³⁵⁻⁵⁵mɛn¹¹ 透明
浓 noŋ¹¹ 颜色深
浅 tsʰiɛn⁴² 颜色浅
倒□ to³⁵⁻⁵⁵taŋ¹¹ 夺目
臭黄 tsʰau³⁵⁻⁵⁵uŋ¹¹ 青菜炒得太久发黄的样子
过力 ku³⁵lɛt¹ 疲态
乞苦相 kʰik⁵kou⁴²⁻⁵⁵syuŋ³⁵ 寒酸
跌苦相 tiɛk⁵kou⁴²⁻⁵⁵syuŋ³⁵ 苦相
□ tsʰan¹¹ 健壮
衰 soi⁴⁴ 瘦弱；倒霉
稀稀拉拉 xi⁴⁴xi⁴⁴la⁴⁴la⁴⁴ 三三两两
长长短短 tɔŋ¹¹tɔŋ¹¹tøy⁴²⁻⁵⁵tøy⁴² 七长八短
辛辛苦苦 sin⁴⁴sin⁴⁴kʰu⁴²⁻⁵⁵kʰou⁴² 千辛万苦
变来变去 pin³⁵lɛi¹¹pin³⁵kʰy³⁵ 千变万化
尽式都有 tsɛn²¹³sɛk⁵to⁴⁴ɔu²¹³ 五花八门
百心艪定 pak⁵xin⁴⁴mɛ²¹³⁻⁴⁴tiaŋ²¹³ 七上八下
穧侬穧喙穧股川 sɛ²¹³⁻⁴⁴nœŋ¹¹sɛ²¹³⁻⁴⁴

第三章 贡川方言词汇表

tsʰy³⁵sᴇ²¹³⁻⁴⁴ku⁴²⁻⁵⁵luŋ⁴⁴ 七嘴八舌

鸡犬过刀 ki⁴⁴kʰᴇn⁴²ku³⁵tɔ⁴⁴ 形容残忍，鸡犬都不放过

番薯米勾白饭 xuɔŋ⁴⁴（s-）nᴇu¹¹⁴⁴mei⁴²kʰau⁴⁴pa（-k）¹⁻⁴⁴maŋ³⁵ 形容成分混杂

共店驮豆腐 kœŋ²¹³⁻⁴⁴ten³⁵tɔ¹¹tau²¹³⁻⁴⁴o²¹³ 形容一模一样

头天不知 tʰau¹¹tʰin⁴⁴pukˀ⁵tiˀ⁴⁴ 形容无知

步步交针 pu²¹³⁻⁴⁴pu²¹³kau⁴⁴tsen⁴⁴ 按部就班

食硬饭拉硬屎 siᴇk¹ŋœŋ²¹³⁻⁴⁴maŋ³⁵na¹¹ŋœŋ²¹³⁻⁴⁴sai⁴² 人穷却死要面子

白汗落去 pak¹kan²¹³lɔk¹u⁰ 大汗淋漓

否汗落去 mai³⁵⁻⁵⁵kan²¹³lɔk¹u⁰

忖个雷瞋去 tsʰɔn¹¹ᴇ⁰lai¹¹tᴇn¹¹nu⁰ 说得轻巧

讲个□赖样个 kɔŋ⁴²ᴇ⁰lɔ²¹³lai³⁵yuŋ²¹³⁻⁵⁵ᴇ⁰

黄病拍衰家 uŋ¹¹（p-）maŋ²¹³pʰakˀ⁵soi⁴⁴ka⁴⁴ 倒霉

火烧头痛 xøy⁴²siu⁴⁴tʰau¹¹tʰiaŋ³⁵ 形容身体有恙

身架好 sin⁴⁴（k-）ŋa³⁵xɔ⁴² 身材好

无性 mɔ¹¹（s-）laŋ³⁵ 慢性子

无粕 mɔ¹¹pʰɔk⁵ 太过分

无影 mɔ¹¹eŋ⁴²

管闲事 kuɔn⁴²⁻⁵⁵ᴇn¹¹（s-）nɔu²¹³ 爱管闲事

无症 mɔ¹¹tsen³⁵ 无奈

过德 ku³⁵⁻⁴⁴tᴇk⁵ 缺德

讲话头 kɔŋ⁴²uɔ²¹³（tʰ-）lau¹¹⁻⁴⁴ 比喻、暗示

讲话头，嘀话尾 kɔŋ⁴²uɔ²¹³（tʰ-）lau¹¹⁻⁴⁴，ti⁴⁴uɔ²¹³møy⁴² 话一开头，对方便知后面要说什么

做话头 tsɔ²¹³uɔ²¹³（tʰ-）lau¹¹⁻⁴⁴ 做例子、取笑

老实 lɔ⁴²⁻⁵⁵（s-）lek¹

极煞 kik⁵sak⁵ 形容程度高，到极致

厉害 li⁻⁴⁴xai²¹³

共个毛 kœŋ²¹³ᴇ⁰nok⁵ 相同

共夥毛 kœŋ²¹³xuɔ³⁵⁻⁵⁵nok⁵

𠱰共个毛 mᴇ²¹³⁻⁴⁴kœŋ²¹³ᴇ⁰nok⁵ 不同

差𠱰狠 tsʰa⁴⁴mᴇ²¹³⁻⁴⁴xᴇn⁴² 差不多

拍双 pʰak⁵søŋ⁴⁴ 成双

𠱰拍双 mᴇ²¹³⁻⁴⁴pʰak⁵søŋ⁴⁴ 不配对

拍单 pʰak⁵tan⁴⁴

胖 pʰoŋ³⁵ 胀

胀 tyuŋ³⁵

胫管这驮梨柄个 ta⁴⁴øn⁴²tsɔ¹¹lᴇi¹¹paŋ³⁵ŋᴇ⁰ 形容人瘦，脖子细

安得弹 an⁴⁴nik⁵tan¹¹ 醉醺醺的样子

□ sa⁴⁴ 嚣张

够意 kau³⁵⁻⁴⁴i³⁵ 过瘾

怄气 kʰau³⁵⁻⁴⁴（kʰ-）i³⁵ 很麻烦

畏气 ui³⁵⁻⁴⁴i³⁵ 很客气

喝喝个 xat⁵xat⁵ɛ⁰ 马马虎虎的
红滴去 œŋ¹¹tek⁵u⁰ 红彤彤的
白闪去 pak¹siɛk⁵u⁰ 白亮亮的
白喷去 pak¹⁴⁴pʰun³⁵u⁰ 白亮亮的
黄□去 uŋ¹¹ti³⁵u⁰ 不够黄亮
黄□去 uŋ¹¹pʰœ¹¹u⁰ 黄澄澄的
金烂去 kin⁴⁴laŋ³⁵u⁰ 金灿灿的
　金□□个 kin⁴⁴niaŋ³⁵⁻⁴⁴niaŋ³⁵ɛ⁰
绿泼去 luk¹pʰɔt⁵u⁰ 很绿
　青滚去 tsʰaŋ⁴⁴køn⁴²u⁰
晶灌去 tsin⁴⁴kuɔŋ³⁵u⁰ 水很澄澈
澈□去 tʰak⁵lok⁵u⁰ 很干净
　澈镜去 tʰak⁵kiaŋ³⁵u⁰
光□去 kuŋ⁴⁴tʰoŋ³⁵u⁰ 很亮
光徐去 kuŋ⁴⁴sy³⁵u⁰ 很光滑
佝偻□去 keu¹¹leu¹¹tsʰi¹¹u⁰ 卷卷的
晏黜去 an³⁵tsʰok¹u⁰ 很暗
香喷去 xyɔŋ⁴⁴pʰun³⁵u⁰ 香喷喷的
臭□去 tsʰau³⁵piɛk¹u⁰ 臭烘烘的
糊□□去 ko¹¹ni¹¹nak¹u⁰ 黏糊糊的
软□去 nøn⁴²tuk⁵u⁰ 软绵绵的
　软□去 nøn⁴²tsiɛk⁵u⁰
硬□去 ŋœŋ²¹³kʰɔk¹u⁰ 硬邦邦的
　邦硬 puɔŋ⁴⁴ŋœŋ²¹³
模铁去 tɛn²¹³tʰit⁵u⁰ 很结实
焦涸去 ta⁴⁴kʰok⁵u⁰ 干燥的
碎糟去 tsʰøy³⁵tsau⁴⁴u⁰ 很零碎
泛糟去 pʰaŋ³⁵tsau⁴⁴u⁰ （固体）松垮、
　肥大

烊糟去 pʰaŋ³⁵tsau⁴⁴u⁰ 烂糟糟的
没糟去 mɔk⁵tsau⁴⁴u⁰（泥土、松软物）
　烂糟糟的
澹□去 tan¹¹tsʰɛ¹¹u⁰ 湿漉漉的
闲清去 ɛn¹¹tsʰiŋ³⁵u⁰ 静悄悄的；表情
　冷淡
重锤去 tœŋ²¹³tʰoi¹¹u⁰ 很沉
轻□去 kʰin⁴⁴pɔŋ⁴²u⁰ 很轻
　轻蹐去 kʰin⁴⁴tsiɛk⁵u⁰
短□去 tøy⁴²nɔt⁵u⁰ 很短
长□□去 tɔŋ¹¹ni¹¹nɛu¹¹u⁰ 很长
悬□□去 kɛn¹¹ni¹¹nan¹¹u⁰ 很高
矮毛去 ai⁴²nɔk⁵u⁰ 很矮
厚□去 kau²¹³kʰouk¹u⁰ 很厚
薄棠去 pɔk¹liɛk⁵u⁰ 很薄
愚都=死去 kʰœ¹¹tu⁴⁴sei⁴²u⁰ 很傻
热□去 ik¹kɔ¹¹u⁰ 很热
清极去 tsʰiŋ³⁵kik⁵u⁰ 很冰凉
肥必去 poi¹¹pit⁵u⁰ 很胖
瘦夹去 soi⁴⁴kʰiɛt⁵u⁰ 很瘦
老□去 lao²¹³tsʰœ¹¹u⁰ 人很老
　老镜=去 lao²¹³kiaŋ³⁵u⁰
嫩□去 nɔn²¹³tʰɔt¹u⁰ 很小
过□去 kuɔ⁴⁴niɛt⁵u⁰ 菜很老
幼木去 eu³⁵mok¹u⁰ 菜很嫩
圆□□去 in¹¹ki¹¹lin³⁵u⁰ 很圆
　圆□□去 in¹¹ku¹¹lɔŋ³⁵u⁰
扁□去 pen⁴²pʰɛk¹u⁰ 很扁
□□去 xiɛ¹¹lok⁵u⁰ 很光滑

□□去 xiɛ¹¹lau⁻⁴⁴u⁰　　　　　　　　甜□去 tin⁴⁴tʰɔŋ⁴²u⁰ 很甜
滑□去 kɔt¹sy³⁵u⁰ 很滑　　　　　　苦极去 kʰu⁴²kik⁵u⁰ 很苦
粗□去 tsʰu⁴⁴lœ¹¹u⁰ 很粗糙　　　　　苦□去 kʰu⁴²lɐu⁴⁴u⁰
　粗里来去 tsʰu⁴⁴li¹¹lai¹¹u⁰　　　　辣□去 tiɛk¹lœ¹¹u⁰ 很辣
咸□去 kiɛn¹¹tʰaŋ³⁵u⁰ 很咸　　　　酸夹去 sɔn⁴⁴kiɛt⁵u⁰ 很酸
鬵□去 tsiɛn⁴²tsik⁵u⁰ 味道很淡　　　涩□去 sek⁵kʰik¹u⁰ 很涩
　鬵□去 tsiaŋ⁴²pek⁵u⁰　　　　　　饱埾去 pa⁴²tʰuk⁵u⁰ 很饱
□腻 xɛ⁻⁴⁴nɔ²¹³ 油腻　　　　　　　脆□去 tsʰui³⁵niɛk⁵u⁰（食物）脆

第二十二节　副词、介词

适适 tei⁻⁵⁵tei⁴² 刚（我～来，没赶　　　　要不然我们就走错了）
　上；不大不小，～合适）；刚好　　当面 tɔŋ⁴⁴min³⁵ 当面（有话～说）
　（～十块钱）　　　　　　　　　着股后 tek¹ku⁻⁵⁵nau²¹³⁻⁴⁴ 背地（不
正好 tsiaŋ³⁵⁻⁵⁵xɔ⁴² 刚好（～十块钱）　要～说）
适适好 tei⁻⁵⁵tei⁴²xɔ⁴² 刚好（～十块　替阵 tʰe³⁵⁻⁵⁵ten²¹³ 一块儿（咱们～去）
　钱）；刚巧（～我在那儿）　　　　共夥 kœn²¹³xuɔ³⁵ 一样（～大）
若 na²¹³ 净（～吃米，不吃面）　　　平平 paŋ¹¹（p-）maŋ¹¹
蜀索 sik¹¹sok⁵ 有点儿（天～冷）　　侪自 tsɐi¹¹（ts-）nɐi²¹³ 一个人（自己：
惊□ kiaŋ⁴⁴ni⁰ 怕（也许：～要下雨）；　他～）
　也许（明天～要下雨）　　　　　随手 soi¹¹tsʰeu⁴² 顺便儿（请他～给我
差蜀索 tsʰa⁴⁴si⁻⁴⁴sok⁵ 差点儿（～摔了）　买本书）
快住 kʰe³⁵⁻⁵⁵（t-）øu²¹³⁻⁴⁴ 赶紧　　特头 tek¹（tʰ-）au¹¹ 故意（～捣乱）
马上 ma⁴²⁻⁵⁵syəŋ²¹³ 马上（～就来）　到底 to³⁵⁻⁵⁵tɛ⁴² 到底（他～走了没有，
不论毛辰候 puk⁵lɔn²¹³nok⁵sɛn¹¹nau²¹³　你要问清楚）
　早晚（随时：～来都行）　　　　全只 tsun¹¹（ts-）niɛʔ⁵ 压根儿
儅就…… taŋ⁴⁴tseu²¹³⁻⁴⁴ 眼看（～就到　（他～不知道）
　期了）　　　　　　　　　　　　是 sɐi²¹³ 实在（这人～好）
固得好 ku³⁵li⁰xɔ⁴² 幸亏（～你来了，　实实 se（-k）¹⁻⁴⁴sek¹ 实在（这人～好）

可……kʰœ¹¹ 真……，实在……
快 kʰe³⁵ 平四十（接近四十：这人已经～了）
四十八身头 si³⁵ᴇ⁻⁴⁴pɛʔ⁵sin⁴⁴（tʰ-）nau¹¹⁻⁴⁴ 四十七八
全若 tsun¹¹na²¹³ 一共（～才十个）
莫 mɔk¹ 不要（慢慢儿走，～跑）
快快 kʰe³⁵⁻⁴⁴kʰe³⁵ 早（～来了）
白 pak¹ 白（不要钱：～吃）
白白 pa（-k）¹⁻⁴⁴pak¹ 白（空：～跑一趟）
就爱 tseu²¹³øy³⁵ 偏（你不叫我去，我～去）
乱 lɔn²¹³ 胡（～搞～说）
先 sɛn⁴⁴ 先（你～走，我随后就来）
头先 tʰau¹¹sɛn⁴⁴ 先（他～不知道，后来才听人说的）
□另 ta⁻⁴⁴lɛŋ²¹³ 另外（～还有一个人）
乞 kʰyk⁵ 被（～狗咬了一口）
帮 puŋ⁴⁴ 把（～门关上）
这驮 tsɔ¹¹ 对（～我说）
对 tøy³⁵ 对（你～他好，他就～你好）
这驮 tsɔ¹¹ 对着（他～我直笑）
遭 kau³⁵ 到（～哪儿去？～哪天为止？）
着 tek¹ 在（～哪儿住家？）
拍 pak⁵ 从（～哪儿走？）

拍 pak⁵ 从（～中间画条线）
□ tsøŋ¹¹ 自从（～他走后我一直不放心）
凭 peŋ¹¹ 照（～这样做就好）
用 yøŋ²¹³ 使（你～毛笔写）使 sai⁴²
凭 peŋ¹¹ 顺着（～这条大路一直走）
随 soi¹¹（沿着：～河边走）
□ ŋau¹¹ 朝（～后头看看）
帮 pɔŋ⁴⁴ 替（你～我写封信）；给（～大家办事）；给（他把门～关上了）；给我（虚用，加重语气：你～吃干净这碗饭！）
这驮 tsɔ¹¹ 和（这个～那个一样）
这驮 tsɔ¹¹ 向（～他打听一下；～他借一本书）
帮……话做 puŋ⁴⁴……o³⁵tso³⁵ 管……叫（有些地方管白薯叫山药）
帮……驮来做 puŋ⁴⁴……tɔ¹¹lɛi¹¹tso³⁵ 拿……当（有些地方拿稻秆当柴烧）
□嫩 tsøŋ¹¹nɔn²¹³ 从小（他～就能吃苦）
落⁼跟⁼lɔk¹kɔn⁴⁴ 本来（～他身体很好）
就讲 tso²¹³kɔŋ⁴² 就算（～去打工）

第二十三节　附加成分

……得去 tøuk⁵u⁰……极了

无变……mɔ¹¹piŋ³⁵

过德……ku³⁵⁻⁵⁵tɛk⁵

做□ tso³⁵⁻⁵⁵tsɛ²¹³

……得惨……i⁵tsʰan⁴²……得很

……死去……si⁴²o⁰……要命（要死）

……没掉……mɔk⁵i⁰

……𣍐受 mɛ²¹³⁻⁴⁴seu²¹³……不行

……𣍐载 mɛ²¹³⁻⁴⁴tsai³⁵……

极煞 kik⁵sak⁵ 不得了

第一 ti³⁵ 最……不过

呢毛好食 ni⁴⁴nok⁵xɔ⁴²⁻⁵⁵（s-）iɛk¹ 吃头

（这个菜没……）

第二十四节　量词

蜀字 si¹¹tsɛi²¹³ 十五分钟

□ xun³⁵ 十份为一升

条 tɛu¹¹ 一把（椅子）

四架 si³⁵ka³⁵ 熟鸡蛋、瓜等球状物体纵向切成平均四份

驮 tɔ¹¹ 一节（树干）

丸 un¹¹ 一坨（屎）

粒 lat¹ 一枚（奖章）

本 puɔn⁴² 一本（书）

笔 pit⁵ 一笔（款）

头 tʰau 一匹（马）

头 tʰau 一头（牛）

封 xun⁴⁴ 一封（信）

帖 tʰɛt⁵ 一服（药）

样 yuŋ²¹³ 一味（药）

条 tɛu¹¹ 一道（河）

顶 tiaŋ⁴² 一顶（帽子）

条 tɛu¹¹ 一锭（墨）

件 kyn³⁵ 一档子（事）

丸 mun¹¹ 一朵（花儿）

顿 ton³⁵ 一顿（饭）

条 tɛu¹¹ 一条（手巾）

架 ka³⁵ 一辆（车）

指 tsei⁴² 一子儿（羊毛）

磅 pʰɔŋ²¹³ 十子儿（羊毛）

枝 ki⁴⁴ 一枝（花儿）

爿 pɛn¹¹ 一只（手）

把 pa⁴² 一盏（灯）

张 tyuŋ⁴⁴ 一张（桌子）

桌 tɔʔ⁵ 一桌（酒席）

□ koŋ⁴⁴ 一场（雨）

台 tai¹¹ 一出（戏）

床 tsʰɔŋ¹¹ 一床（被子）　　门 mun¹¹ 一门（亲事）
身 sin⁴⁴ 一身（棉衣）　　刀 to⁴⁴ 一刀（纸）
把 pa⁴² 一管（笔）　　沓 tʰɛk¹ 一沓（纸）
条 tɐu¹¹ 一根（头发）　　缸 kɔŋ⁴⁴ 一缸（水）
株 tau⁴⁴ 一棵（树）　　碗 uɔn⁴² 一碗（饭）
粒 lat¹ 一颗（米）　　杯 pui⁴⁴ 一杯（茶）
粒 lat¹ 一粒（米）　　把 pa⁴² 一把（米）
棱 liŋ³⁵ 一块（砖）　　捏 nɛt¹ 一把儿（萝卜）
头 tʰau 一口（猪）　　包 pau⁴⁴ 一包（花生）
只 tsiɛʔ⁵ 一口儿（人）　　捆 kʰøn⁴² 一卷（纸）
两只 laŋ²¹³tsiɛʔ⁵ 两口子（夫妻俩）　　件 kyn³⁵ 一捆（行李）
间 kan⁴⁴ 一家（铺子）　　担 tan³⁵ 一担（米）
架 ka³⁵ 一架（飞机）　　担 tan³⁵ 一挑（水）
只 tsiɛʔ⁵ 一间（屋子）　　排 pɛ¹¹ 一排（桌子）
栋 tøŋ³⁵ 一所（房子）　　□ tai¹¹ 一挂（鞭炮）
对 ⁼tøy³⁵ 一件儿（衣裳）　　句 ku³⁵ 一句（话）
行 ɔŋ¹¹ 一行（字）　　只 tsiɛʔ⁵ 一位（客人）
篇 pʰin⁴⁴ 一篇（文章）　　双 søŋ⁴⁴ 一双（鞋）
编 pin⁴⁴ 一叶（书）　　对 tøy³⁵ 一对（花瓶）
节 tsɛt⁵ 一节（文章）　　副 xo³⁵ 一副（眼镜）
段 tɔn²¹³ 一段（文章）　　套 tʰo³⁵ 一套（书）
片 pʰin³⁵ 一片（好心）　　种 tsuŋ⁴² 一种（虫子）
棱 liŋ³⁵ 一片儿（肉）　　帮 pɔŋ⁴⁴ 一伙儿（人）
面 min³⁵ 一面（旗）　　帮 pɔŋ⁴⁴ 一帮（人）
重 tʰøŋ¹¹ 一层（纸）　　批 pʰi⁴⁴ 一批（货）
□ kɔŋ⁴⁴ 一股（香味儿）　　帮 pɔŋ⁴⁴ 一拨（人）
条 tɐu¹¹ 一座（桥）　　只 tsiɛʔ⁵ 一个
　座 tsɔ²¹³　　起 kʰi⁴² 一起
盘 puɔn¹¹ 一盘（棋）　　岫 siu³⁵ 一窝（蜂）

串 tsʰuɔn³⁵ 一嘟噜（葡萄）
柞 na¹¹ 一柞（大拇指与中指张开的长度）
寻 tsʰin¹¹ 一度（两臂平伸两手伸直的长度）
指头 tsei⁴²⁻⁵⁵（tʰ-）nau¹¹⁻⁵⁵ 一指（长）
指 tsʰai⁴² 一指（宽）
巴□ pa⁴⁴na⁴⁴ 一掌（大）
成 siaŋ¹¹ 一成儿
面 min³⁵ 一脸（土）
身 sin⁴⁴ 一身（土）
腹肚 puk⁵（t-）lou⁴² 一肚子（气）
顿 ton³⁵（吃）一顿
倒 to³⁵（走）一趟
下 a²¹³（打）一下
下 a²¹³（看）一眼
喙 tsʰy³⁵（吃）一口
晡团 pu⁴⁴kiɛn⁴²（谈）一会儿
□ koŋ⁴⁴（下）一阵（雨）
□ koŋ⁴⁴（闹）一场
面 min³⁵（见）一面
座 tsɔ²¹³ 一尊（佛像）
扇 sin³⁵ 一扇（门）
幅 xuk⁵ 一幅（画）
面 min³⁵ 一堵（墙）
稜 liŋ³⁵ 一瓣（花瓣）
堵 tou⁴² 一泡（尿）
只 tsiɛʔ⁵ 一处（地方）
场 tɔŋ¹¹ 一套（书）

班 pan⁴⁴ 一班（车）
倒 to³⁵（洗）一水（衣裳）
窑 iu¹¹（烧）一炉（陶器）
丸 un¹¹ 一团（泥）
堆 toi⁴⁴ 一堆（雪）
槽 sɔ¹¹ 一槽（牙）
喙 tsʰy³⁵ 一口（牙）
条 tɛu¹¹ 一列（火车）
排来 pa¹¹lai¹¹ 一系列（问题）
垎 tu²¹³ 一路（公共汽车）
师 su⁴⁴ 一师（兵）
旅 ly⁴² 一旅（兵）
团 tʰuɔn⁴² 一团（兵）
营 iaŋ¹¹ 一营（兵）
连 lin¹¹ 一连（兵）
排 pɛ¹¹ 一排（兵）
班 pan⁴⁴ 一班（兵）
组 tsu⁴² 一组
撮 tsʰɔk⁵ 一撮（毛）
粒 lat¹ 一轴儿（线）
柱 tʰeu²¹³ 一绺（头发）
台 ⁼tai¹¹ 一串（粽子）
结 kɛk⁵ 一串（粽子）
穗 nui³⁵ 一串（粽子）
堵 tu⁴² 橱子的一门
稜 liŋ³⁵
届 kai³⁵（开）一届（会议）
任 iɛn²¹³（做）一任（官）
盘 puɔn¹¹（下）一盘（棋）

201

桌 tɔʔ⁵（请）一桌（客）

串 tsʰun³⁵（打）一圈（麻将）

　□ suk¹

　□ kʰɔ⁴²

条 tɛu¹¹ 一丝儿（肉）

撮 tsʰɔk⁵ 一点儿（面粉）

滴 tik⁵ 一滴（雨）

盒 at¹ 一盒儿（火柴）

盒 at¹ 一匣子（手饰）

箱 syɔŋ⁴⁴ 一箱子（衣裳）

架 ka³⁵ 一架子（小说）

橱 tɛu¹¹ 一橱（书）

桌柜 tɔʔ⁵uoi²¹³ 一抽屉（文件）

篮 lan¹¹ 一筐子（菠菜）

篮 lan¹¹ 一篮子（梨）

篓 lɛu⁴² 一篓子（炭）

炉 lɔu¹¹ 一炉子（灰）

包 pau⁴⁴ 一包（书）

袋 tɒi²¹³ 一口袋（干粮）

池 ti¹¹ 一池子（水）

缸 kɔŋ⁴⁴ 一缸（金鱼）

瓶 pen¹¹ 一瓶子（醋）

罐 kuɔn³⁵ 一罐子（荔枝）

瓮 øŋ³⁵ 一坛子（酒）

坛 tan¹¹ 一坛子（酒）

桶 tʰœŋ⁴² 一桶（汽油）

滚 køn⁴² 一瓢（开水）

面桶 min³⁵⁻⁵⁵（tʰ-）nœŋ⁴² 一盆（洗澡水）

壶 ou¹¹ 一壶（茶）

鼎 tiaŋ⁴² 一锅（饭）

屉 tʰe³⁵ 一笼（包子）

盘 puɔn¹¹ 一盘（水果）

碟 tik¹ 一碟儿（小菜）

杯 pui⁴⁴ 一杯（茶）

盅 tsuŋ⁴⁴ 一盅（烧酒）

匏头 pu¹¹（tʰ-）lau¹¹ 一瓢（汤）

调羹 tiu¹¹（k-）aŋ⁴⁴ 一勺子（汤）

调羹 tiu¹¹（k-）aŋ⁴⁴ 一勺儿（酱油）

蜀两只 si⁻⁴⁴laŋ²¹³⁻⁴⁴（ts-）iɛk⁵ 个把两个

百把只 pak⁵pa⁴²⁻⁵⁵（ts-）iɛk⁵ 百把来个

千把侬 tsʰɛn⁴⁴pa⁴²nœŋ¹¹⁻⁵⁵ 千把人

万把对 uɔn²¹³⁻⁴⁴pa⁴²⁻⁴⁴tøy³⁵ 万把块钱

里把墿 li⁴²⁻⁴⁴pa⁴²⁻⁵⁵tu²¹³ 里把路

蜀两里墿 si⁻⁴⁴laŋ²¹³⁻⁴⁴li⁴²⁻⁵⁵tu²¹³ 里把二里路

蜀两亩 si⁻⁴⁴laŋ²¹³⁻⁴⁴mɛu⁴² 亩

第四章 贡川方言口头文化示例

第一节 《病囝传》

《病囝传》介绍了一位女性从怀孕到生完孩子这一年的经历,从一月到十二月共12段,怀孕后阿妹很想吃东西,每段阿妹都对阿哥提出了一种新的口味或要求,是一首活泼可爱的歌谣。发音人:陈胜财,1937年生,周宁县礼门乡大林村人,与贡川方言口音基本一致。

正月啊出去我心知,(正月里出门我心里清楚,)

tsiaŋ ŋut a tsʰiu kʰy ua sin ti,

小妹病囝啊哥不知,(阿妹怀孕了阿哥不知道,)

a mui paŋ kiɛn na ko puk ti,

阿哥啊问妹啊食物毛啊,(阿哥问阿妹吃什么呀,)

a ko na mun mui lo siɛk ni nok a,

爱食鸡角哦腊猪心。(想吃公鸡和腊猪心。)

oi siɛk ki køuk o lak ty sin.

二月蜀节啊桃花红啊,(二月里来桃花红,)

nɛi ŋut a si tsɛk a tʰɔ xuɔ œŋ,

妹啊病囝啊面又红。(阿妹怀孕了面庞红。)

a mui paŋ kiɛn na min ieu œŋ.

阿哥啊问妹啊食物毛啊,(阿哥问阿妹吃什么呀,)

a ko na mun mui lo siɛk ni nok a,

忖食那橘囝啊也无红。(想吃橘子呀还没熟。)

tsʰɔn siɛk ki kiɛn no iɛ mɔ œŋ.

三月蜀节啊三月三啊,（三月里来三月三,）

san ŋut a si tsɛk a san ŋut san,

小妹病囝啊,面又青。（阿妹怀孕了面色青。）

a mui paŋ kiɛn na min ieu tsʰaŋ.

阿哥啊问妹啊食物乇啊,（阿哥问阿妹吃什么呀,）

a ko na mun mui lo siɛk ni nok a,

爱食杨梅啊树上生。（想吃杨梅啊树上长的那些。）

oi siɛk yuŋ mui la tsʰiu syuŋ saŋ.

四月啊蜀节啊四月塍啊,（四月里来耕田忙,）

si ŋut a si tsɛk a si ŋut tsʰɛn na,

阿妹病囝啊两头闲。（阿妹怀孕了两边空闲。）

a mui paŋ kiɛn na laŋ nau ɛn.

阿哥啊问妹啊食物乇啊,（阿哥问阿妹吃什么呀,）

a ko na mun mui lo siɛk ni nok a,

爱食李干啊共李咸。（要吃李干和腌制的咸李。）

oi siɛk li kan na kœŋ li kɛn.

五月蜀节五梅花,（五月里来梅花开,）

ŋou ŋut a si tsɛk a ŋou mui xuɔ,

阿妹病囝啊面又花。（阿妹怀孕了面色好看。）

a mui paŋ kiɛn na min ieu xuɔ.

阿哥啊问妹啊食物乇啊,（阿哥问阿妹吃什么呀,）

a ko na mun mui lo siɛk ni nok a,

爱食豇豆啊夹刺瓜。（要吃豇豆和黄瓜。）

oi siɛk koŋ tau la kak tsʰiɛ kuɔ.

六月蜀节啊六月中,（六月里来六月中,）

lœok ŋut a si tsɛk a lœok ŋut toŋ,

阿妹病囝啊骹手酸。（阿妹怀孕了身体难受。）

a mui paŋ kiɛn na kʰa tsʰiu son.

阿哥啊问妹啊食物乇啊,（阿哥问阿妹吃什么呀,）

a ko na mun mui lo sıɛk ni nok a,

爱食鸡蛋啊洋参汤。(要吃鸡蛋和人参汤。)

oi sıɛk ki lɔn na yuŋ sɛn tʰoŋ.

七月啊蜀节啊七月半,(七月里来是中元节,)

tsʰik ŋut a si tsɛk a tsʰik ŋut puɔn,

阿妹有囝哦,心又宽。(阿妹怀孕了心很宽。)

a mui paŋ kıɛn na sin ieu kʰuɔn.

阿哥啊问妹啊食物乇啊,(阿哥问阿妹吃什么呀,)

a ko na mun mui lo sıɛk ni nok a,

爱食鸭母呀共全番。(要吃母鸭和外来的肥鸭。)

oi sıɛk at mɔ li kœŋ tsun xuɔn.

八月啊蜀节啊八中秋,(八月里来是中秋节,)

pet ŋut a si tsɛl a pet toŋ tsʰiu,

阿妹有囝哦,心也焦。(阿妹怀孕了心里很着急。)

a mui o kıɛn na sin ieu tsiu.

阿哥啊问妹啊食物乇啊,(阿哥问阿妹吃什么呀,)

a ko na mun mui lo sıɛk ni nok a,

忖食那牛心哦做中秋。(想吃那牛心啊过中秋。)

tsʰɔn sıɛk tso ŋou sin na tso tuŋ tsʰiu.

九月啊蜀节啊遭重阳,(九月里来是重阳节,)

kau ŋut na si tsɛk a kau toŋ yuŋ,

阿妹有囝啊,心又凉,(阿妹怀孕了心很凉。)

a mui paŋ kıɛn na sin ieu lyuŋ.

阿哥啊问妹啊食物乇啊,(阿哥问阿妹吃什么呀,)

a ko na mun mui lo sıɛk ni nok a,

忖食那牛头哦做重阳。(想吃那牛头过重阳。)

tsʰɔn sıɛk tso ŋou tʰau lo tso tuŋ yuŋ.

十月啊蜀节啊十月中,(十月里来十月中,)

sɛt ŋut a si tsɛk a sɛt ŋut toŋ,

阿妹啊伺囝啊睏床中。（阿妹生孩子啊歇在床。）

a mui la tsʰi kiɛn na kʰon tsʰɔŋ toŋ.

婆啊问妹啊伺么乇囝啊，（婆婆问阿妹生的孩子怎么样啊，）

pɔ la mun mui la tsʰi ni nok kiɛn na,

是男是女啊是汝孙。（是男是女都是你的孙。）

sɛi nan sɛi ny lo sɛi nɔu son.

十一月蜀节啊十一月中，（十一月里来十一月中，）

set ik ŋut a si tsɛk a set ik ŋut toŋ,

阿妹抱囝啊来厅中。（阿妹抱着孩子来到大厅。）

a mui pɔ kiɛn na lai tʰiaŋ toŋ.

阿哥啊问妹啊拍物乇啊，（阿哥问阿妹打什么首饰呀，）

a ko na mun mui lo pʰak ni nok a,

爱拍八仙侬囝挂厅中。（要打八仙人儿挂在大厅里。）

oi pʰak pet sin nœn kiɛn na kuɔ tʰiaŋ toŋ.

十二月蜀节啊是年边，（十二月里来到年尾，）

set nɛi ŋut si tsɛk a sei nin pin,

阿妹抱囝啊游厝边。（阿妹抱着孩子在家里游玩。）

a mui pɔ kiɛn na ieu tsʰu pin.

阿哥啊问妹啊拍物乇啊，（阿哥问阿妹打什么首饰呀，）

a ko na mun mui lo pʰak ni nok a,

爱拍银牌这金链啊坠手前。（要打挂在手上的银牌金链子啊。）

oi pʰak ŋøn pɛ tso kin lin a toi tsʰeu tsin.

第二节 《盘诗五首》

盘诗是民间方言对歌，有固定的曲调。旧时人们在山野田边干活时，常以盘诗的形式进行即兴对歌，歌词多为七言，内容包罗万象，有描绘生活，有斗智斗勇，有抒发感情，有互相贬损，乐趣无穷。盘诗开头常以绘景、拆字等进行起兴，句末多押韵。《盘诗五首》选取了发音人记忆中的五首盘诗，前后内容并无关联。发音人：陈胜财，1937年生，周宁县礼门乡大林村人，与贡川方言口音基本一致。

（1）

日头出来炉正炉哦，（太阳出来很温暖像炉火热，）

ni tʰau tsʰuk lɛi lou tsiaŋ lou o,

老虎拍呻爱驮牛哦。（老虎咆哮发威要吃牛。）

lau xu pʰak tsʰɛn oi tɔ ŋou o.

大牛驮细牛都驮去咯，（大牛和小牛都叼走了，）

tuɔ ŋou tɔ sɛ ŋou to tɔ kʰy o,

长头那牛精萏牛栏哦。（只剩下一头病牛留在牛栏里。）

tyuŋ tʰau na ŋou tsiŋ tak ŋou lan o.

（2）

日头出来红艳红哦，（太阳出来红又红，）

ni tʰau tsʰuk lɛi œŋ iɛn œŋ o,

牛母啊带团下塍垄哦。（母牛带着小牛来到田垄。）

ŋu mɔ a tai kiɛn a tsʰɛn lœŋ o.

牛母啊术转望牛囝哦，（母牛转身望着小牛，）

ŋu mɔ a sut tun mɔŋ ŋu kiɛn o,

牛囝术转望主侬哦。（小牛也转身望着主人。）

ŋu kiɛn sut tun mɔŋ tsu nœŋ o.

（3）

十字一撇是只禾哦，（十字一撇再加八，可以组成禾字，）

sɛt tsɛi it pʰit sɛi li o lo,

元帅头上插鸡毛哦。（元帅头上插着雉鸡毛。）

ŋun søy tʰau syuŋ tsʰat ki mɔ lo.

骹踏火轮车车转唠，（脚踩风火轮，行动迅速，）

kʰa tak xøy lon tsʰiɛ tsʰiɛ tun no,

手郁蛇耙治邪魔哦。（手拿蛇矛，抵制邪恶的敌人。）

tsʰiu yk siɛ pa tɛi tsʰiɛ mɔ lo.

（4）

日头出来红艳红哦，（太阳出来红又红，）

ni tʰau tsʰuk lɛi œŋ iɛn œŋ o,

汝郎奶实在𫧃成人哦。（你母亲实在不会做人。）

nuŋ nɛ sek tsai mɛ siaŋ nœŋ o.

骹扁无缠犹得可嘞，（缠脚布没缠还不算怎样，）

kʰa pʰɛn mɔ tin ieu tik kʰɔ lɛ,

破鞋啊无颂畏见侬哦。（连破鞋都没穿真是见不得人。）

pʰuɔ ɛ na mɔ soŋ oi kin nœŋ o.

（5）

头仔悬悬食哥米粟啰，（你头低低的，吃着我的米和谷，）

tʰau kiɛn na xɛn xɛn na siɛk ko mei tsʰuk lo,

作哥塍哦。（租了我的田耕种。）

tsɔk ko tsʰɛn no.

一年收汝加二息嘞，（一年只收你百分二十的利息，）

ik nin na siu nou ka nɛi sik li,

囝孙那祖婆嫁掉嘞，无够还哦。（把你全家人卖了，也不够还。）

kiɛn son na tsu pɔ ka lik lɛi, mɔ kau xɛn no.

参考文献

[1] Noam Chomsky, Morris Halle. The Sound Pattern of English [M]. Cambridge: The MIT Press, 1968.

[2] 曹志耘.现代汉语方言中的调值分韵现象[J].中国语文,2009(2).

[3] 陈章太,李如龙.闽语研究[M].北京:语文出版社,1991.

[4] 陈泽平.关于福州方言声母类化问题[J].福建师范大学学报,1990(2).

[5] 陈泽平.福州话城乡异读字音分析[J].福建师范大学学报,1996(1).

[6] 陈泽平.福州方言研究[M].福州:福建人民出版社,1998.

[7] 陈泽平.闽语新探索[M].上海:上海远东出版社,2003.

[8] 陈忠敏.重论文白异读与语音层次[J].语言研究,2003(3).

[9] 戴黎刚.闽语果摄的历史层次及演变[J].语言研究,2005(6).

[10] 戴黎刚.闽语的历史层次及其演变[D].上海:复旦大学,2005.

[11] 戴黎刚.闽东周宁话的变韵及其性质[J]."中央研究院"历史语言研究所集刊,2007(3).

[12] 戴黎刚.闽东福安话的变韵[J].中国语文,2008(3).

[13] 戴黎刚.福州话声母类化例外的原因[J].方言,2010(3).

[14] 冯爱珍.福清方言研究[M].北京:社会科学文献出版社,1993.

[15] 冯爱珍.福州方言的入声[J].方言,1993(2).

[16] 郭必之.从虞支两韵"特字"看粤方言跟古江东方言的联系[J].语言暨语言学,2004(3).

［17］黄薇.明清几本闽语韵书的亲疏关系——以韵类的差异性为例［J］.毕节学院学报，2009.

［18］纪亚木.福建方言考释汉语声母由上古到中古的演变［J］.鹭江大学学报，1995.

［19］蒋绍愚.近代汉语研究概要［M］.北京：北京大学出版社，2005.

［20］李如龙，陈天泉，梁玉璋.福州话声母类化音变的再探讨——兼答赵日和同志［J］.中国语文，1981.

［21］李荣.现代汉语方言大词典分卷·福州方言词典［M］.南京：江苏教育出版社，1998.

［22］李如龙.古全浊声母闽方言今读的分析［J］.语言研究，1985（1）.

［23］李如龙.福建方言［M］.福州：福建人民出版社，1997.

［24］李如龙，邓享璋.中古全浊声母字闽方言今读的历史层次［J］.暨南学报（哲学社会科学版），2006（3）.

［25］刘俐李.汉语声调论［M］.南京：南京师范大学出版社，2004.

［26］梁玉璋.福州方言的切脚词［J］.方言，1982（1）.

［27］梁玉璋.福州方言连读音变与语义分别［J］.方言，1983（3）.

［28］梁玉璋.福安方言概述［J］.福建师范大学学报，1983（3）.

［29］梁玉璋.福州方言的语流音变［J］.语言研究，1986（4）.

［30］李延瑞，梁玉璋.宁德语音的近期演变及其途径［J］.福建师大学报（哲学社会科学）版，1982（2）.

［31］李如龙，梁玉璋，陈天泉.福州话语音演变概说［J］.中国语文，1979（4）.

［32］李如龙.声韵调的演变是互制互动的［A］.汉语方言研究文集［C］.北京：商务印书馆，1995.

［33］李如龙.论汉语方言的语流音变［J］.厦门大学学报（哲学社会科学版），2006（6）.

［34］林寒生.福州话文白异读探讨［J］.厦门大学学报（哲学社会科学版），1985（1）.

［35］林寒生.福州方言字典《戚林八音》述评［J］.辞书研究，1987（6）.

［36］林寒生．寿宁方言的语音特点［J］．厦门大学学报（哲学社会科学版），1987（2）．

［37］林寒生．《戚林八音》与《闽都别记》所反映的福州方音比较［J］．语言研究，2003（3）．

［38］林寒生．闽东方言词汇语法研究［M］．昆明：云南大学出版社，2002．

［39］马重奇．福建福安方言韵书《安腔八音》［J］．方言，2001（1）．

［40］秋谷裕幸．闽东区福宁片四县市方言音韵研究［M］．福州：福建人民出版社，2010．

［41］秋谷裕幸．闽东区古田方言研究［M］．福州：福建人民出版社，2012．

［42］沙平．福建省宁德方言同音字汇［J］．方言，1999．

［43］陶燠民．闽音研究［M］．北京：科学出版社，1956．

［44］王福堂．汉语方言语音演变和层次［M］．北京：语文出版社，1999．

［45］王洪君．汉语非线性音系学［M］．北京：北京大学出版社，1999．

［46］王升魁．《戚林八音》的语音系统——同赵日和先生商榷［J］．福建师范大学学报（哲学社会科学版），1995（3）．

［47］吴姗姗．《福州方言拼音字典》研究［D］．福州：福建师范大学，2008．

［48］辛世彪．闽方言次浊上声字的演变［J］．语文研究，1999（4）．

［49］徐通锵．历史语言学［M］．北京：商务印书馆，1996．

［50］叶太青．屏南代溪话音系［D］．福州：福建师范大学，2003．

［51］叶太青．屏南代溪话声调说略》［J］．福建论坛·人文社会科学版，2006．

［52］叶太青．闽东北片方言语音研究［D］．福州：福建师范大学，2007．

［53］袁碧霞．柘荣话的文白读［J］．宁德师专学报，2010（3）．

［54］张振兴．闽语的分区（稿）［J］．方言，1985（3）．

［55］周宁县地方志编撰委员会．周宁县志［M］．北京：中国科学技术出版社，1993．

［56］袁碧霞.闽东方言韵母的历史层次［D］.杭州：浙江大学，2010.

［57］庄初升.中古全浊声母闽方言今读研究述评［J］.语文研究，2004（4）.

［58］钟邦逢.闽东方言北片音韵研究［D］.桂林：广西师范大学，2003.

［59］中国社会科学院，澳大利亚人文科学院.中国语言地图集·B12闽语［M］.香港：香港朗文出版（远东）有限公司，1988.

［60］郑张尚芳.温州方言歌韵读音的分化和历史层次［J］.语言研究，1983（2）.

后记

贡川，是我的老家。建村仅五百年，但是她文化底蕴深厚。自古以来，贡川村秉承祖训，耕读传家，深受官府乡邻的赞誉。据《周墩区志》记载，仅明清两朝贡川一门就出过63名秀才，占周墩总数的12%，被誉为"东洋第一秀才村"。父亲工作调动，我幼年跟随父亲离开了贡川来到了狮城镇。每年七月半祭祖和春节，父亲总会带着我们坐三轮车或小客车，一路颠簸回到这里。那时的农村一切都很原始。半夜上厕所要踩着石块做成的梯子爬上拉屎木桶，生怕踩不严实或铺在粪桶上的木板腐朽，我会一不小心掉进粪桶里去。那时的厕所多设置在猪圈旁，只得一边上厕所一边听猪哼哼。睡在木屋里，木窗透进屋的晨晖，混合着木头潮湿发霉的味道，都是我对贡川模糊记忆。贡川村大部分为陈姓，全村人都是亲戚，男性都是我的叔伯、哥哥，女性都是我姑姑、姐姐。每次回去父亲带着我村里串门，家家都待我们喝茶、吃点心蛋，从村头吃到村尾。女主人们会拿出招待客人用的零食，我最喜欢杨梅糖，软糯的杨梅肉裹着一层白色的糖粉，趁大人不注意我就偷偷地藏一些在兜里。听大人聊天，记得最清楚的寒暄用词是"行时_运气好_"，经常谈论到谁家孩子学习好，谁家赚了钱过得不错。还有中元节宗族村祠堂大厅祭祀用的"昂首挺胸"的大鸭子，竹笕上的丝瓜，溪里的小鱼，弯曲的石头路……田园气息伴随着山风扑面而来。这些气息最后都收在了词汇里。

研究生求学期间有幸得到导师赵老师的悉心指导，学会了一些方言研究的本领，得以对老家贡川方言做一个全面调查。在前期调查基础上，2011年赵老师带我进行了语音材料核对。因贡川方言丰富变韵，原本同一个音韵地位字发生了韵母舌位高低的变化，比字工作耗费了我们大量的精力。例如"除、条 tɐu^{11}""橱 teu^{11}""调 tiu^{11}""谣 iau^{11}""油 ieu^{11}"韵母各不相同。同时，贡川方言比较明显地保留了入声韵尾 [-t][-k]，但容易相混。核对单字音时，老师需要挨个观察发音人的舌头及牙齿的位置，回想起来甚是辛苦，在此对老师表示衷心感谢。

本书在笔者硕士毕业论文《闽东周宁县贡川方言语音研究》基础上修改而成，因单个方言点分析不够全面，删除了原文"变韵分析"的部分，增加了贡川方言词汇和口头文化。对变韵的研究将在《周宁方言语音研究》一书中，结合周宁县各个方言点统一进行分析论证。本书仅作贡川方言材料展示。

贡川方言材料的整理出版离不开发音人陈思健、陈贵平、陈康新的大力支持。2010年至2012年调查期间，他们婉拒了调查劳务费，本着对家乡文化的热爱，不厌其烦地配合发音和核对。陈丙东伯伯是我父亲的表哥，一位从贡川村走出来的作家。看望他时，他时常赠书予我，表达他对我的关爱。感谢大理大学国际教育学院对本书出版的支持和编辑老师的校对。

笔者能力精力有限，在记音、写作等方面多有疏漏，烦请读者不吝赐教！